“智慧国土”建设研究与实践

王　勇　李乃强
邵　恒　徐贵阳　编著

中国矿业大学出版社
· 徐州 ·

内容简介

本书主要介绍了"智慧国土"技术体系、"智慧国土"总体框架设计、"智慧国土"应用与服务系统建设、"智慧国土"标准化体系建设、国土建设新技术研究与探索等内容。本书对国土资源信息化建设有很好的借鉴作用和指导意义。

图书在版编目(CIP)数据

"智慧国土"建设研究与实践/王勇等编著. —徐州：中国矿业大学出版社，2019.12

ISBN 978-7-5646-4484-0

Ⅰ. ①智… Ⅱ. ①王… Ⅲ. ①高技术—应用—国土资源—资源管理—研究—中国 Ⅳ. ①F129.9-39

中国版本图书馆 CIP 数据核字(2019)第 144150 号

书　　名　"智慧国土"建设研究与实践

编　　著　王　勇　李乃强　邵　恒　徐贵阳

责任编辑　于世连　张　岩

责任校对　张海平　王慧颖

出版发行　中国矿业大学出版社有限责任公司

（江苏省徐州市解放南路　邮编 221008）

营销热线　(0516)83884103　83885105

出版服务　(0516)83995789　83884920

网　　址　http://www.cumtp.com　**E-mail**:cumtpvip@cumtp.com

印　　刷　徐州中矿大印发科技有限公司

开　　本　787 mm×1092 mm　1/16　**印张** 12.25　**字数** 314 千字

版次印次　2019 年 12 月第 1 版　2019 年 12 月第 1 次印刷

定　　价　38.00 元

（图书出现印装质量问题，本社负责调换）

序

当今世界，信息技术发展日新月异，诸如云计算、物联网、智慧城市、大数据等新技术不断涌现。“互联网＋”更是渗透到各个领城，发挥着巨大的引领作用。信息化的影响力已经超越技术范畴，全面影响到国家政治、经济、社会、文化与安全等各个领域，深刻改变了人们的生产和生活方式。

党和国家领导人高度重视信息化与网络安全建设，习近平总书记明确指出“没有网络安全就没有国家安全，没有信息化就没有现代化”。信息化已经上升到国家战略，信息化水平成为国家软实力和竞争力的重要标志。在2018年的数字中国建设峰会上，习近平总书记强调“党的十九大描绘了决胜全面建成小康社会、开启全面建设社会主义现代化国家新征程、实现中华民族伟大复兴的宏伟蓝图，对建设网络强国、数字中国、智慧社会作出战略部署”。加快数字中国建设，就是要适应我国发展新的历史方位，全面贯彻新发展理念，以信息化培育新动能，用新动能推动新发展，以新发展创造新辉煌。

当前，智慧城市在我国受到高度重视并得到快速发展。智慧城市的发展有硬、软环境建设两个方面。物联网、互联网、传感网、遥感网、云计算平台等为硬环境，而软环境则贯穿城市管理的诸多层面，是一个城市智慧和智能的体现。国土资源是一个国家和城市发展之基。因此，“智慧国土”作为智慧城市最重要的组成部分之一，受到各级政府的高度重视是理所当然的。

在深化党和国家机构改革、国家大数据战略的背景下，在各类系统边界越来越模糊、系统能力需求越来越深化、外部管理要求越来越复杂的实际要求下，充分建设运用云计算、物联网、大数据、智能计算等新一代信息技术打造的“智慧国土”，通过自动和实时地感知国土空间开发利用、管理、规划、保护状况，实现自然资源利用保护和空间规划管控的数字化、网络化和智慧化，为业务管理和社会共享提供各种智能化的服务，是国土资源管理的信息化高级形态。在自然资源部的新机构、新机制的引领下，“智慧国土”必将围绕自然资源的保护和利用，以“规划、调查、登记、监管、服务”为核心业务链，为打造“山水林田湖草地矿”自然资源“基础数据共同体”，建立“用数据说话、用数据决策、用数据管理、用数据创新”的自然资源管理决策机制提供最基础、最权威的保障。

江苏省测绘工程院近年来承担了南京市江宁区、苏州市太仓市和张家港市、无锡市宜兴市、盐城市射阳县、徐州市丰县等区县（市）的“智慧国土”建设工作，在基于“四全”服务模式的综合电子政务平台、视频监管系统、移动执法巡查系统、不动产统一登记平台等方面有较强的自主创新能力和核心竞争力，在一定层面上代表了江苏省“智慧国土”应用与发展水平。在取得的理论和应用成果基础上，笔者完成了这部《“智慧国土”建设研究与实践》的编写。这本书比较系统和完整地阐述了从国土资源信息化顶层设计到信息化建设的应用与服务、保障与治理、标准与规范以及新技术探索等内容。书中很多思想、方法、措施、案例都在实践中得到检验和完善。本书既总结了数字国土的实践经验，又为“智慧国土”建设探索了前进方向；既具有国土资源管理系统建设与经验的工具书性质，又是一部国土资源管理科学及国土资源信息技术应用的学术专著。这部承上启下、继往开来书籍的出版，凝聚了建设者的心血，对国土资源信息化建设有很好的借鉴作用和指导意义。

目前国内关于国土资源信息化领域的书籍和报刊等尚不多见，相信本书的出版一定能够推动“智慧国土”向更深层次、更高水平发展，对从事相关工作的研究人员和管理人员有所裨益，对“智慧国土”建设的研究、发展和深入应用起到重要作用。

“智慧国土”还是一个比较新的理念。各类相关技术和政策要求正在急速演化和集成。在当前我国全面深化改革的新常态下，要求以深化行政审批制度改革为突破口，推进“放、管、服”工作。尤其是在新一轮政府机构改革的大背景下，国土资源管理部门和其他七个部门整合成为新的自然资源部门，更加需要技术与制度的共举以及管理与信息等科学技术的融合来推进自然资源管理新征程。相信《“智慧国土”建设研究与实践》一书的出版，一定能更好地促进从审批事务向监管、决策、服务的转变，促进国土资源管理更加精细化、智能化，更精准地服务自然资源管理。

作　者

2019 年 5 月于南京

前　言

党的十八大报告提出，要坚持走中国特色新型工业化、信息化、城镇化、农业现代化道路。信息化已成为以上“新四化”的重要组成部分。没有网络安全就没有国家安全，没有信息化就没有现代化。推动信息化建设已经成为实现中华民族伟大复兴中国梦的关键性举措。

依据党的十九大报告，要增强改革创新本领，保持锐意进取的精神风貌，善于结合实际创造性推动工作，善于运用互联网技术和信息化手段开展工作；要增强群众工作本领，创新群众工作体制机制和方式方法。这就要求政府部门工作人员要创新工作方法，通过信息化手段开展工作。

国土资源是经济发展和社会进步不可或缺的基础性、战略性资源，国土资源管理工作肩负着“稳增长、促改革、调结构、惠民生”的艰巨任务。积极推进国土资源信息化建设是深化国土资源改革、规范和创新管理、保障和促进科学发展的迫切需要。我国国土资源信息化发展至今，经历了“数字国土”和“智慧国土”两个阶段。“数字国土”建立了全国国土资源遥感监测“一张图”系统和综合监管平台，为国土资源管理提供了基础信息数据以及信息数据采集的技术手段，使得信息技术在国土资源调查评价、政务管理、社会服务主流程中得到了广泛运用。信息技术实现了由点到面的扩展。信息及信息技术成为国土资源管理不可或缺的重要支撑。“智慧国土”以“十二五”建设为标志性开端，提出构建覆盖全国集数字化、网络化、智能化为一体的“智慧国土”目标，要求全面实现网上办公、网上审批、网上监管、网上交易和网上服务，要求促进管理方式的根本转变，增强全程监管能力，提高管理决策的科学化水平，推动服务型政府的建设。从此，“智慧国土”不仅在信息技术上水平实现了大幅度提升，还在国土资源管理理念(包括信息及信息技术建设理念)上有了质的飞跃。建立国土资源使用者与管理者之间良好的互动关系，从管理制度到管理技术实现良好的互动关系，保障国土资源可持续利用，为构建和谐社会创造了必要的良好氛围。

原国土资源部和原国家测绘地理信息局于2017年8月联合下发了《关于推进国土空间基础信息平台建设的通知》。其目的就是要依托国土资源、测绘地理等已有空间数据资源，建立国土空间基础信息平台，为政府部门开展国土空间相关的规划、审批、监管与分析决策提供基础服务，提升国土空间治理能力现代化水平。

为贯彻国家、原国土资源部、原国家测绘地理信息局的相关要求，江苏省大力推进国土资源信息化建设，推进“数字国土”向“智慧国土”迈进。自 2012 年起，江苏省测绘工程院紧抓科技前沿技术，积极探索如何将云计算、大数据、物联网、移动互联网等新兴技术应用到国土资源管理中，以提高国土利用的科学决策、管理及监管的效率。江苏省测绘工程院从管理机制、标准化规范化、信息安全与运维体系等方面对新信息化环境下的配套保障进行了深入的研究。本书是笔者和相关区县(市)自然资源局的一线管理人员长期信息化建设实践的结晶。笔者一方面对过去信息化进程的经验及做法进行了认真的梳理总结，另一方面对未来“智慧国土”的建设方向进行了系统的探索与思考，进而形成了这几十万字的成果，并将其定名为《“智慧国土”建设研究与实践》。

本书共分为 7 章。各章内容概述如下。

第 1 章为“智慧国土”概述。从“数字地球”和“数字城市”的提出与发展出发，介绍了“数字国土”到“智慧国土”建设的大背景。通过综览我国在“数字国土”“金土工程”的建设情况，展示了我国“智慧国土”的发展战略。在此基础上介绍了当前国内和江苏省内的“智慧国土”建设现状，并分析了存在的问题。阐述了“智慧国土”的建设意义。

第 2 章为“智慧国土”技术体系。主要介绍了遥感技术、地理信息系统技术、流媒体技术、数据仓库技术、物联网技术、云计算技术，以及虚拟现实技术和人工智能等新技术的应用。

第 3 章为“智慧国土”总体框架设计。主要阐述了“智慧国土”建设的设计思想和总体设计。

第 4 章为“智慧国土”应用与服务系统建设。展示了服务于“智慧国土”建设的基础信息平台与服务系统建设情况，介绍了国土资源“一张图”系统、不动产统一登记平台、国土资源综合监管平台、综合事务管理平台、国土资源移动执法巡查系统等的构架与功能。

第 5 章为“智慧国土”标准化体系建设。标准化和规范化是实现国土资源信息的联动与共享的基本保障。在国土资源综合综合监管平台下，为实现国土信息与国土管理的全面统筹、互联互通、资源共享，研究和制定统一的标准化文档与规范性文件是非常必要的。以工作管理体系、标准化服务模式、“四全”服务模式为例，展示了“智慧国土”在标准化与规范化工作中的探索。

第6章为国土建设新技术研究与探索。江苏省测绘工程院利用自身优势，紧跟科技发展前沿，在国土管理与服务实践中大胆尝试新技术的应用，在提升智慧决策和全程监管等方面进行了探索。介绍了结合多种新技术在视频监控、数据融合、“四全”服务、综合监管等方面开展的研究与探索。

“智慧城市”是世界性的新生事物。对“智慧国土”建设的探索还在不断进行中。由于这项建设的复杂性，以及笔者的知识、能力和研究水平的局限，本书难免存在不妥、疏漏乃至错误，敬请广大读者指正。

编　者

2018年5月于南京

目　录

第 1 章 “智慧国土”概述

信息化是当今世界发展的大趋势，是推动经济发展和变革的重要力量。走过 21 世纪的第一个十年，信息化浪潮已席卷了各行各业。新时期下，我国要实现社会的全面深化改革，信息化的深化应用将起到关键性的支撑作用。党的十八大报告提出，要坚持走中国特色新型工业化、信息化、城镇化、农业现代化道路，推动信息化和工业化深度融合、工业化和城镇化良性互动、城镇化和农业现代化相互协调，促进工业化、信息化、城镇化、农业现代化同步发展。该“新四化”提法较之以往的“四个现代化”等建设目标，首次强调了“信息化”建设的重要性。这标志着党中央高度认识到了“信息化”在以经济建设为中心总体工作中的地位，重视发挥“信息化”在经济社会发展中的独特作用，明确举全党之力将“信息化”作为推动中国经济继续向前发展的主要抓手之一，而“信息化”必将由此成为我国经济发展的新方向和新动力。

党的十八届三中全会吹响了全面深化改革的号角，信息化的重要性越加突出，信息化机制正发生着深刻的变化。2014 年 2 月，中央网络安全和信息化领导小组召开了第一次会议，习近平总书记站在国家安全和发展战略全局的高度，对网络安全、信息化建设做出了一系列的重大战略判断、决策和部署。“没有网络安全就没有国家安全，没有信息化就没有现代化”。把网络安全和信息化工作与“两个一百年”奋斗目标同步推进。这充分体现了我国将信息化建设作为国家战略推进的决心。信息化推动已经成为实现中华民族伟大复兴中国梦的常态。

2017 年 10 月，党的十九大报告提出，要增强改革创新本领，保持锐意进取的精神风貌，善于结合实际创造性推动工作，善于运用互联网技术和信息化手段开展工作。这说明以物联网、云计算、移动互联网等新技术为代表的新一轮信息技术革命正强劲而深刻地引领着经济社会各个领域的变革，推动政府各部门积极转变管理方式，使之更加精细化、科学化、智能化。

国土资源信息化是国家信息化战略的重要组成部分，也是实现国土资源管理现代化和促进国土资源事业发展的关键。其对于促进国家社会经济的可持续发展，优化资源利用结构，保障国家社会经济安全，具有极为重要的意义。大力推动国土资源信息化，对于转变政府职能，提高行政效率，合理利用资源和提供公共服务具有重要意义。在全国乃至全球智慧化的大背景下，原国土资源部（现为自然资源部）提出了建设“智慧国土”的发展战略，以实现集数字化、网络化、智能化为一体的高效国土管理方式。所谓“智慧国土”，是指依托“一张图”、电子政务平台、综合监管平台和公共服务平台，全面实现网上办公、网上审批、网上监管、网上交易和网上服务，促进管理方式的根本转变，增强全程监管能力，提高管理决策的科学化水平，从而更好地推动服务型政府建设。

1.1 "智慧国土"发展历程

1.1.1 "数字国土"的兴起

21 世纪是信息化的世纪，21 世纪的地球是数字化的地球。数字地球的数据资源中既包含地球卫星影像、矢量地图，又包含各类经济、社会和人口等方面的信息，利用这些数据信息。可以在政治、经济、教育、农业等领域解决关于土地利用规划、资源环境监测、全球气候变化、社会可持续发展等方面的问题。

国际科学界将"信息高速公路""空间数据基础设施""数字地球"称作当今高科技领域的三部曲。2001 年 11 月 3 日的全国国土资源信息化工作会议上，原国土资源部部长田凤山做了题为《加强国土资源信息化建设、促进国土资源事业加快发展》的报告，原国土资源部副部长鹿心社就"十五"期间国土资源信息化的建设做具体部署，要求"在高效的统一领导下，以实现国土资源信息从数据库建设、基础网络设施建设，到信息化标准建设和国土资源信息交换，再到国土资源信息面向专业领域应用和面向社会大众服务"。从国土资源信息化来看，国土资源信息化建设完全处于"数字地球"涵盖的范围之内。

"数字国土"是"数字地球"的重要组成部分。它以国土资源为研究对象，以遥感技术、地理信息技术、计算机网络技术为支撑，融合多源、多分辨率数据，结合多媒体、网络化或虚拟仿真技术对成果进行表达，是具有空间化、数字化、时间化、网络化和可视化的技术系统，是"数字地球"在国土资源领域的重要体现。

"数字国土"工程重点开展信息化基础设施建设、基础数据库及更新工作，并逐步开展政务管理系统建设。"数字国土"涵盖国土资源管理工作的各个方面，包括土地规划、土地补偿、土地储备、土地出让、土地征用、土地供应、地籍管理、基本农田保护、违法监察、矿产资源管理、权利阳光、政府公信建设等。

国土资源信息化"十五"规划指出我国国土资源信息化建设，将通过实施数字国土工程等重要举措，全面促进国土资源信息化各项工作的开展，逐步建立起由信息资源、信息网络、信息技术应用、信息标准与政策、信息机构、信息人才等要素构成的全国国土资源信息化体系，确立信息管理体制，发展信息产业，促进信息共享，为推进我国国土资源工作的科学化、现代化，满足国家社会经济发展对国土资源信息的需求，实现国土资源事业的跨越式发展，提供可靠的信息保障与技术支撑。

"十五"期间，全国国土资源信息化体系基本建立，开发并应用了土地利用规划管理、矿产资源规划管理、建设用地审批、矿业权管理等一批核心政务管理信息系统，主要业务初步实现网上运行，部分业务实现全流程无纸化办公，同时也建立了一批覆盖全国的不同比例尺基础地理信息、基础地质、土地利用、矿产资源、海洋调查等方面的数据库并投入应用。

1.1.2 "金土工程"的发展

2004 年，依据国务院颁发的《国务院关于深化改革严格土地管理的决定》，国土资源管理部门要会同有关部门抓紧建立和完善统一的土地分类、调查、登记和统计制度，启动新一轮土地调查，保证土地数据的真实性。组织实施“金土工程”。充分利用现代高新技术加强土地利用动态监测，建立土地利用总体规划实施、耕地保护、土地市场的动态监测网络。

2006 年 6 月，国家发展改革委员会正式批复《“金土工程”一期建设项目（中央投资部分）可行性研究报告》。“金土工程”是围绕国土资源管理与开发利用过程中存在的重大问题，面向资源监管、调控和服务的国家目标，开展的国土资源信息化建设工程。依据该报告，一期建设项目主要建设覆盖全国 31 个省（自治区、直辖市）的耕地保护国家监管系统，覆盖 45 种主要矿产的矿产资源国家安全保障系统，覆盖地质灾害多发区的地质灾害预警预报及应急指挥系统，覆盖全国的基础性、战略性国土资源数据库；同时建立满足业务系统联网运行、数据同步更新的国家、省、市三级数据中心、网络系统。

“金土工程”集中建设以建设用地审批为主线的业务应用系统，利用遥感影像数据和地理空间信息技术，开展基本农田保护管理信息系统、土地执法监察系统、批后监管系统、矿产管理系统等建设，实时查处违法用地，为集约、节约使用土地资源、耕地保护和土地市场的有效管理服务，为整顿市场环境、加强国土资源管理。

“金土工程”开展土地、矿产资源、地址灾害等方面的数据库建设，以国土资源各类数据为核心，建立具有数据管理、维护、处理、加工等功能一体化的省、市、区（县）国土资源数据中心，为各类数据提供数据存储和集中管理平台，为各类业务系统提供数据支持，通过信息交换体系，完成各类数据的更新，并为国土资源管理科学决策提供支持。

国土资源信息化“十一五”规划要求，基本建成结构合理、功能完善、安全稳定、监管有效、服务全面、覆盖全局的国土资源信息化体系。信息技术在国土资源调查评价、规划、管理、保护与合理利用等国土资源工作各个环节得到充分应用，国土资源监管能力进一步增强，参与宏观调控更加主动，初步形成“天上看、网上管、地上查、视频探”的国土资源管理信息化运行体系。

“十一五”期间，全国国土资源信息化建设工作推进迅速，成效明显。其主要体现在以下四个方面。

① 以“一张图”和“三平台”（综合监管平台、电子政务平台、共享服务平台）基本框架基本建成；

② 信息化基础设施大量普及，网络设施日趋完善，互联互通快速推进。

③ 信息资源逐步厚实，国土资源数据不断充实，各类操作软件和应用系统不断增多。

④ 信息化队伍建设不断加强，人才培训和成长受到广泛的重视。

1.1.3 “智慧国土”的转变

2012 年 2 月，原国土资源部信息化工作会议在广西南宁召开，会议在总结回顾前几年国土资源信息化工作的同时，部署了“十二五”时期的国土资源信息化工作内容。原国土资源部部长徐绍史要求国土资源信息化建设要顺应时代发展，明晰推进思路，坚持探索创新，实现新的跨越。原国土资源部副部长王世元在会议室部署重点工作。会议要求全面抓好以下 6 个方面的重点工作。

第一，加快推进国土资源遥感监测平台建设与应用，在深化应用中持续拓展、扩大覆盖。

第二，加快推进四级国土资源全业务的网上运行，在互通互联、四级联动上下功夫。

第三，搞好信息服务系统建设，在提升服务质量中树立部门形象。

第四，强化决策支持功能和系统建设，在深度挖掘数据资源中提升管理决策的科学化水平。

第五，实现国土资源专网四级全覆盖，在持续推进信息化基础建设中提升保障服务能力。

第六，加快金土工程二期等信息化专项的立项和建设，为全面推进信息化建设提供平台。

智慧化是信息化发展的高级阶段。借助信息技术使我们智慧化，是利用信息管理系统对资源进行整合，让我们更高效的寻找信息，节约时间以用来增加思考，如何利用资源，如何做出决策。信息化使智慧化具备了基础，而智慧化又给信息化提出了更高的要求。在全球智慧化的背景下，原国土资源部提出建设“智慧国土”的发展战略，以实现集数字化、网络化、智能化为一体的高效国土管理方式。

从空间的角度来看，“智慧国土”是以时空信息为基础，依托大数据、物联网、云计算等现代化信息技术，将现有的知识法则以及地物信息进行数据化，来实现可以少依赖或者不依赖于人的意志的智能化管理决策。

国土资源信息化“十二五”规划要求以依托四级网络互联互通的国土资源遥感监测“一张图”、电子政务平台、综合监管平台和共享服务平台为基础，构建覆盖全国的集数字化、网络化、智能化为一体的“智慧国土”，全面实现网上办公、网上审批、网上监管、网上交易和网上服务，促进管理方式的根本转变，增强全程监管能力，提高管理决策的科学化水平，推动服务型政府建设。

“十二五”期间，通过推进国土资源“一张图”和综合监管平台、政务办公平台、公共服务平台等建设与应用，全国国土资源信息化实现了质的跨越，国土资源数据获取能力和支撑能力明显提高，为履行国土资源管理职责、提升国土资源管理服务水平提供了有力的支撑和保障，为“智慧国土”的实现奠定了坚实的基础。

原国土资源部及原国家测绘地理信息局通过推进实施国土资源大调查、第二次全国土地调查、第一次地理国情普查、矿产资源“三查”和数字国土工程、金土工程、国家地理信息公共服务平台建设工作等，积累了覆盖全国、实时更新的海量数据，建成了一批支撑国土资源审批、监管的重要信息系统和服务于政府和社会的信息共享平台。当前，全球信息化正在进入全面渗透、融合，创新加速，以云计算、大数据、物联网、移动互联网和人工智能等为代表的新一代信息技术与社会经济各行各业的深度融合，已成为全球发展的核心内容。国土资源信息化“十三五”规划要求到2020年，全面建成以“国土资源云”为核心的信息技术体系，基本建成基于大数据和“互联网＋”的国土资源管理决策与服务体系、以现代对地观测与信息技术集成为支撑的全覆盖全天候的国土资源调查监测及监管体系。在国土资源“一张图”基础上，采集并整合其他部门、行业和互联网有关数据资源，构建国土资源大数据体系，结合“金土工程”应用成果，继续推进“智慧国土”建设，从而构建国土资源态势感知和决策支持系统，建立“用数据说话、用数据决策、用数据管理、用数据创新”的管理机制，促进国土资源决策科学化、监管精准化、服务便利化。

1.2 “智慧国土”建设现状与分析

1.2.1 国内建设现状

近年来，国家对国土资源信息化工作尤为重视，信息化技术已成为国土资源管理改革和创新的驱动力。从我国国土资源信息化“十五”规划到国土资源信息化“十三五”规划，国土资源信息化逐步完成了从“数字国土”到“智慧国土”的转变。

目前，国土资源基本建成了全国国土资源“一张图”及维护更新机制，建成了覆盖全国范围的不同比例尺的土地、矿产资源、地质环境与地质灾害等数据库，基本建成了省、市、县三级国土资源数据中心体系。以国土资源“一张图”、电子政务平台、综合监管平台和共享服务平台为标志的国土资源信息建设的框架体系已经基本建成。部分地区国土资源部门通过遥感、视频、地面监测和空间定位等技术获取海量数据并与网上信息系统数据集成整合，实现对资源开发利用、地质灾害的实时动态和智能化监测，充分挖掘国土资源数据利用价值。

通过建立各部门间共享互利原则，进行数据共享和交换，着力构建“智慧国土”服务平台，提高管理决策的科学化水平，推动服务型政府的健康发展。2010 年，太原市开始使用物联网来开发基本农田保护系统、地政和矿政管理系统等，将每块基本农田、每个私挖滥采点联网，从而实现了全天候监控；2011 年，深圳市基于物联网开通了土地监察数字平台，该平台具有违法判定智能化、监察过程透明化、应急反应快速化等特点。2012 年以后，北京、浙江、广西、重庆等地区在全省(市)国土资源信息化建设成果的基础上，基本完成了国土资源“一张图”核心数据库、电子政务平台、综合监管平台、共享服务平台、不动产登记基础平台、应急指挥基础平台等研发工作，并结合各自情况制订了相应的标准化手册。

国土资源信息化“十二五”规划完成基本情况如下：

(1) 国土资源“一张图”核心数据库基本建成了并建立了动态更新机制。原国土资源部和 31 个省(自治区、直辖市)建成了覆盖全国的遥感影像，整合集成了基础地理、基础地质、土地利用现状、矿产资源储量、地质环境与地质灾害防治等基础数据，以及建设用地审批、土地供地、矿业权等管理数据；基本完成了馆藏地质资料数字化，积累了海量国土资源数据，支撑了综合监管平台和各类业务审批平台应用系统的运行；基本形成了“一张图”与业务审批关联的数据动态更新机制。市、区(县)级“一张图”及核心数据库建设开始启动。广西、贵州、吉林采取省厅统一部署的方式，带动市、区(县)级“一张图”建设与应用。山西、辽宁、江苏、浙江、江西、湖北、湖南、四川等启动市级“一张图”核心数据库建设，已初步实现了数据支持和服务。总体来讲，“一张图”数据库有效支撑了各项业务，保障了各级国土资源管理部门事业的不断发展。

(2) 数字化的调查评价技术体系初步建立了。持续开展全国范围内的遥感监测，实现了遥感监测数据和土地调查数据年度更新；建成了覆盖重要地区的城市地价动态监测网络。初步实现了调查数据采集和处理的全数字化和流程化。国土资源数据获取的全面性和时效性不断增强。遥感技术、地理信息系统技术、全球定位系统技术及其相关装备全面应用于土地、基础地质、矿产资源、地质环境、地质灾害调查评价和监测。这实现了信息采集和处理的全数字化。土地利用和矿产开发监测实现了每年一次全国覆盖。建立了全国国土资源遥感监测“一张图”及年度土地利用快速变更维护新机制。建成了一批覆盖全国的不同比例尺土地、区域地质、矿产资源、地质环境与地质灾害等数据库。全国四级国土资源主管部门积累了海量数据。基本建成了国家、省、市三级国土资源数据中心体系。

(3) 国土资源综合监管平台基本建成并广泛应用。原国土资源部和31个省(自治区、直辖市)以“一张图”为基础,基本建成综合监管平台。其监管范围覆盖到土地规划计划、预审、审批、征收、评估、市场交易、利用、登记发证、土地整治、占卜平衡和城乡建设用地增减挂钩等土地管理和开发利用环节,以及矿业权登记发证和矿产资源勘查、开发利用环节。北京、天津、上海、广西等的综合监管平台已基本上实现常态化应用。北京市建立了“局长桌面”决策支撑系统,可动态掌握全市保障房供地等4个大类19个小类的关键指标数据,还可以综合分析和预判各种可能影响群众利益和社会稳定的苗头性问题。内蒙古自治区建成了覆盖三级全辖区的综合监管平台,初步实现了资源状况动态监测与预警、信息比对核查、信息综合分析研究等功能。天津市探索建立了基本的农田、矿区等违法用地行为易发区的视频监控网,使现场景象及时、清晰地传送到了指挥监控中心,使执法部门可远程发现违法违规占地行为。

(4) 办公和审批基本实现网上运行。原国土资源部和31个省(自治区、直辖市)大多数市、县国土资源主管部门主要业务实现网上运行和电子数据交换。原国土资源部在统一的政务办公平台上,建立了和运行了办公自动化系统和行政审批系统,实现了公文运转全流程无纸化。省级国土资源主管部门行政办公和行政审批等主要管理业务实现了全流程网上运行。除西藏外,全国30个省(自治区、直辖市)和新疆生产建设兵团的国土资源办公自动化系统均已上线运行,绝大多数省级国土资源主管部门实现了本级建设用地预审、建设用地审批、矿业权审批等主要行政事项联动审批,除涉密事项外,做到了“不上网的事情不办、不上网的申请不批”。已实行联网审批的地方实现了建设用地预市、建设用地审批、矿业权审批等重要行政审批系统网上办理远程报件、会审会签等,提高了行政效能,取得了良好的社会效益。

(5) 国土资源信息网上服务不断推进。全国国土资源政务信息网上公开接近全覆盖。目前,全国所有省级和市级、89%的区县级实现政务信息网上公开,其中26个省(自治区、直辖市)实现区县级以上全覆盖。社会关注度高的重要政务信息,其公开的广度、深度和更新频率均有明显进步,在线服务水平、公众参与功能和效果也显著提升。门户网站成为国土资源社会化服务主渠道,为社会公众监督政府、表达诉求创造了条件,树立了政府便民服务的良好形象。

(6) 国土资源信息化基础设施持续完善。国土资源业务网接近全覆盖。29个省(自治区、直辖市)覆盖了全部区县级,北京等23个省(自治区、直辖市)已完成省、市、县三级视频会议系统建设,山西等6个省(自治区、直辖市)视频会议系统已联通全部市级单位。各地均开展了网络与信息系统安全等级保护工作。上海在浦东建立了应用级灾备机房,实现了数据的同步镜像。北京等8个省(自治区、直辖市)建立了异地备份中心实现了重要基础数据异地实时存放,保障了数据安全。重庆在原国土资源部数据中心实现了数据备份,辽宁等3个省(自治区)在原国土资源部重庆数据备份中心备份数据。

1.2.2 江苏省建设现状

2001年以来，原江苏省国土资源厅加强了全系统信息化工作的组织领导，设立了专门的机构，在以往多年计算机应用的基础上，全面推进国土资源信息化建设，取得了明显的成效。2003年，江苏省建成机关办公自动化系统和建设用地审批管理信息系统并投入使用。省厅建设用地审批管理信息系统按照受理和办理分开权力相互制约的原则设定流程，即前台受理、后台审核和结果公示。与办公自动化系统类似，参与审批工作的部门和工作人员也有不同的角色定位和不同的操作权限。规范的流程和特定的角色，在相当程度上限制了工作人员的自由裁量权：一个“窗口”对外、后台审批全封闭运行，在相当程度上排除了外界因素对审批决策过程的干扰。2009年，江苏省徐州市开始采用物联网、地理空间信息技术等来建立矿产资源与矿区土地一体化管理系统，实现了地表数据和地下规划数据、现状数据的“一张图”管理，为矿产储量动态监测、土地塌陷分析、村庄搬迁分析等提供了科学依据。

江苏省经过十来年的信息化建设，国土资源数字化信息不断增加，加强了对国土资源数据的管理、分析与应用，通过建设江苏省国土资源“一张图”与综合监管系统，实现“以图管地、以图管矿、以图防灾”在“一张图”基础上，集成整合相关应用系统和数据，建立集信息采集与动态监测、信息比对核查、信息综合分析研究功能于一体的国土资源综合监管系统，能够及时、准确、全面掌握土地“批、供、用、补、查”和矿产“探、采、储、用、查”等全方位、全过程信息，为形成常态化监管、国土资源形势分析、决策支持等国土资源监管提供信息化服务。

原江苏省国土资源厅开展“四全”服务模式，推广“全业务网上办理、全流程优化审批、全区域便民服务、全节点效能监管”，将“批、供、用、补、查”和“登记”等行政事项全部纳入信息审批监管系统，实现国土资源业务办理网上运行，做到“多让数据网上走，少让群众路上跑”。

“十二五”期间，围绕全省国土资源“一张图”核心数据库建设，开展了基于“一张图”系统多元异构数据整合技术及全天候遥感监测技术研究，市、区(县)级建成率达90%以上；开展了省-市-县三级政务协同平台的关键技术研究，促进全省各级国土资源管理部门业务协同；开展了全省国有建设用地使用权和矿业权网上交易系统研发，提升国土资源市场化配置效率；开展了国土资源数据备份中心的关键技术研究，提高数据安全保障程度；加快地质资料数字化技术研发，探索建立地质资料信息集群化共享服务平台，形成了较为完整的地质资料数字化管理与服务体系。

1.2.3 问题与分析

“十二五”期间的相关实践探索为建设集数字化、网络化、智能化为一体的“智慧国土”打下了坚实的基础，有效地推进了“智慧国土”的建设工作，但存在如下问题需要解决：

(1) 信息化水平参差不齐。各省(自治区、直辖市)由于历史以来的区域发展战略，推进国土资源信息化的过程未必整体提高了信息化研究与应用水平。每个城市各个区域的国土资源信息化水平发展不一，而在“智慧国土”建设和应用当中，各区域既是建设者又是使用者。只有整体达到了自主、持续创新和应用国土资源信息化手段的水平，“智慧国土”才能顺利建成。

(2) 数据和系统建设各自为战，共享和统一程度不高，不利于“智慧国土”的建设。由于数据的保密性、系统的建设成本，信息化建设当中部分数据库和信息系统不能互连互通，共享和统一的程度不高，导致"智慧国土"的建设存在一定阻碍。

(3) 信息化相关技术在国土行业的应用研究程度不高。物联网和云计算是构建"智慧国土"的两大支撑技术。在国土"一张图"和综合监管平台的基础上，结合物联网和云计算两大新兴信息技术，加上智能算法，实现信息系统与物理系统的融合、监管与服务的融合，从而改进国土资源管理模式和服务效能，让用户可以随时、随地了解国土。但物联网、云计算与地理信息系统如何在国土资源信息化建设中深度融合，相关的研究和实践还较少。云计算和地理信息系统技术两者虽然存在优势互补，但是集成实现较为困难，是建设"智慧国土"的难点之一。

1.3 "智慧国土"建设意义

"智慧国土"的建设具有重要意义。资源是经济发展的基础，国土资源是一个国家可持续发展和自主创新的必然依托以及国家和民族安全的保障。我国国土资源曾在农业、林业、水利、地矿、交通、城市建设、旅游、教育、资源(土地、森林、水、矿物、海洋等)、环境、人口、海洋等几十个领域产生了广阔的社会和经济效益。智慧国土就是充分应用物联网、云计算、大数据等科技手段，管理现有的国土资源数据和信息资源，分析国土资源现状，为可持续发展提供科学预测，辅助决策。

党的十八大报告提出，要坚持走中国特色新型工业化、信息化、城镇化、农业现代化道路，信息化已成为以上"新四化"的重要组成部分。推动信息化已经成为实现中华民族伟大复兴中国梦的关键性举措。国土资源是经济和社会发展不可或缺的基础性、战略性资源，国土资源管理工作肩负着"稳增长、促改革、调结构、惠民生"的艰巨任务。积极推进国土资源信息化建设是深化国土资源改革、规范和创新管理、保障和促进科学发展的迫切需要。

2016 年 7 月，江苏省科技创新大会明确提出要深入实施创新驱动发展战略，聚焦科技创新这个"核心的核心"用功发力，努力建设科技强省，打造江苏转型发展主引擎，体现江苏"高度"，形成江苏"标志"，作出江苏"示范"。2016 年 9 月，全国国土资源科技创新大会召开，提出"十三五"期间面向国家重大需求，全力实施"三深一土"(深地探测、深海探测、深空对地观测、土地科技创新)国土资源科技创新战略。中央、省、部关于科技创新的战略部署，迫切需要国土资源坚持科技创新发展，凸显创新在国土资源事业发展全局的核心地位。

目前，第三次全国国土资源调查正如火如荼开展，涉及中国国土范围内近期以来土地、植被、水、矿产、能源、旅游、气象等国土资源的分布、数量、质量、特征、规模、相互关系、利用现状及其潜在能力，调查研究国土范围内自然环境演变规律和趋势。由于调查涉及诸多领域，所以资料繁杂，数据格式多样。智慧国土可以实现对这些信息的管理、开发和应用。

第 2 章 "智慧国土"技术体系

智慧国土以时空信息为基础，依托大数据、物联网、云计算等现代信息化技术，将人类现有的知识法则以及地物信息进行数据化，来实现可以少依赖或者不依赖于人的意志的智能化管理决策。

国土资源技术体系是建立智慧国土的基础，关系智慧国土的信息获取和更新、信息分析和挖掘、信息分类和应用、信息传输和应用等。其主要包括遥感技术、地理信息系统技术、流媒体、数据仓库技术、物联网技术、云计算技术等。

2.1 遥感技术

2.1.1 概述

遥感技术(remote sensing, RS)依其遥感仪器以及采用波谱特征可分为电磁波遥感技术、声学(声呐)遥感技术、物理场(重力场和磁力场)遥感技术。国土资源遥感调查中用到的主要是电磁波遥感技术，即利用各种物体反射或发射出的不同特性的电磁波所进行的遥感。遥感技术，依据波谱性质可分为可见光、红外微波等遥感技术；依据探测能源的方式可分为主动遥感和被动遥感；按照遥感器使用的运载工具可分为航天遥感技术、航空遥感技术；按照遥感应用领域可分为资源遥感、环境遥感、气象遥感、海洋遥感等。

1972 年，美国发射了第一颗陆地卫星，这标志着航天遥感时代的开始。近几十年以来，遥感技术获得了迅猛的发展，作为一种空间探测技术，至今已经历了地面遥感、航空遥感和航天遥感三个发展阶段。随着空间技术、无线电技术、光学技术和计算机技术的发展，20 世纪中期遥感技术有了很大的发展。遥感器从第一代的航空摄像机，第二代的多光谱扫描仪、专题制图仪，很快发展成为固体扫描仪；遥感运载工具从飞机，发展到卫星、宇宙飞船和航天飞机；遥感波段从可见光发展到红外、微波和细分多光谱；空间分辨率从 80 m×80 m 发展到 30 m×30 m、20 m×20 m、10 m×10 m、5 m×5 m、1 m×1 m 的遥感图像。尤其是 20 世纪 90 年代中期，遥感技术出现了一些引人注目的新进展。1995 年，加拿大发射了雷达卫星 RADARSAT-1。这标志着星载微波遥感的突破性进展，推动了对地观测资源遥感数据的商品化和应用普及。1996 年，日本首次发射了用于全球变化研究的"高级地球观测卫星"，对陆地和海洋进行精确数据采集和成图。1997 年底，1 m 分辨率的美国空间影像公司的伊科诺斯卫星率先发射上天，揭开了对地精确观测新的一页。

近二十年来，我国各级部门成立了许多遥感中心。这在国家经济建设中发挥了重要作用。由于遥感技术逐渐成熟，数据源非常多，计算机软、硬件性能飞速提高，因此遥感技术应用逐渐普及，遥感探测效果逐步提高。遥感技术逐渐成为公认的一种勘查手段。这种形势为遥感技术的发展提供了机遇。这些年来，地勘行业遥感工作响应了国家地质工作需求，在配合新一轮国土资源大调查中发挥了很好的作用，取得了一系列成果：不断跟踪前沿新技术、方法，抓住机遇进行跟踪研究，在地质应用方面保持了领先地位；在国土调查、地质灾害调查监测、灾害的应急调查、环境、找矿、基础地质研究等方面发挥了重要作用。

风云气象卫星（1988 年以来）、资源系列卫星（1999 年以来）、环境减灾系列卫星（2008 年以来）、高分系列卫星（2013 年以来）、碳卫星（2016 年）等重要遥感卫星的成功发射，使我国也已跻身于世界遥感技术的前列。

我国已于 2000 年 10 月 31 日开始发射北斗导航试验卫星，使我国成为继美、俄之后的世界上第三个拥有自主卫星导航的国家。该卫星已成功应用于测绘、电信、水利、渔业、交通运输、森林防火、减灾救灾和公共安全等诸多领域，产生显著的经济效益和社会效益。该卫星特别是在 2008 年北京奥运会、汶川抗震救灾中发挥了重要作用。为了更好地服务于国家建设与发展，满足全球应用需求，我国启动实施了北斗卫星导航系统建设。2017 年 11 月 5 日，中国第三代导航卫星北斗三号的首批组网卫星（2 颗）以“一箭双星”的发射方式顺利升空。它标志着中国正式开始建造“北斗”全球卫星导航系统，目前我国已成功发射 23 颗北斗导航卫星。根据其系统建设总体规划，至 2020 年左右，我国将建成覆盖全球的北斗卫星导航系统。

建立长期稳定运行的卫星对地观测体系，是我国空间遥感的发展目标。在今后的 10 年中，我国将建立以气象卫星系列、资源卫星系列、海洋卫星系列和环境与灾害监测小卫星群组成的长期稳定运行的卫星对地观测体系，实现对中国和周边地区以及全球的陆地、大气、海洋的立体动态监测。

2.1.2 遥感技术分类

遥感技术由于最初的技术限制，一开始只是应用在土地测绘方面，后来随着遥感技术的发展，其应用领域也相应得到了一定程度的拓展。其中在土地资源调查方面，遥感技术就取得了较好的应用。遥感技术是一种信息获取手段。其特点是就是获取的信息量丰富、并且信息获取时间短、效率高，而且还具有多光谱的效应。

从 20 世纪 80 年代开始，卫星遥感技术就已经在我国土地资源监测中投入使用。后来随着应用需求的增加和遥感技术的更新，其分辨率以及应用准确度得到了极大程度的提升，并且由最初的单时段卫星遥感技术发展成为多时段卫星遥感技术。全国土地资源监测管理开始大范围应用遥感技术，并且相应地建立了我国土地资源监测遥感体系。高光谱遥感技术的产生和发展将使遥感技术在矿产资源勘查和开发利用监测方面的应用迈向新的台阶。

高光谱利用成像光谱仪实现地物空间信息、辐射信息、光谱信息的同步获取。高光谱图像的光谱信息层次丰富，不同的波段具有不同的信息变化量。通过建立岩石光谱的信息模型，可反演某些指示矿物的丰度。充分利用高光谱的窄波段、高光谱分辨率的优势，结合遥感专题图件以及利用丰富的纹理信息，高光谱遥感数据及应用技术将成为地质找矿及矿产资源开发利用监测的主要手段。

2.1.2.1 国土资源遥感技术分类

进入 21 世纪，国土资源遥感技术已显现多种。其包括高空间分辨率遥感、高光谱分辨率遥感、高时间分辨率遥感、热红外遥感、合成孔径雷达遥感、激光雷达遥感等。

（1）高空间分辨率遥感

空间分辨率是指能够被光学传感器辨识的单一地物或个相邻地物间的最小尺寸。空间分辨率越高，遥感图像包含的地物形态信息就越丰富，能识别的目标就越小。目前已经商业化运行的光学遥感卫星的空间分辨率已经达到“亚米级”。例如，2016 年发射的美国世景 4 号卫星能够提供 0.3 m 分辨率的高清晰地面图像。近年来，随着我国空间技术的快速发展，特别是高分辨率对地观测系统重大专项的实施，我国的卫星遥感技术也迈入了亚米级时代，高分 2 号卫星全色谱段星下点空间分辨率达到 0.8 m。

高空间分辨率图像（简称“高分图像”）包含了地物丰富的纹理、形状、结构、邻域关系等信息，可主要应用于地物分类、目标提取与识别、变化检测等。基于高分图像，可以充分提取图像地物的上下文语义信息，将图像分类从像元级提高到对象级。比如，自适应马尔科夫随机场模型或者地理信息系统辅助遥感图像分类都是充分利用精细的空间信息结构实现对光谱分类结果的重定义，提高图像分类精度。此外，稀疏表示和深度学习方法在高分图像分析中的应用研究也非常活跃。稀疏表示理论能够从复杂庞大的数据中分离出影像的主要特征，深度学习方法则通过对深层网络结构进行训练提取图像所具有的深层次的结构特征。高分图像的变化检测可以采用基于对象的方法，通过设计适当的分割算法或目标提取算法，实现对地物覆盖类型（如建筑物、水体等）的变化分析。

高分辨率遥感影像是地理国情信息获取的主要数据源。我国的土地利用遥感监测的发展也经历了几个阶段：第一阶段为利用航片进行调查，第二阶段为以 TM 影像为主解译，第三阶段为通过多源与多分辨率遥感相结合。从人工目视解译、手工调绘到基于各种应用软件的人机交互编辑，结合地理信息系统的统计入库，一步步向前发展，遥感技术在土地利用信息提取中变得越来越重要。近年来，面向对象分析方法成为遥感影像应用的新的趋势。与传统的面向像元处理方法不同，面向对象的遥感影像分析方法中，需要通过分割算法对遥感影像进行分割，再提取分割产生的影像对象的各种特征，在特征空间上进行影像对象识别和标识，最终完成遥感信息的有效分类和提取。影像对象具有特别丰富的意义。它可以应用各种地学特征，如方向特征、距离、尺度、空间模式、纹理等，同时结合语义知识来表达和推理，能够更加符合人类的思维和推理，更具智能性。

（2）高光谱分辨率遥感

起源于 20 世纪 80 年代的高光谱分辨率遥感又称为高光谱遥感。它利用成像光谱仪在连续的几十个甚至几百个光谱通道获取地物辐射信息，在取得地物空间图像同时，每个像元都能够得到一条包含地物诊断性光谱特征的连续光谱曲线。

高光谱遥感突出特点和优势使其在众多领域发挥着越来越重要的作用。例如：通过对矿物元素的诊断性光谱特征分析，高光谱遥感能够实现对矿物成分及其丰度进行精确识别和填图；在植被研究方面，通过高光谱数据能够反演植被物理和化学参数，进行作物长势监测、品质评估等；在水质监测方面，通过对水中叶绿素、黄色物质、悬浮物等成分的光谱反演，可以掌握水华爆发、黑臭水体分布以及污染来源等。高光谱遥感技术从其起步就被赋予了强烈的军事应用色彩，在军事目标侦察、阵地与装备伪装识别、战场环境背景分析等方面有巨大应用潜力。我国的高光谱遥感科技发展一直处于国际前列。中科院自主研发的高光谱图像处理与分析通用软件系统被国际同行评为国际六大顶尖高光谱图像处理软件之一。我国在高光谱遥感应用方面实现了向美国、日本、澳大利亚等发达国家的技术输出。

国土资源监测主要包括土地利用动态监测。随着国土资源调查的深入开展，对土地利用动态监测提出了更高的要求。目前国土资源监测主要采用的多光谱数据，由于受光谱分辨率限制以及“同谱异物，同物异谱”现象的影响，这种数据难以满足管理需要。高光谱遥感以窄波段、波长连续的辐射抽样方式记录地表物体的光谱信息，在类别细分方面具有一定的优势，使得更精细地直接识别土地利用类型、进行土地利用动态监测成为可能。目前，与高光谱遥感数据特征相适应的土地利用动态监测方法可分为两大类。

一是基于像元的监测方法和面向对象的监测方法。基于像元的土地利用信息提取技术的主要理论依据是各地物在图像中表现出的光谱特征差异。其差异越大，地物就越容易区分。该方法通过分析地物的光谱特性，采用传统数理统计的方法(如最大似然法、最小距离法、光谱类法等)，根据一定的判别函数逐个对像元进行动态监测。

二是面向对象的土地利用信息提取技术。它采用多尺度分割技术生成有意义的多边形对象，以影像对象为基本操作单元，运用模糊数学的分类方法进行土地利用信息的提取。

地理国情监测是“十三五”规划中提出的新概念，是国家赋予国土信息化工作的新职责、新任务和新要求。地理国情监测成果使政府和公众能准确地掌握地理国情、国力，也是管理者作出重大决策的重要依据。高光谱遥感的出现是遥感界的一场革命。它结合了图谱合一等特性，使本来在宽波段遥感中不可探测的物质在高光谱遥感中能被探测到。

(3) 高时间分辨率遥感

卫星遥感观测的时间分辨率(或卫星重访周期)是指在同一区域进行相邻 2 次观测的最小时间间隔。其间隔越小，时间分辨率越高。由于气象观测的特殊性要求，在 21 世纪初之前，高时间分辨率遥感卫星绝大多数都是气象卫星。最具代表性的有美国三代气象观测卫星，即第一代泰罗斯系列(1960 年至 1965 年)、第二代艾托斯/诺阿系列(1970 年至 1976 年)、第三代艾托斯/诺阿拓展系列(1978 年至今)。其中至今仍广泛应用的诺阿系列卫星采用双星运行，同一地区每天重复观测 4 次。我国气象卫星自 1988 年成功发射风云 1 号卫星以来，至今已发展至风云 2 号、3 号、4 号共有 15 颗。风云 1 号气象卫星可以每天 2 次对同一地区进行观测；风云 2 号气象可以卫星每半小时对地观测 1 次，采用双星错开观测，可以达到每 15 分钟观测 1 次地球。除了上述气象卫星外，1999 年 12 月和 2002 年 5 月，美国国家航空航天局分别发射以陆地观测为主的高时间分辨率遥感卫星(即士地理与水卫星)这两颗星相互配合，每 1～2 天可重复观测地球 1 次。这些高时间分辨率遥感影像卫星空间分辨率相对较低，一般都在百米级或千米级。近年来，随着高分辨率成像技术和卫星组网观测技术的发展，陆续出现了一些拥有中高空间分辨率的地球静止轨道卫星和具有高空间分辨率的小卫星星座。例如，我国 2015 年底发射的高分 4 号静止轨道卫星，空间分辨率为 50 m；预计 2030 年实现 138 颗小卫星组网的“吉林 1 号”后续卫星星座，空间分辨率为 1.12 m，届时将具备对全球任意点 10 分钟以内重访观测。

高时间分辨率遥感与高空间、高光谱遥感技术相结合是未来遥感科技发展的一个新趋势。它能够实现地物类型与理化特性的精准反演和高时频变化监测。例如：利用高时间分辨率遥感几何高光谱遥感技术能够通过植被指数等参数时间立方体分析，精确监测作物种植、退耕还林、退牧还草、围湖造田、植树造林、森林砍伐等植被生长状况变化或工程进展情况。

(4) 热红外遥感

红外遥感是通过获取地物反射或发射出的红外热辐射能量信息来感知地物特性的技术，热辐射量级大小不仅与目标物的表面温度有关，而且也是目标物构成成分以及观测角度的函数。受大气作用影响，卫星传感器入瞳处的热辐射主要集中于3～5 μm和8～14 μm两个大气窗口，前者为中红外窗口区，反射和发射特性同等重要；后者为热红外窗口区，以目标物发射的热辐射为主。由于任何温度高于绝对零度(0 K或－273 ℃)的物体都会不断地向外界以电磁波的形式发射热辐射，使得热红外遥感能够实现对目标物的全天时遥感监测。我国于2017年发射的高分5号(GF-5)卫星搭载一台全谱段光谱成像仪，其热红外空间分辨率将达到40 m。在空间分辨率显著提升的同时，热红外遥感的时间分辨率也在逐步改善，由传统的多天间隔观测缩短为逐小时观测甚至更短。

目前，中红外和热红外遥感在农情监测、灾害监测、城市热岛效应、地质探测、环境污染以及军事等领域都有很广泛的研究。在农业方面，热红外遥感已经被用于农田蒸散的定量计算，有助于人们科学合理地调控土壤水分。在减灾应用方面，主要用于地震和林火监测等，通过震前地表温度异常的监测，可以对地震预测的发展提供大量数据支持；通过多时相的中红外和热红外遥感图像对比，可以及时掌握林火蔓延情况。在城市热岛效应研究方面，通过热红外遥感可以准确获取地表温度或者空气温度的时空分布信息。在地质勘探和环境污染监测方面，主要应用于地下水、地热和矿物的探测，以及秸秆燃烧、温水污染和沙尘监测等。在国防安全领域，主要应用于军事目标的红外侦查、红外夜视和红外预警等，通过观测目标和背景的中红外或热红外辐射强弱差别可以识别出由于伪装或者观测条件不佳(夜间和不良天气)而难以发现的军事目标。

(5) 合成孔径雷达遥感

微波遥感技术是通过接收地物在微波波段(波长为1 mm至1 m)的电磁辐射和散射能量，以探测和识别远距离物体的技术，微波遥感技术具有全天候昼夜工作能力，能穿透云层，不易受气象条件和日照水平的影响。微波遥感按其工作原理可分为有发射源的主动微波遥感和无发射源的被动微波遥感，合成孔径雷达(synthetic aperture rader，SAR)就属于一种高分辨率二维成像的主动微波遥感，它也是目前微波成像遥感应用最广的技术。SAR的主要成像参数包括工作频率、极化方式和观测模式等，常用波段包括：X波段(2.5～3.75 m)、C波段(3.75～7.5 cm)、S波段(7.5～15 cm)等。极化方式是指发射和接收电磁波的极化特性。例如，VH代表发射和接收信号的极化方式分别为垂直极化和水平极化。观测模式主要包括高分辨率模式、条带模式和扫描模式等，分别对应不同的观测几何和成像特点。

SAR图像在几何和辐射特征上与光学遥感图像有着显著差异，几何方面的差异主要体现在由于侧视测距成像机制引起的阴影、叠掩和透视收缩现象。SAR图像同样也有复杂的辐射特征，在图像上主要体现为包含斑点噪声的明暗纹理结构，它是由于不同地物在不同频段、不同极化方式、不同方向等成像参数下的电磁波散射特性，以及一个瞬时视场内部随机分布的多个散射单元的电磁波信号叠加造成的。

SAR技术具有全天时全天候的观测能力，除了广泛应用于恶劣天气和夜间成像观测外，还可以用来测量土壤湿度、雪被深度和地质构造等，非洲撒哈拉沙漠地下古河道的发现正是依赖于这个特殊能力。

(6) 激光雷达遥感

激光雷达(laser rader，LR)是激光探测及测距系统的简称，是一种有发射源的主动遥感系统。LR是测定光波往返发射器与被测物体之间的时间,进而计算两者之间的距离,通过记录一个单发射脉冲返回的首回波、中间多个回波与最后回波,分析获得地表物体的三维结构信息。LR系统的主要参数包括脉冲宽度、脉冲重复频率、单脉冲能量以及光束发散角等。LR获取的离散点云数据经过处理后,即可生成高精度的数字高程模型(DEM)和数字表面模型(DSM)产品。

LR测量技术最早是美国Syracuse大学的研究人员基于机载平台进行近海岸线水深测量;德国于1993年推出首个商用机载LR系统TopScan ALTM1020,用于快速获取森林结构信息,如树木定位、树高计算、树冠体积估测等。星载LR方面,美国NASA于2003年发射的地球科学激光测高仪系统(GLAS)是第一个在地球轨道上进行长期连续全球对地观测的激光雷达系统,其激光脉宽为5 ns,脉冲能量包括1 064 nm波段用于测量地形表面特征,以及532 nm可见光波段测量气溶胶和其他大气特性。中国于2007年发射的嫦娥一号激光高度计是我国第一个星载激光雷达系统,在轨运行期间,共获取912万点有效数据,得到的月球两极高程数据填补世界空白。星载LR系统的特点是运行轨道高、观测视野广,可以测量陆地表面粗糙度和反射率、植被冠层高度、雪盖面和冰川的表面特征等,适用于大尺度全球范围的冰川、海冰和森林监测。LR数据与其他遥感数据复合利用成为当前遥感应用研究的一个热点,例如将LR高度数据和地物光谱、空间、纹理等特征数据融合实现城市地物高精度精细分类。从高密度点云LR数据可以提取地物精确的边界信息,将其作为空间项权重系数代入基于边界约束的马尔科夫随机场算法,结合高光谱图像数据就能够大大提高城市区域分类精度。

2.1.2.2　国土资源遥感技术进展

由于技术发展及一些国家为推广遥感技术应用而进行了新技术、新手段的研究,使得国土资源遥感技术应用的方法更加实用化。

(1) 遥感定量化分析技术

遥感数据定量分析技术虽然起步于20世纪70年代,但由于受传感器分辨率、计算机发展、普及水平的局限,只能停留在半定量数据处理阶段,分析仍是定性的。20世纪80年代中期以后,成像光谱数据的出现,定量分析技术取得了实质性进展,但第一代成像光谱数据信噪比低,海量数据处理对计算机硬、软件技术水平要求高,定量分析技术达不到实用化。20世纪90年代以来,下列技术的进展使定量分析技术发展趋于成熟:

第二代成像光谱系统采用了20世纪90年代的聚焦平面、光纤等技术,个别光谱段信噪比达100∶1,探测器工作制冷温度提高,体积变小,系统本身达到了实用化水平;开发了数据标定和大气校正算法,可以较精确地将传感器记录的辐射数据换算成反射率值,目前,已开发出十几种分别针对不同自然条件测区和应用目的的大气校正反射率图像生成算法与软件,在数据定量分析中得到了广泛应用;地面支持系统,即实验室/野外光谱测试系统和技术达到了1～2 nm分辨率和计算机化,实现了对地质材料的实时数据采集、处理、显示与分析。目前,日本、澳大利亚、美国开发的便携式光谱测试系统,广泛用于野外蚀变带填图和标准矿物数据库建立;近年来,开发了定量分析技术数据处理算法,如光谱匹配、混合像元分解、人工神经网络等。

(2) RS、GPS、GIS一体化

GPS技术商业化以来,就与遥感技术开发与应用紧密联系起来。20世纪90年代以来的新型遥感数据采集系统都装备 GPS 系统，确保了定位和制图几何精度。遥感数据是 GIS 数据库中的主要数据源，也是 GIS 系统的主体部分，遥感数据处理和分析需要 GIS 技术的支持。RS、GPS、GIS 一体化的趋势更加明显，从近年来推出的商品性软件产品功能可以得到体现。新的高分辨率数字成像数据及数字摄影数据产品为 GIS 提供了高质量的数据源，GIS 和 GPS 技术使遥感数据应用在制图精度和分析技术方面有了实质性提高。

(3) 遥感数据处理中神经网络技术

过去十几年中，对神经网络技术及其应用研究得很多。而促使神经网络技术用于遥感数据处理的研究有：

用于数据分类时，比统计方法更快速、精确，特别是当特征空间复杂及原始数据具有不同的统计分布特征时；在数据分析中可以综合先验知识和真实物理条件；在数据分析中可以综合不同类型数据。

实例表明，用神经网络技术对光学遥感数据和 SAR 数据的土地覆盖分类精度优于传统的统计分类方法。神经网络技术本身是一种正在发展的技术，用于遥感数据处理更是处于研究、探索阶段。

(4) 遥感数据中虚拟现实技术的应用

VR 技术是通过一定的外部装置使人感觉一种仿佛是真实的合成环境及其中的模拟对象，并同它们进行交互的技术手段。VR 技术起步于 20 世纪 80 年代，首先用于军事，对计算机的储存能力和运算速度要求很高。20 世纪 90 年代民用领域开始开发 VR 技术应用。欧洲航天局正在研究利用 VR 技术把大量的地球资源卫星数据转化为三维可视图像，将 ERS1、2 卫星的三维遥感数据全部输入到 VR 系统中，对研究全球地形、自然资源有一定的价值。

2.1.3 遥感技术应用

遥感技术在国土资源领域的应用不断扩大，已由最初的遥感地质填图，拓展到地质环境调查与监测、矿产资源开发多目标遥感监测、地质灾害预警预测等。

(1) 遥感技术在土地资源调查监测中的应用

遥感作为一种高效获取信息的手段，其蕴涵的信息量丰富、全天候、信息获取周期短和多光谱特性，在我国土地资源调查监测工作中得到广泛应用。多年来，遥感技术在土地资源调查和监测中的应用逐步成熟，并朝着标准化、规模化的方向发展。

(2) 遥感技术在矿产资源调查、开发利用监测中的应用

高光谱遥感技术的应用为矿产资源调查和开发利用监测提供了新手段和有效的技术支撑。原国土资源部利用遥感技术开展了多个全国矿产资源开发遥感调查与监测项目，构建了全国矿山开发遥感监测信息系统，为矿产资源开发活动的长期、动态、快速遥感调查与监测以及成果的社会化服务工作奠定了基础。

(3) 遥感技术在地质环境调查与地质灾害监测中的应用

现代遥感技术和航天技术的发展为地球资源与环境监测研究开辟了广阔的前景，也为地质灾害的调查和研究提供了崭新的手段。在地震、滑坡、崩塌、泥石流等次生地质灾害的调查和研究中，遥感技术都发挥了重要的作用。

(4) 遥感技术在国土资源管理中的应用

遥感技术具有高度的综合性，而且随着全球定位系统以及数据库技术的发展和应用，以及相关数据库如土地使用、耕地情况、矿产规划等，遥感技术在国土资源管理中发挥出更深层次的作用。在具体的工作过程中利用遥感技术有助于工作人员快速掌握目标区域的地面信息，继而为相关工作的顺利开展打下基础。遥感技术在地质灾害的监测预警方面具有强大功能，在具体应用过程中通过对相关地区的地质灾害点一级隐患点进行全面监测，进而掌握地质灾害的发展趋势，掌握其分布特点、灾害规模，一级对附近地区的影响，同时还可以观察地质灾害的形成原因以及影响因素。

2.2 地理信息系统技术

2.2.1 概述

地理信息系统(Geographic Information System，GIS)是在计算机硬、软件系统支持下，对整个或部分地球表层(包括大气层)空间中的有关地理分布数据进行采集、储存、管理、运算、分析、显示和描述的技术系统。它是一种基于计算机的工具，它可以对空间信息进行分析和处理，简而言之，是对地球上存在的现象和发生的事件进行成图和分析。它把地图这种独特的视觉化效果和地理分析功能与一般的数据库操作(例如查询和统计分析等)集成在一起。

当前社会各方面对地理信息的需求日益增长，地理信息的用户市场逐步形成，对地理信息的内容、提供地理信息服务的方式和地理信息人才等方面的需求不断提高。地理信息系统作为一种以采集、储存、管理、分析和描述整个地球表面与地理分布有关数据的空间信息系统，与人类生存、地区的发展和进步密切关联，因此地理信息系统的发展需要愈来愈多的重视。

2.2.2 地理信息系统发展趋势

地理信息系统萌芽于 20 世纪 60 年代，经过了 50 年的发展历程，成为一门成熟的地理信息技术、具有生命力的科学产业。

(1) GIS 产生

20 世纪 50 年代，计算机兴起并开始在航空摄影测量学与地图制图学中应用，政府部门对土地利用规划与资源管理有了更高的要求，这使人们开始有可能用电子计算机来收集、储存、处理各种与空间和地理分布有关的图形和有属性的数据，并通过计算机对数据的分析来直接为管理和决策服务。这才导致了现代意义上的地理信息系统的问世。到 20 世纪 60 年代，加拿大测量学家首先提出了地理信息这一术语，并于 1971 年建立了世界上第一个加拿大地理信息系统(CGIS)，用于自然资源的管理和规划。稍后，美国哈佛大学研究出 SYMAP 系统软件。这些技术地理信息系统发展的基础。

(2) GIS 发展

20 世纪 60 年代，地理信息系统发展的一个显著标志是有许多有关的组织和机构纷纷建立。但由于计算机水平的限制，GIS 带有更多的机助制图色彩，其地学分析功能极为简单。20 世纪 70 年代以后，随着计算机硬件和软件技术的飞速发展，使得空间数据的录入、存储、检索和输出等功能不断增强，地理信息系统也由理论雏形向实用性的应用系统进行发展。一些发达国家先后建立了许多不同规模、不同专题、不同类型的土地信息系统和地理信息系统。20 世纪 80 年代，计算机行业推出了图形工作站和 PC 机等性能价格比大为提高的新一代计算机，为 GIS 普及和推广应用提供了硬件基础。地理信息系统软件的研制和开发也取得了很大成绩，涌现出一些有代表性的 GIS 软件，ArcInfo、GenaMap、Microstation 和 System9 等。20 世纪 90 年代，随着个人计算机的发展和数字化信息产品在全世界的普及，地理信息系统已经不仅仅应用于科学研究和政府部门等专业领域，而是逐步走进了每个家庭，为人们的生活服务。进入 21 世纪，地理信息系统正在走进千家万户，逐渐进入地理信息系统应用的普及阶段，例如开创了基于网络的 GIS。

(3) GIS 的发展趋势

开放地理信息系统是指在计算机和通信环境下，根据行业标准和接口所建立起来的地理信息系统。在这个系统中，不同公司的地理信息系统软件及其数据库能通过接口交换数据，并将它们结合在一个集成的操作环境中。开放式地理信息系统具有互操作性、对信息团体的支持作用、普遍存在性、可靠性、易用性、便携性、合作性、可伸缩性、可扩展性、兼容性和可执行性。全世界的人通过标准化公共接口参与 GIS 的建设，完善数据库，建立丰富的元件库，用户可根据需要拼装调用。

网络地理信息系统是指地理信息系统从单机环境下转移到网络环境下的地理信息系统。网络地理信息系统是由 Internet 技术发展所对地理信息系统提出的新要求。网络地理信息系统的开发是为了充分利用网络优势，达到资源共享。网络地理信息系统的实现是 GIS 引入 Internet，形成一个物理上分布的、逻辑上集中的大型空间数据库，实现空间数据的网上信息发布、数据共享，以满足不同用户对空间数据的查询和分析。G1S 通过互联网功能得以扩展，真正成为一种大众使用的工具。

地理信息系统产业是一个非常大的市场，我国 GIS 的产值据初步估计，每年市场规模已接近千万美元。根据国际权威信息评估机构的划分，GIS 产业对象主要包括七个方面：硬件、软件、数据采集与数据转换、电子数据、遥感信息获取与处理、系统开发与集成、咨询与技术服务。

2.2.3 网络地理信息系统

网络地理信息系统具有如下特点：① 以 Internet 作为运行环境，以 Web 页面作为用户界面，提供更具说服力的补充信息及声色俱佳的反馈信息。② 可以方便地实现数据共享，真正地实现 GIS 的大众化。③ 数据模块化，可以更方便地扩充自己的站点或者添加新的特性和内容，使之更新更加及时快捷，内容更丰富多彩。

WebGIS 的工作模式有：SSL(Server Side Includes，服务器端包含法)、CGI(Common Gateway Interface，公共网关接口法)以及 API(Application Programming Interface，应用编程接口法)，Java 编程和 ActiveX 法、插件(plug-in)等。

SSI 不需要任何编程背景，它能动态地把某文件包含到另一文件中，也能够执行某一程序(如 CGI 程序)，并能返回诸如浏览器或 Web 服务器的主机名字。但是 SSI 没有提供丰富的编程功能以及更高级的编程接口以访问数据库服务器等外部资源的能力。此外，SSI 占用相对较多的 CPU 系统时间及存储资源，所以从浏览器上发送和接收数据信息时，采用

CGI 或 API 比 SSI 更合适。

CGI 是允许 Web 服务器运行能够生成 HTML 文档并将文档返回 Web 服务器的外部应用程序规范。CGI 应用程序能够与浏览器用户、被接收数据等进行交互作用，甚至可以通过某一数据库编程接口与数据库服务器等外部资源进行通信。

CGI 灵活易用，几乎所有的 Web 服务器都支持 CGI，但这种 GIS 的功能主要由服务器完成，每次服务器都要访问数据库执行操作，生成 GIF 或 JPEG 文件，再传给网络浏览器。由于服务器每接收到一次浏览器用户请求都要重新启动 CGI 应用程序，服务器负担过重，系统效率低。网络传输的是服务器生成的图像，数据流量大，从而降低了系统的响应速度且服务器端易出现瓶颈。鉴于这种情况，一些 Web 服务器软件厂商已经开发了 API 来克服 CGI 性能方面的缺陷。

Java 语言是 Sun Microsystems 公司发布的面向对象程序设计语言。它是一种安全、高效、简单的网络编程语言。Java 应用程序可以下载并在客户端的机器而不是 Web 服务器上执行，这就大大降低了服务器的信息流量从而提高了性能。

基于 ActiveX 技术的 WebGIS 是在 HTML 中增加通用对象标准，为客户端的用户提供支持地理空间操作的 OCX 控件，并对原有的 GIS 软件功能进行扩充。从而将一个巨大的 GIS 软件系统分解成相对独立的构件。这些构件通过构件技术及对象连接嵌入(OLE)及空间数据引擎(SDE)实现 WebGIS 功能。利用 ActiveX 构造的 GIS 商品有 ERSI 公司的 Mapobject 和 MapInfo 公司的 Mapx。采用 plug-in 方法的 GIS 是在浏览器中专门安装某种动态代码模块，对网络浏览器进行扩充，以实现 Web 功能。

2.3 流媒体技术

2.3.1 概述

所谓流媒体是指采用流式传输的方式在 Internet 播放的媒体格式，如音频、视频或多媒体文件。流式媒体在播放前并不下载整个文件，只将开始部分内容存入内存。流媒体的数据流随时传送随时播放，只是在开始时有一些延迟。流媒体实现的关键技术就是流式传输方式。

流式传输方式则是将整个 A/V 及 3D 等多媒体文件经过特殊的压缩方式分成一个个压缩包，由视频服务器向用户计算机连续、实时传送。在采用流式传输方式的系统中，用户不必像采用下载方式那样等到整个文件全部下载完毕，而是只需经过几秒或几十秒的启动延时即可在用户的计算机上利用解压设备(硬件或软件)对压缩的 A/V、3D 等多媒体文件解压后进行播放和观看。此时多媒体文件的剩余部分将在后台的服务器内继续下载。与单纯的下载方式相比，这种对多媒体文件边下载边播放的流式传输方式不仅使启动延时大幅度地缩短，而且对系统缓存容量的需求也大大降低。

2.3.2 流媒体国土资源服务

近年来，国家土地资源违法滥用，导致各类地质灾害不断加剧。良田受损，森林资源遭到乱砍滥伐，煤矿开采不合理，各种城市开发区非法建设等，都对国家的每一寸宝贵的土地资源造成了一些无法弥补的损失。伴随视频压缩处理技术、网络通信技术的快速发展，数字化的远程视频传输应用得到广泛普及，为快速履行土地高效监管，有效进行土地管理，保证突发事件的高效处理提供了条件。

在安徽、四川、江西和天津等的一些国土资源部门实行远程视频监控系统，效果显著，通过现代科技手段，创新管理方式，实现对基本农田保护区、国家重点矿区、国土资源领域违法行为易发区 24 小时不间断监管。视频监控摄像头竖立在农田里，有效视距达 1.5 千米，监控周长 10 千米，横向旋转 360 度，纵向旋转 180 度，可以实时监控保障 7 500 亩耕地的安全。应用高科技，土地执法从“人盯人”的状态，升级到了全面监控、全程监督的数字时代。少量的国土执法人员，却能“罩”着整个城市数万平方千米的土地资源，让违法用地无处藏身。

依照信令流与视频流分离的原则，前端设备经过设备接入服务器认证后，视频流直接传输至流媒体分发服务器，再由流媒体分发服务器分发给用户，通过该方式有效地节省了带宽占用，加快了访问速度，通过优秀的逻辑配置原则和成熟的传输控制技术，指导用户就近访问资源。

流媒体使用与国土资源执法中，为用地项目提供 24 小时的全程监控，为实现“天上看、网上管、地上查、视频探”数字化监管提供了技术保障。

2.4 数据仓库技术

2.4.1 概述

随着 20 世纪 90 年代后期 Internet 的兴起与飞速发展，人们进入了一个新的时代，大量的信息和数据，迎面而来，用科学的方法去整理数据，从而从不同视角对各方面信息的精确分析、准确判断，比以往更为迫切，实施行为的有效性也比以往更受关注。

数据仓库技术就是基于数学及统计学严谨逻辑思维的并达成“科学的判断、有效的行为”的一个工具。数据仓库技术也是一种达成“数据整合、知识管理”的有效手段。

2.4.2 空间数据仓库

依据《建立数据仓库》一书，数据仓库的定义是：数据仓库就是面向主题的、集成的、相对稳定的、随时间不断变化（不同时间）的数据集合，用以支持经营管理中的决策制定过程、数据仓库中的数据面向主题，与传统数据库面向应用相对应。主题是一个在较高层次上将数据归类的标准，每一个主题对应一个宏观的分析领域：数据仓库的集成特性是指在数据进入数据仓库之前，必须经过数据加工和集成，这是建立数据仓库的关键步骤，首先要统一原始数据中的矛盾之处，还要将原始数据结构做一个从面向应用向面向主题的转变；数据仓库的稳定性是指数据仓库反映的是历史数据，而不是日常事务处理产生的数据，数据经加工和集成进入数据仓库后是极少或根本不修改的；数据仓库是不同时间的数据集合，它要求数据仓库中的数据保存时限能满足进行决策分析的需要，而且数据仓库中的数据都要标明该数据的历史时期。

简而言之，数据仓库是面向主题的、集成的、与时间相关的、不可修改的数据集合。与传统数据库相比，数据仓库弥补了传统数据库的缺点，将原来的以单一数据库为中心的数据环境发展为一种新环境：综合的、面向分析的体系化环境，该环境能更好地支持决策分析。另外，数据仓库使用统一概念模型和数据模型，实行术语、代码标准化，为从地理位置分散异构数据库中提取信息形成主题库成为可能。

空间数据仓库是 GIS 与数据仓库技术结合的产物，是在空间数据仓库的基础上引入空间维，定义空间关系，增加对空间数据的存储、管理和分析功能。它的主要特点如下：

（1）面向主题

一般的空间数据库，是面向事务处理任务时。而空间数据仓库的数据是按照一定的主题进行组织的。这里的主题是指用户所关心的目标与领域。因此，空间数据仓库里的数据具有针对性和目的性。

（2）集成的数据

一般的空间数据库通常与某些特定的应用相关，数据库与数据库之间相对独立。而空间数据仓库中的数据来源一般比较复杂，来自不同的数据库；其数据是在对多源数据的抽取、转换和加载的基础上，经过加工、整理得到的。因此，空间数据仓库里的数据具有全面性和全局性。

（3）数据是持续的和历史的

一般的数据库主要有查询、修改和删除等操作；数据通常是实时更新的，数据根据需要随时发生变化；一般的数据库只保存当前最新的数据。而空间数据仓库的数据通常只有查询操作；空间数据仓库内存储了历史的数据；一旦数据进入该数据仓库后，一般情况下做长期保存，不会进行修改和删除，通常根据数据源的变化，会及时对数据进行加载和刷新。空间数据仓库的这一特性能够很好地应用到国土方面。比如，在做土地利用演变调研时，分析空间数据仓库的相关历史空间数据，就能够得到一个比较直观的土地利用变化趋势。

（4）支持空间信息的管理与运算

一般传统的数据仓库，仅存储着一些数值型以及字符型数据；它所支持的运算一般包括最大值、最小值、求和、求平均值等。而空间数据仓库在此基础上还存储有空间数据以及这些空间数据的关系，并支持空间运算（比如空间不同对象的相交、相接、重叠、相包等运算），还支持一些空间查询操作。

随着空间数据仓库理论研究的进展，空间数据仓库产品的研制也得到蓬勃发展。迄今比较成熟的空间数据仓库产品有：ESRI 公司的 ARCSDE、Maplnfo 公司的 Spatial Ware、Intergraph 公司的 GeoMedia、微软公司的 TerraServer、加拿大 Cube Werx 公司的 CubeSTOR 等。它们都采用 Oracle、MicrosoftSQLserver、Sybase、IBMDB2 及 Informix 等数据库来存储、管理和快速查询检索、分析空间数据，但其实现技术有很大差别。GeoMedia 使用 GDO 对象与 Oracle 的 SpatialCartridge 技术完整结合，直接操纵数据库中的空间数据。而 SDE、SpatialWare 采用 ODBC 技术通过一个中间件来处理由商业数据库软件（如 Oracle）托管的空间数据。

2.4.3 国土空间数据仓库

数据在国土信息化建设中具有极其重要的地位。国土资源方面的数据涵盖地面、地下不同空间位置，涉及土地、矿藏、海洋、地质、测绘等不同部门，面向统计、分析、评价、预测等不同应用目标，具有时空动态性、复杂性、多尺度性、不确定性等特点。随着信息化进程的推进，多时相、多领域数据将不断累积，从而进入海量数据管理与处理的阶段。

从数据的用途分类，国土资源数据主要分为三种数据：基础数据、专题数据和业务数据。基础数据包括地貌、道路、人类生产生活区域等信息。专题数据主要是针对具体的国土业务应用(例如矿产资源规划、开发整理等)。业务数据包含行政许可和行政服务两大类。国土资源基础数据、专题数据、业务数据等的分类如图 2-1、图 2-2、图 2-3 所示。

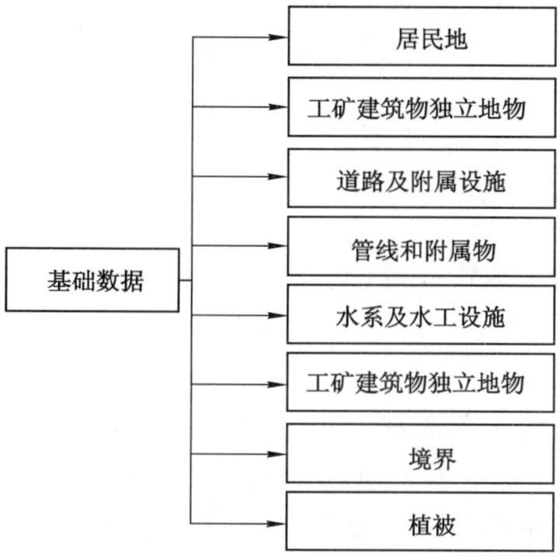

图 2-1　国土资源基础数据分类

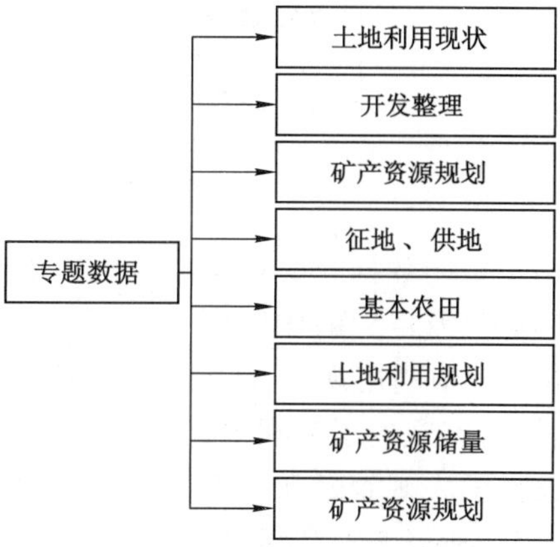

图 2-2　国土资源专题数据分类

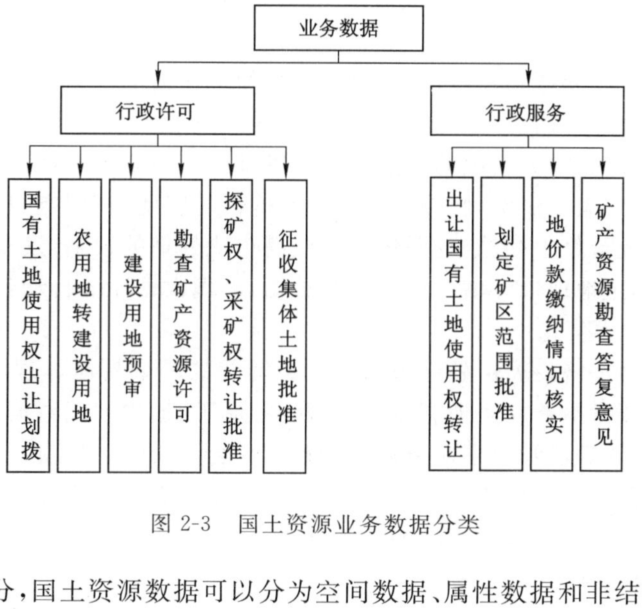

图 2-3　国土资源业务数据分类

从数据性质来分，国土资源数据可以分为空间数据、属性数据和非结构化数据，如图2-4所示。空间数据包括：ArcInfo Shape 格式、MapinfoTab 格式、AutoCAD dxf 格式、E00 格式、SDE 图层、Oracle spatial 图层等。属性数据包括：Mdb 属性数据、Oracle、SqlServer 属性表、Excel 文件、文本文件存储的属性数据等。非结构化数据包括：汇报材料、文献型材料等。

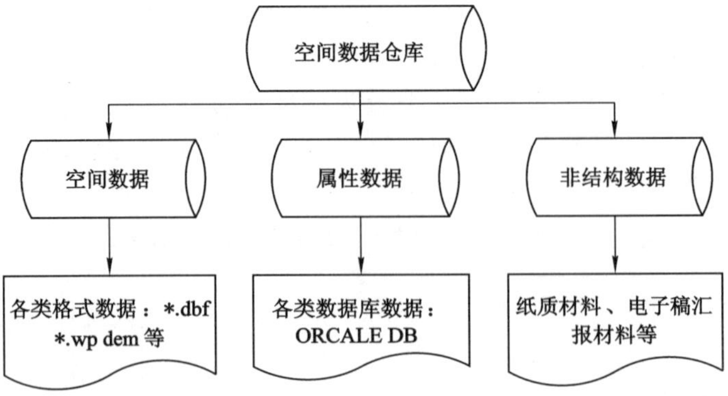

图 2-4　空间数据仓库数据分类

国土空间数据仓库在城市地质环境监测调查、土地资源可持续利用、土地资源管理与开发等领域具有巨大的作用。

（1）土地利用现状、演变以及动态监测

科学、客观的了解和掌握土地利用现状能够为国土资源规范化、科学化管理以及基于现状所做出的宏观管理和决策提供科学的理论依据。而由于土地利用因素的多样化、复杂化和综合化，所以土地利用演变呈现一个非线性变化的特征。因此可以采用数据挖掘技术对数据进行分析，揭示数据变化和演变轨迹。利用空间数据仓库技术对土地利用数据进行动态更新。在此基础上，进行研究分析，揭示土地数据的变化规律和演变轨迹，为宏观研究提供依据；通过归纳、拟合发掘出关于土地利用演变的知识并通过适当的方式予以显示输出。

（2）土地地价评估

随着我国地产市场的蓬勃发展，科学、准确、全面地评估地产的价格，对于发展房地产经济、合理配置土地资源、规划房地产市场行为具有重要的意义。但是，使用传统的评估方法和传统的数据库时，由于数据组织的零散、混乱，以及分布不集中，所以没有充分利用土地定级资料，造成了资料的大量浪费，影响了评估的准确性。因此，利用空间数据仓库技术，对现有的土地定级资料进行集中存储，克服传统方法简单化处理的缺陷，发现其中潜在而有用的信息，提供符合实际土地地价评估的信息判别数据，实现数据库的自动化、智能化利用。

（3）土地整理潜力信息

土地整理是社会经济发展由外延型向集约型转变的一个具体体现，是充分发挥土地经济和社会效益的重要举措。在土地利用总体规划控制下，通过空间数据仓库的有效组织，利用数据挖掘技术、遗传算法结合层次分析法和模糊综合评价法，以定量分析为主对现有土地利用结构、土地利用空间、区位进行再配置，充分挖掘土地有效利用面积，以实现土地利用的社会、经济、生态效益最大化以及土地的持续利用。

（4）土地破坏与治理

当今，我国耕地减少速度快、土地污染及水土流失严重、土壤退化等导致人地矛盾突出，土地资源承载的压力过大。如何合理地利用和保护人们赖以生存的土地已成为当前众多学者的研究课题。随着土地保护政策的贯彻和土地治理的深入进行，上述矛盾已经得到了较大的缓和。对于各种土地治理与保护措施的效果评价是总结经验、指导土地保护工作的重要环节。由于数据仓库中的数据是历史的，所以可以对土地治理前后不同时段的数据进行处理分析，尤其是对不同破坏地块的数据进行分类研究，从中发现关于土地治理效果的知识并给出相应的结论，以促进土地治理决策工作的知识化、科学化。

2.5 物联网技术

2.5.1 概述

物联网是新一代信息技术的重要组成部分，也是“信息化”时代的重要发展阶段。其英文名称是：“internet of things(IOT)”。顾名思义，物联网就是物物相连的互联网。这有两层意思。其一，物联网的核心和基础仍然是互联网，物联网是在互联网基础上的延伸和扩展的网络。其二，物联网的其用户端延伸和扩展到了任何物品与物品之间，进行信息交换和通信，也就是实现了物物相息。

物联网通过各种信息传感设备，实时采集任何需要监控、连接、互动的物体或过程等的各种信息，与互联网结合形成一个巨大网络。其目的是实现物与物、物与人，所有的物品与网络的连接，以方便识别、管理和控制。

在物联网应用中有以下三项关键技术。

(1) 传感器技术

它是计算机应用中的关键技术。目前绝大部分计算机处理的是数字信号。计算机需要通过传感器把模拟信号转换成数字信号。

(2) RFID 技术

它是一种传感器技术。RFID 技术是融合了无线射频技术和嵌入式技术为一体的综合技术。RFID 技术主要用于自动识别、物品物流管理等。

(3) 嵌入式系统技术

它是综合了计算机软硬件、传感器技术、集成电路技术、电子应用技术为一体的复杂技术。经过几十年的演变，以嵌入式系统为特征的智能终端产品随处可见，小到人们身边的 MP3，大到航天航空的卫星系统。

如果把物联网用人体做一个简单比喻，那么传感器相当于人的眼睛、鼻子、皮肤等感官，网络就是神经系统(用来传递信息)，嵌入式系统则是人的大脑(在接收到信息后要进行分类处理)。

物联网技术是一项综合性的技术，是一项系统。一般来讲，物联网技术开展步骤主要如图 2-5 所示。

物联网对于国土资源管理，有着广泛的应用价值。首先就是用于国土资源管理的信息化改革。当今的时代，信息化进程是每一个行业所要发展的主要方向。国土资源管理也面临着这个重要问题。在现有国际标准的情况下严格执行国家标注对国有土地资源进行一线式总部署，从而完善国土资源的物联网建设进程和建设相应的措施。

2.5.2 国土资源物联网

物联网技术的出现，无疑为国土资源管理带来了新的理念。将物联网技术引入国土资源管理中，为国土资源管理和规划提供了新思路。

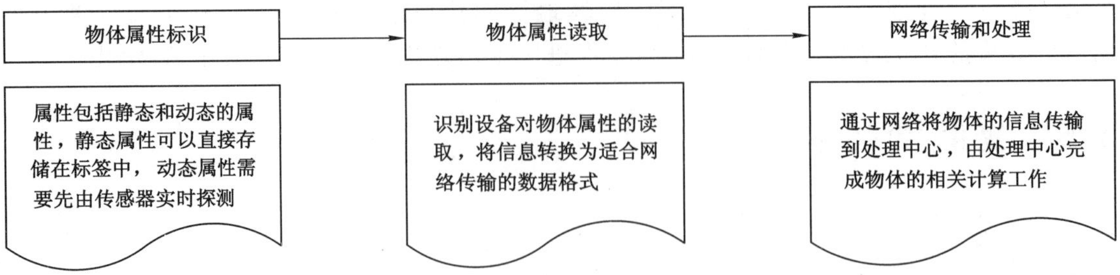

图 2-5　物联网技术开展步骤

(1) 在土地开发整治中的应用

在土地开发整治中，土地开发涉及空间数据过大，导致在整理数据时延误时间，以及数据的庞大性可能会出现计算纰漏。而提取数据时，也可以进行遥感技术感知，从而降低了普查工作的劳动强度，也节省了大量的时间。对于过去耗时耗力的数据提取工作可以说是一场革新性的建设，至少对于很长一段时间内的数据管理有一定的整合作用。

(2) 在耕地保护中的应用

在过去很长一段时间内，由于监管力度达不到，很多地方政府对耕地保护不重视，对上级隐瞒不报，私自允许重污染厂房建在乡村人口密集区，这给乡镇村民的耕种和生活带来了很大的隐患。而针对这些问题，物联网可以精确地通过卫星来监控耕地。而在卫星定位之下，物联网还可以设置小范围的区域监控。

首先利用智能视频监控，在一些耕地领域，进行立杆监控，在一定程度上完成了地籍资源的安全监察管理。其次利用无线网络传输，将监控的数据传输到监控中心。最后保护耕地，针对违法使用土地的情况，出动当地的民警进行有效控制。这样可以快速有效地解决相关的问题。

这样做是为了完成对国土固有资源的有效利用和合力监控，从执行上有效地解决下属懈怠的问题，从而完善管理制度，进行有效的监控。

(3) 在国土规划中的应用

国土规划工作为城市发展提供重要的引导和支撑。不仅可以应用物联网技术提高管理效率，提升工作水平，还可以在城市物联网建设与应用中发挥更大的作用。通过数字城市与城市物联网技术的融合来提升感知城市的技术水平，在技术规范和编码标准建设、城市物联网基础设施建设方面发挥积极作用。

从国土规划管理来讲，物联网的应用便管理更加快捷方便。指纹打卡其实就是物联网的一种最简单的应用。采用物联网技术，可以实现对工作人员上班时间内的全方位定位监管(工作去向、何时上下班都显示得一清二楚)，可以减少明察暗访等工作监管环节。对工作人员工作流程的全方位监控，不但实现审批、办事程序的快捷，而且能有效防止腐败。

(4) 在档案管理中的应用

项目申报资料和办公自动化系统存在"两条腿""两张皮"的问题。物联网技术可以为解决这个问题提供技术支撑。针对每个行政许可的申报项目，在资料电子化后采用粘贴RFID标签或者打印二维码等方式进行编号，实物档案可以进入档案库房存放，电子档案网上流转，确保了档案的不丢失。通过办公自动化系统和电子化档案调阅系统可以及时查阅电子档案，实现更加便捷的网上审批和档案管理。

2.6 云计算技术

2.6.1 概述

根据美国国家标准与技术研究院的定义，云计算是一种按使用量付费的模式。这种模式提供可用的、便捷的、按需的网络访问，使用户进入可配置的计算资源共享池（资源包括网络、服务器、存储、应用软件、服务等）。上述资源能够被快速提供，管理者只需投入很少的管理工作，或与服务供应商进行很少的交互工作。

云计算是分布式计算技术的一种。它透过网络将庞大的计算处理程序自动分拆成无数个较小的子程序，再交由多部服务器所组成的庞大系统经搜寻、计算分析之后将处理结果回传给用户。通过这项技术，网络服务提供者可以在数秒之内，达成处理数以千万计甚至亿计的信息，实现和“超级计算机”同样强大效能的网络服务。

云计算的基本原理是：通过使计算分布在大量的分布式计算机上，而非本地计算机或远程服务器上，企业数据中心的运行将更加与互联网的运行相似。云计算技术使得企业能够将资源切换到需要的应用上，根据需求访问计算机和存储系统，就好像是从古老的单台发电机发电模式转向了电厂集中供电模式。

云计算系统由云平台、云存储、云终端、云安全四个基本部分组成，如图 2-6 所示。

图 2-6 云计算系统组成

未来，只需要一台笔记本或者一个手机，就可以通过网络服务来实现我们需要的一切（甚至包括超级计算这样的任务）。从这个角度而言，最终用户才是云计算的真正拥有者。

2.6.2 “国土资源云”建设

2014 年 9 月 25 日，原国土资源部部长、党组书记、国家土地总督察姜大明主持召开第 26 次部长办公会议，审议并原则通过“国土资源云”建设总体框架。

“国土资源云”建设的总体目标是以国土资源“一张图”数据库和政务办公、综合监管、公共服务三大平台为基础，充分利用云计算、大数据等先进理念和技术方法，进一步完善国土资源信息化技术架构，统筹整合业务应用与服务体系，完善网络与安全保障体系，逐步实现基础设施资源、数据资源、业务应用与服务的国家一级大集中或部省（区域）两级大集中，实现业务应用与服务的统一部署与分发，实现部内与部门间的全面数据共享。

“国土资源云”建设的主要任务是建设国家级与省（区域）两级云中心，政务内网、业务网、互联网三个网络，数据资源、行政管理、业务监管、公共服务四个应用与服务体系及国家、省、地、县和乡五级应用。

“国土资源云”建设意义重大，有助于解决当前信息化发展中统筹力度不足、应用分散、重复建设、安全保障程度低、共享困难等问题。建设“国土资源云”是强化信息化建设统筹，保障国土资源发展与改革的需要；是积极引入新技术、新理念，提升公共服务能力的需要。

2015年1月，原国土资源部印发了《关于进一步加强信息化工作统筹的若干意见》(以下简称《意见》)，明确以“国土资源云”统领国土资源信息化建设，逐步扩展形成覆盖全国的“国土资源云”。目前，“国土资源云”建设总体框架已经确定。《意见》提出，要以“国土资源云”统领国土资源信息化建设，加快构建覆盖全国的“国土资源云”。各级国土资源部门要转变国土资源信息化建设理念和方式，克服传统“自给自足”式信息化建设观念和方式，充分运用云服务推进网上办公、网上审批、网上监管、网上公开和网上服务，消除“信息孤岛”，扩大资源共享，同时处理好“国土资源云”、本地政府“政务云”和本级国土资源数据中心的关系。

《意见》要求，加强系统建设和应用的统筹。一是深化应用国土资源部“一张图”和综合监管平台，统筹国土资源部各司局业务信息采集与监测需求，以服务、共享理念整合和重组网络化信息监测系统，按照事权为各级国土资源主管部门的各类业务归口部门提供统一的用户授权使用服务，确保国土资源管理全业务、全流程信息监测不重不漏、一数一源，避免重复上报数据。向国土资源部各司局和国家土地督察机构开通在线数据和系统应用服务，并根据各单位的具体需求定制数据分析和查询功能，向各级国土资源主管部门开通系统接口，提供所辖区域在线数据共享服务。二是拓展政务办公平台服务范围，省级国土资源主管部门要积极推进本地三级联网审批。

《意见》强调，要深化拓展数据共享服务。进一步夯实数据基础，各级国土资源主管部门对调查评价等基础数据要坚持做好数据汇交，要明确本级“一张图”中各类数据生产、更新的责任单位；要建立分布式数据共享服务体系，以第二次全国土地调查成果数据和年度土地变更调查数据为基础，统筹规划国土资源数据共享服务；要创新数据共享服务方式面向国土资源系统内部、相关部门和行业、科研院所、社会公众等不同用户需求，设计和开发品牌信息产品，同时面向多元化用户需求，开发数据公共服务工具，支持用户定制个性化应用实例，促进国土资源信息消费。

2.6.3 国土资源云平台

国土资源云以三个不同等级的网络为基础，遵循“分云建设、统一管理”的原则，在不同的业务区域建设分云平台，进行统一管理与资源调度，建设相应的安全系统与数据交换系统，同时分别建设应用灾备系统与数据灾备系统。

国土资源云平台包含以下组件。

(1) 基础硬件设备

基础硬件设备，包括服务器、存储、网络，以及云数据中心所需的机房运行环境等设备，是整个云数据中心的物理承载实体。

(2) 云计算操作系统

云计算操作系统包含虚拟化软件与云计算管理平台。

① 虚拟化软件实现基础设施层服务器、网络、存储等硬件资源抽象，形成不同集群的计算资源池、存储资源池、网络资源池，通过虚拟双机集群系统、分布式资源调度程序等功能实现云中心硬件资源的高可用、在线运维和资源动态调度等。

② 云计算管理平台整合云数据中心所有资源池，形成统一的云数据中心资源平台，根据组织用户和个人用户需求和特点，通过业务流程审批，以虚拟数据中心(VDC)或云主机等方式提供相应级别的虚拟化资源、数据库资源等给组织用户或个人用户。并对物理和虚拟的设备、应用系统等进行监控、部署、管理、调度和控制。

(3) 云容灾系统

基于虚拟化、云计算操作系统、存储、应用等系统，提供私有云到公有云的容灾和保护，形成混合云容灾系统，保障云数据中心的数据安全和业务应用连续性。

(4) 服务交付系统

云数据中心可以提供的云服务，包括虚拟数据中心、云服务器、负载均衡、开放存储服务、开放数据处理服务、结构化数据服务、防火墙虚拟专用网络、云容灾、迁移等。

(5) 安全体系

为云数据中心提供用户、应用、网络等全方位安全体系。用户安全包括用户认证、访问控制和单点登录等；应用安全包括敏感数据保护、病毒防护、流量监控等；网络安全包括虚拟专用网络、防火墙、策略管理等。

(6) 运维体系

运维体系支撑云中心正常运行，主要包括交付、监控和运维等。交付包含应用、数据、资源的交付；监控包含应用、数据、资源的监控；运维包含容量规划、生命周期和问题分析等。

2.7 其他技术

2.7.1 虚拟现实技术

虚拟现实技术(virtual reality，VR)又称虚拟仿真技术，是用一个虚拟的系统模仿另一个真实系统的技术，是 20 世纪 80 年代新崛起的一种综合集成技术，涉及计算机图形学、人机交互技术、传感技术、人工智能等。由计算机硬件、软件以及各种传感器构成的三维信息的人工环境——虚拟环境，可以逼真地模拟现实世界(甚至是不存在的)的事物和环境；被人投入到这种环境中，会立即有“亲临其境”的感觉，并可亲自操作，自然地与虚拟环境进行交互。

虚拟现实技术主要有三个方面的含义：第一，借助于计算机生成的环境是虚幻的；第二，人对这种环境的感觉(视、听、触、嗅等)是逼真的；第三，人可以通过自然的方法(手动、眼动、口说、其他肢体动作等)与这个环境进行交互，虚拟环境还能够实时地做出相应的反应。

虚拟现实技术具有以下四个基本特征。

第一，沉浸性(immersion)。虚拟仿真系统中，使用者可获得视觉、听觉、嗅觉、触觉、运动感觉等多种感知，从而获得身临其境的感受。理想的虚拟仿真系统应该具有能够给人所有感知信息的功能。

第二，交互性(interaction)。虚拟仿真系统中，不仅环境能够作用于人，人也可以对环境进行控制，而且人是以近乎自然的行为(自身的语言、肢体的动作等)对环境进行控制的。虚拟环境还能够对人的操作做出实时的反应。例如，当飞行员按动导弹发射按钮时，他会看见虚拟的导弹发射出去并跟踪虚拟的目标；当导弹碰到目标时会发生爆炸，他能够看到爆炸的碎片和火光。

第三，虚幻性(imagination)。虚拟仿真系统中的环境是虚幻的，是由人利用计算机等工具模拟出来的。既可以模拟出客观世界中以前存在过的或是现在真实存在的环境，又可以模拟出客观世界中当前并不存在的但将来可能出现的环境，还可以模拟出客观世界中并不会存在的而仅属于人们幻想的环境。

第四，逼真性(reality)。虚拟仿真系统的逼真性表现在两个方面。一方面，虚拟环境给人的各种感觉与所模拟的客观世界非常相像，一切感觉都是那么逼真，如同在真实世界一样。另一方面，当人以自然的行为作用于虚拟环境时，环境做出的反应也符合客观世界的有关规律。例如，当给虚幻物体一个作用力时，该物体的运动就会符合力学定律，该物体会沿着力的方向产生相应的加速度；当该物体遇到障碍物时，该物体会被阻挡。

虚拟现实技术的应用领域十分广泛，主要包括工程设计、计算机辅助设计、数据可视化、飞行模拟、多媒体远程教育、远程医疗、艺术创作、游戏、娱乐等方面。虚拟现实技术发展前景十分诱人。它与网络通信特性的结合，更是人们所梦寐以求的。在某种意义上说，它将改变人们的思维方式，甚至会改变人们对世界、自己、空间和时间的看法。它是一项发展中的、具有深远的潜在应用方向的新技术。利用它可以建立真正的远程管理。

2.7.2 人工智能技术

人工智能，是研究、开发用于模拟、延伸和扩展人的智能的理论、方法、技术及应用系统的一门新的技术科学。

人工智能是计算机科学的一个分支。它企图了解智能的实质，并生产出一种新的能与人类智能相似的方式做出反应的智能机器。人工智能领域的研究包括机器人、语言识别、图像识别、自然语言处理和专家系统等。

“人工智能”一词最初是在1956年达特茅斯学会上被提出的。从那以后，研究者们发展了众多理论和原理。人工智能的概念也随之扩展。人工智能是一门极富挑战性的科学。从事这项工作的人必须懂得计算机知识、心理学和哲学。人工智能是涉及学科十分广泛的科学。人工智能由不同的领域组成。这些领域包括机器学习、计算机视觉等。人工智能研究的一个主要目标是使机器能够胜任一些通常需要人类智能才能完成的复杂工作。但不同的时代、不同的人对这种“复杂工作”的理解是不同的。例如，繁重的科学和工程计算本来是要人脑来承担的，现在计算机不但能完成这种计算，而且能够比人脑做得更快、更准确。因此，当代人已不再把这种计算看作是“需要人类智能才能完成的复杂任务”。由此可见，复杂工作的定义是随着时代的发展和技术的进步而变化的。人工智能这门科学的具体目标也自然随着时代的变化而发展。人工智能的具体目标一方面不断获得新的进展，另一方面又转向更有意义、更加困难的目标。目前能够用来研究人工智能的主要物质手段以及能够实现人工智能技术的机器就是计算机。人工智能的发展历史是和计算机科学与技术的发展历史联系在一起的。除了计算机科学以外，人工智能还涉及信息论、控制论、自动化、仿生学、生物学、心理学、数理逻辑学、语言学、医学和哲学等多门学科。

为满足国民经济建设和社会信息化发展的需要，李德仁院士在2017年空间大数据与人工智能峰会上提出了要建立高分辨率对地观测体系的建议。面对“数据海量、信息缺失、知识难觅、服务缺失”的局面，他提出要建立遥感大数据云计算服务模型(即基于云计算的星地协同的“对地观测脑”)。“对地观测脑”是一种模拟脑内感知、认知过程的智能化对地观测系统；通过结合地球空间信息科学、计算机科学、数据科学及脑科学与认知科学等领域知识，在天基空间信息网络环境下集成测量、定标、目标感知与认知、服务用户为一体的一种实时智能对地观测系统。他指出，为实现地球空间信息海量数据获取、智慧空间数据挖掘以及地球空间数据驱动应用的自动化，遥感信息科学可以开发多种不同空间信息脑。

在国土监察中，很重要的一项工作是监管地上建筑物的建、拆、改、扩。对于土地未批先建、开发商捂地、居民违建等监管工作，传统的靠人力来调研取证的方法费时费力。利用高分辨率(米级分辨率)卫星图像和深度学习算法来革新现有的工作流程，能够更好地保护城市土地资源。

第3章 “智慧国土”总体框架设计

3.1 设计思想

“智慧国土”作为“智慧城市”的重要组成部分，坚持需求导向、统筹集约、资源共享的原则，从业务架构、应用架构、数据架构、基础设施架构等方面形成了总体架构；以决策指挥和集群服务为引领，加快推进国土资源“一张图”核心数据库、综合监管平台建设与应用，抓好信息化与关键业务、关键环节的融合；加快从数据到决策、从决策到指令的过程，实现从数据优势到决策优势的提升，促进国土资源管理方式的转变，不断提升国土资源管理和服务水平。

总体设计是自高端开始的总体构想，是自上向下的分层设计，是对一个单位业务架构、应用系统架构、数据资源架构和基础设施架构的总体安排。从国土资源信息化发展全局出发，统筹考虑和协调信息化建设中各要素间的运作机制，进行总体的、全面的规划和设计，从而使定位于规划与实践之间的“蓝图”，成为规划的延续和细化，成为具体项目实施的前提和依据。

在横向上，全面实现国土资源管理信息化，突出智慧应用；在纵向上，推进信息化应用向高端拓展、基层延伸，提高服务的包容性；在技术上，充分利用平台提供的云计算、物联网、移动互联等新技术，巩固和完善基础设施，努力实现数据精准化、业务联动化、监管全程化、决策科学化和服务集群化的目标。

3.2 总体设计

国土资源管理决策大平台以国土资源“一张图”核心数据库为基础，以智慧决策、集群服务、全程监管和综合事务四大应用系统建设为核心，以标准规范、建设管理、深化应用和信息安全为保障，通过对业务执行数据的动态汇集、监测、分析，全面掌握国土资源及其开发利用状况、国土资源管理行为、土地与矿业权市场动态等信息，在监测指挥中心集中展示、预警处置、辅助决策和在线指挥，并将获取的信息形成数据产品向政府部门提供信息服务。在网络、安全和信息化标准组成的基础环境下，市级国土资源管理部门向区(县)级、国土所提供信息服务。市级国土资源管理部门部署全市统一的综合监管平台，使全市国土资源各项管理业务在一个大平台上执行，实时将区(县)级、所级管理和动态监测数据汇集到“一张图”综合数据库中，构成国土资源技术数据的支撑保障，支撑国土资源综合监管平台运行，支撑通过政府版和公众版信息服务系统提供国土资源数据共享服务，支撑国土资源围绕经济社会发展重大主题的辅助决策。

3.2.1 横向上整合互通，全业务全流程全面覆盖

在市级国土资源网络和软硬件环境的统一运行支撑下，按照应用架构云服务的样式，在统一的国土资源综合监管平台上整合各类业务应用，并将其纳入统一的内网综合事务办公门户。各类业务应用系统在统一的数据架构中的全市国土资源“一张图”支撑下运行，运行产生的管理过程和结果信息将“沉淀”在“一张图”数据库中，实时更新国土资源综合数据库信息。

3.2.2 纵向上四级互联，立体统筹分层次支撑

纵向上贯穿省厅、市局、区（县）分局和国土所四级国土资源管理部门。在市级国土资源管理层面集中进行统筹，将区县级、国土所级国土资源管理部门作为应用终端。采取数据大集中、服务大集中、应用大集中、运维大集中的模式，采用云服务的理念，以完善的国土资源业务网络体系为骨干，构建市级国土资源管理应用平台、区（县）级国土资源管理应用平台和国土所级应用平台。各级按照业务需要选取对应的应用平台，市级国土资源的管理部门自动分配计算、存储、网络等资源，实现信息化服务的动态响应，支撑土地、矿产资源、地质环境等各业务主线的上下贯通，既满足各业务领域监管需要，又能在区（县）级市级国土资源管理部门和市级汇集各类信息，支撑综合监管和形势分析与预警，从而形成上联国土资源厅，下联区县分局国土所的四级应用。

“智慧国土”总体架构可划分为基础层、数据层、支撑层、应用层和接入层五个横向层次，可划分为标准规范、建设管理、深化应用和信息安全四个纵向保障。“智慧国土”建设总体架构如图3-1所示。

按照“智慧国土”顶层设计要求，业务架构根据土地资源管理、矿产资源管理和地质环境管理的需求，将国土资源管理业务划分为决策指挥、集群服务、全程监管和综合事务四大块，在市级决策指挥和公共服务中为领导及相关领域提供决策支撑。

“智慧国土”应用系统架构在纵向上将统一建设，分级应用，形成市局一分局两级应用平台。数据资源架构从决策数据、集群服务数据、业务数据、基础数据和外部获取数据五个方面，构建以宗地统一编码为基础的立体化“一张图”综合数据库。基础设施技术架构通过国土资源数据存储云平台和信息安全管理平台的建设为“智慧国土”提供网络基础设施和信息安全保障。通过标准政策体系的研制以及对现有系统整合、升级改造和新技术应用提升绩效的实施路径，为“智慧国土”的实现提供标准规范和建设管理保障。

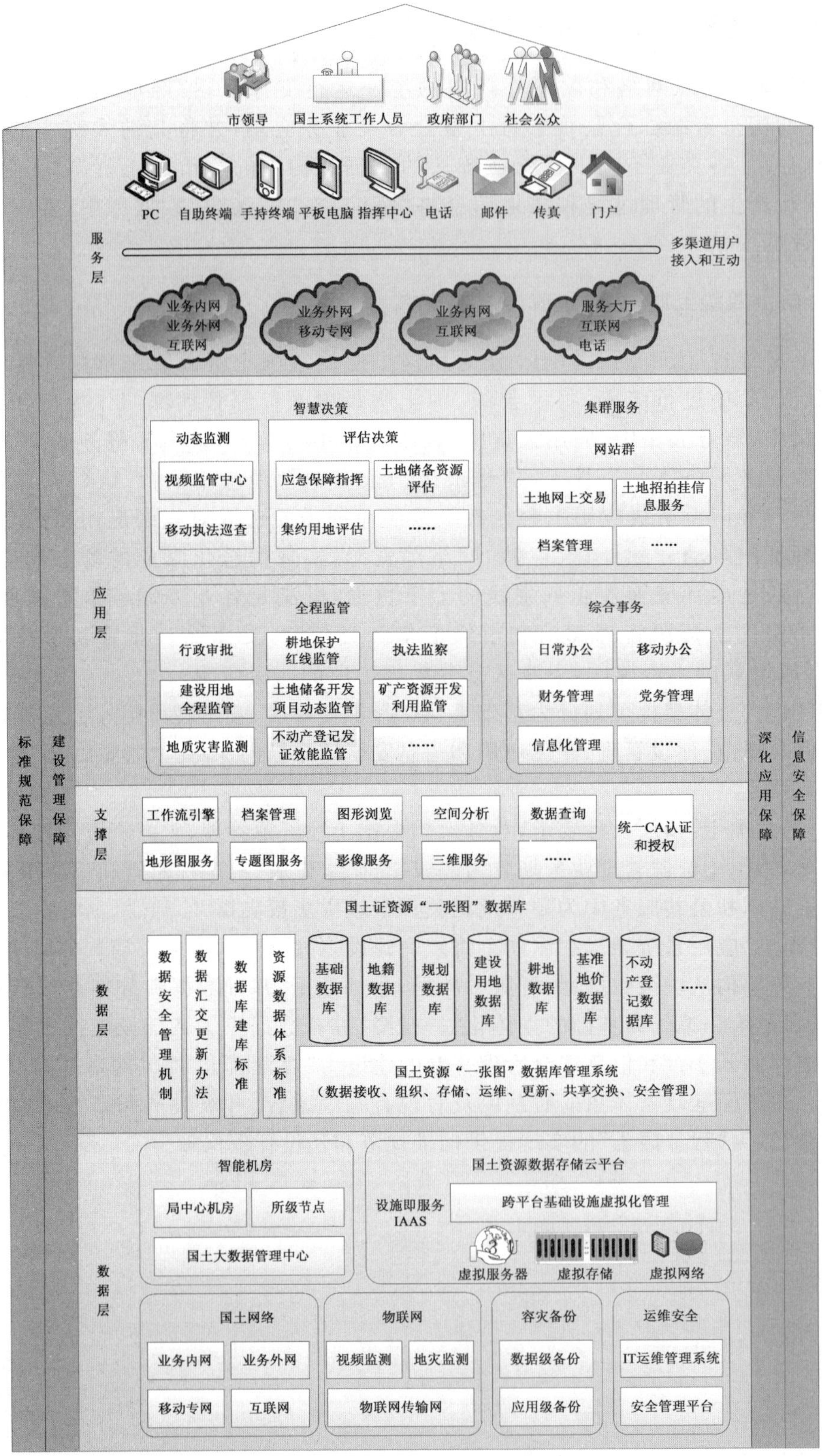

图3-1 “智慧国土”建设总体架构

第 4 章 “智慧国土”应用与服务系统建设

4.1 国土资源“一张图”系统

4.1.1 国土资源“一张图”核心数据库概述

国土资源信息化工作的基础是数据。国土资源“一张图”核心数据库是解决国土资源信息化管理所涉及众多不同来源、不同格式、不同组织结构数据的存储管理和应用的问题，实现国土资源数据全生命周期的融合、管理和应用的重要组成部分。

2009 年全国国土资源信息化工作会议召开后，国土资源信息化建设的八项重点任务之一就是抓好国土资源“一张图”核心数据库的建设。根据《国土资源部关于进一步运用现代科技信息手段规范和创新管理的指导意见》的指导要求，要运用科技信息手段规范管理、创新监管、提高参与宏观调控水平，首要就是对土地、矿产、地质环境调查评价和管理等各类信息汇集、整合，形成全国国土资源“一张图”核心数据库，形成基础数据支撑体系，满足国土资源监管、宏观调控和社会化服务的需要。

国土资源“一张图”核心数据库是遥感影像、土地利用现状、基本农田、土地利用总体规划、矿产资源、基础地理，以及遥感监测等多源信息的集合，与国土资源管理规划计划审批、利用、补充、开发、执法等行政管理系统叠加，共同构建的统一综合监管平台。它成为实现资源开发利用“天上看、网上管、地上查、视频探”的科学手段，能够实现资源动态监管的目标。

开展国土资源“一张图”核心数据库建设，形成国土资源核心数据库，是落实中央领导、部领导和全国国土资源信息化工作会议精神的重要行动和步骤，是为了解决当前国土资源数据汇交、采集、更新、积累、整合、开发、利用尚不能满足国土资源监测监管和社会化服务需求的信息化瓶颈问题。通过对汇交、采集、更新、积累的各类土地、矿产和地质等数据资源进行整合、分析和挖掘，建立一个集中管理、安全规范、充分共享、全面服务的核心数据库，充分发挥其在国土资源形势分析、资源监测监管、地质灾害防治、参与宏观调控、辅助决策支持及社会服务的重要作用。

国土资源“一张图”核心数据库建设具有如下的重要意义。

(1) 全面梳理国土资源基础类、专题类和业务类数据，在同一运行系统下实现对土地、矿产、地灾数据的科学化、现代一体化管理。国土资源数据家底庞杂，各类基础类数据、专题类数据、业务类数据种类繁多，以前的国土资源数据独立管理方式已不能满足现有业务发展的需要。通过国土资源“一张图”核心数据库的建设，将物理上分散的数据进行逻辑上的整合，形成国土资源“一张图”核心数据库，实现不同范围内多年度、多专题、多比例尺、多类型数据的统一管理和共享调阅。

(2) 进一步深化电子政务平台审批应用,加快推进综合监管平台和共享服务平台的建设,使国土资源信息化管理水平迈上新台阶。通过建设国土资源"一张图"核心数据库、"一张图"数据管理系统和数据服务体系,可以为电子政务业务审批提供更多丰富的数据服务功能,全面实现"一张图"管地、"一张图"管矿和"一张图"防灾的建设目标,同时为综合监管平台和共享服务平台的信息化夯实基础,使国土资源管理水平迈上新台阶。

(3) 国土资源"一张图"核心数据库是国土资源大数据发展的重要载体。依托省级国土资源核心数据库规范,以国土资源"一张图"核心数据库为载体,加快国土资源大数据发展,加快自然资源和空间地理数据库建设,形成自然资源资产管理、各类国土空间开发、利用、保护的信息化支撑体系,是加强国土资源支撑与保障能力的一项重要基础性工作。

4.1.2 国土资源数据

4.1.2.1 国土资源数据特点

国土资源管理工作是一个复杂的、内涵丰富、对象面广的业务。其用的数据信息内容丰富、复杂、多样、动态变化,因此国土资源数据具有下面一些特点。

(1) 种类多、来源广

国土资源数据的来源与获取途径多种多样。国土资源数据的获取有很多途径,如通过地面测量仪器获取,通过卫星飞机遥感手段获取,通过外业调查、问卷调查和统计获取,还可以通过地籍、矿产业务办理过程获取等。根据数据来源和获取方式的不同,国土资源数据可细分为基础测绘数据、遥感监测数据、土地调查调查数据、土地规划数据、地质环境数据、业务类数据等。

根据数据格式的不同,数据又分为矢量数据、栅格数据和属性数据。若数据格式不同,则数据在处理手段、存储方式上不相同。目前国土资源数据包含的主要数据格式有 Shapefile、Geodatabase、MapGIS、Tiff、Dwg、Img、Excel、Word 等。

(2) 多维性

国土资源数据具有空间、时间、属性三种维度特征。不同的物体具有不同的尺寸大小,也分布在不同区域上。国土资源数据在时间角度可以说存在多维性,表现在国土资源数据的获取时间、获取周期存在不同。

(3) 空间相关性

国土资源实体对象之间存在着拓扑关系。从数据角度上看,这可以表述出它们之间的空间位置信息和空间拓扑关系。空间拓扑关系包括相邻、重叠、内包、相离等。通过空间拓扑关系运算就能分析出实体之间的空间位置关系。这非常有利于评估实体之间的作用及评价国土资源的利用情况。

(4) 动态变化性

国土资源数据随着时间的改变不断发生着变化。例如,要扩大城市建设,土地利用规划数据就会改变;每个地方的土地利用现状数据会随着经济、社会建设需要而年年更新变化。

随着航拍技术的应用推广,国土资源数据的获取手段发生了革命性的变革——由之前人工陆地采集变成了飞机天空采集、卫星太空采集。这样不仅数据获取时间间隔大为减小、数据获取难度也大幅降低,而且数据更加直观、宏观,数据时效性大为增加。因此国土资源数据的更新速度明显加快。

(5) 数据量庞大

国土资源数据量庞大。它涉及种类繁多。“征、供、用、补、查”各类数据的格式也不尽相同。同时由于数据不断更新变化，所以数据量持续增多，具有海量数据的特点。

(6) 不动产数据融合

目前，国土资源管理部门的登记发证工作与原房产管理部门的房产交易业务、林业部门的林权登记业务、海洋管理部门的海域管理业务进行了整合，不动产登记管理部门成立了。这就要求将原来国土资源数据和房产数据、林权数据、海域数据进行融合，形成一个更大的“一张图”核心数据库。

4.1.2.2 国土资源数据构成

按照国土资源业务涉及领域，以及国土资源数据所具有的基本特征，国土资源数据包括五大类，即基础地理信息数据、地政类数据、矿政类数据、地质环境类数据、管理文件类数据。其中，基础地理信息数据、地政类数据、矿政类数据、地质环境类数据属于地图类数据，而管理类文件数据属于档案类数据。

(1) 基础地理信息数据

基础地理信息数据是数据库的数据框架。它展示国土资源要素的基本地理信息，包括位置、高程、地貌状况、相互之间的位置关系，是其他类数据的框架基础。其主要包含遥感影像数据、数字高程模型、地形图、水系信息数据、道路信息数据、地名数据、行政区划图、测量标志数据等基础地理信息。

① 地形图：即基本比例尺地形图。其比例尺范围从1∶500到1∶10 000。

② 遥感影像：包括卫星影像和飞机航片数据。遥感影像具有地图几何精度和影像特征，同时具有高精度、可视化、获取快速、实时动态等优点，能够形象地反映某一区域的土地利用现状，为国土资源管理提供可靠依据。

③ 数字高程模型：描述一个区域的地表起伏形态。它是由地面规则格网点的高程值构成的栅格结构数据集。

④ 水系和道路信息数据：包括河流、湖泊、道路的测绘图数据。

⑤ 行政区划数据：即行政区域界线图，包括县界、乡镇界、村界等。

⑥ 测量标志数据：即国家大地测量标志的数据，包括水准点数据、三角点数据、GPS点数据。测量标志数据属于国家安全核心机密数据，因此需要对其重点保护。

(2) 地政类数据

地政类数据是在土地管理中生成的数据，包含土地利用规划数据、土地利用现状数据、土地开发复垦数据、基本农田数据、农用地分等定级数据、城镇地籍数据、建设用地数据、土地供应数据、建设用地数据、建设用地分等定级数据、土地收储数据、土地增减挂钩数据、土地确权数据等。

① 土地利用现状数据：包括土地利用现状图和报表属性库。这些数据都是经过国土资源管理部门主导的土地利用现状调查和日常变更过程中获得的。

② 土地利用规划数据：是国土资源管理部门根据国家社会经济可持续发展的要求和当地自然条件、经济社会目前状况，按照土地开发、利用、治理、保护在空间上、时间上所作的总体的战略性布局和统筹安排，从地区发展的长远利益考虑，以行政区内全部土地作为对象，合理调整区域土地利用结构和分布；把土地合理利用作为中心，把土地开发利用、综合整治、

资源保护等方面进行统筹安排和规划，所形成的规划专题数据。土地利用规划数据包括规划基础信息、土地规划要素和土地利用规划属性数据，对基本农田、建设用地、道路、林地等所有相关地类进行的规划设计数据。

③ 土地开发复垦数据：包括空间数据（潜力要素、规划区域要素、规划工程要素）和属性数据（规划指标要素、补充耕地区域平衡表、土规划指标分解表、规划结构调整表、前后对照表、开发整理文本信息）。

④ 基本农田数据：主要包括空间数据和属性数据。

⑤ 土地供应数据：反映国有建设用地供应情况。

⑥ 建设用地数据：关于建设用地征收、储备情况的数据。

⑦ 农用地分等定级数据：国土资源管理部门根据农用地的自然、经济属性，对其质量进行综合评定，并划分等级后形成的数据。

⑧ 城镇地籍数据：主要包括图形数据和属性数据。图形数据记录房屋等形状坐标等信息。属性信息主要记录宗地信息，包括权利人姓名、权属面积等信息。

（3）矿政类数据

① 矿产规划数据：为了协调社会经济的发展及矿产的合理开采，按照法定程序制定的把矿产的合理储备、消耗及保护作为主要内容的，用于指导矿产勘查开发的综合性规划数据。

② 矿业权核查数据：包括采矿权和探矿权核查数据。

③ 矿产分布数据：包括空间数据和属性数据。空间数据记录矿产分布的位置、区域、坐标、形状、矿产符号等信息。属性数据记录矿产的种类、储量、埋深、权利人、开发期限等信息。

（4）地质环境类数据

① 地质灾害数据：主要包括地质点的位置信息、灾害类型信息、区域大小信息、等级信息等。

② 地质勘查规划数据：包括环境地质与地质灾害数据、基础地质调查现状数据、矿产资源调查评价与勘查规划数据、基础地质调查规划数据、环境地质和地下水调查评价与监测规划数据等。

（5）管理文件类数据

管理文件类数据主要包含管理文件、档案资料、日常公文。管理文件包括土地报批文件、挂牌出让文件、地籍档案文件等，如建设用地省政府批文、政府储备用地明细表、土地出让价格表、摘牌挂文件、土地划拨案卷、违法案例处罚案卷、矿山企业信息、采矿权评估信息、探矿权证书文件、储量检测报告等。

4.1.3 国土资源“一张图”建设目标和任务

4.1.3.1 建设目标

在建立和完善数据汇交、数据更新机制的基础上，通过对土地、矿产、地质环境调查评价和管理等国土资源基础数据和专题信息的汇集、整合，建立国土资源“一张图”核心数据库，构筑国土资源“一张图”，充分反映国土资源的数量、质量、布局、潜力、变化趋势等，做到国土资源状况“一览无余”。通过数据库管理系统为电子政务系统和综合信息监管系统提供统一的数据服务，全面提高行政执行力；同时为相关政府部门提供数据共享和信息化服务。

4.1.3.2 建设任务

(1) 收集、整理、整合各省国土资源各类业务数据，按照掌握国土资源“总量、结构、布局和时序”的要求，建立各类业务数据的关联关系，形成国土资源“一张图”数据库。

(2) 开发国土资源“一张图”核心数据库平台，实现各类国土资源业务数据的存储、展示、应用和动态更新；提供服务接口，为电子政务系统、监管系统提供数据服务，并为相关政府部门提供社会化信息服务。

(3) 建立和完善国土资源“一张图”核心数据库数据汇交和更新的机制，规范国土资源数据的生产、汇交、保管和利用等。

4.1.4 国土资源“一张图”建设框架

4.1.4.1 总体框架

开展国土资源“一张图”核心数据库建设，统筹规划、集成整合各类国土资源数据，实现统一集中展示、专题查询与浏览、数据综合分析与挖掘，并与以电子政务系统为基础的审批系统、综合信息监管系统对接，支撑国土资源全面、全程监管和辅助决策，提供对外服务。同时，建立数据汇交、数据更新的长效机制和有关技术标准规范。国土资源“一张图”建设总体框架如图 4-1 所示。

区(县)级国土资源“一张图”建设内容包括以下几个部分。

(1) 核心数据库

核心数据库主要包括通过对国土资源调查评价数据整理、加工和整合，及从业务数据库系统、应用系统中抽取、调用形成的，用于资源监管、形势分析和辅助决策的核心数据。

随着国土资源管理需求及数据库建设的不断扩展，核心数据库的数据源不断增加。从数据种类上，可以把数据划分为基础地理信息数据、地政类数据、矿政类数据、地质环境类数据、管理文件类数据。

(2) 核心数据库管理平台

按照国土资源“一张图”管理维护和应用服务的要求，开发核心数据库管理平台，在数据整理、建库和管理的规范标准技术基础上，进行数据标准化检查和批量入库，进行数据更新、数据处理、数据维护及权限管理等，实现对管辖区域土地、矿产及地质数据的集中高效管理与维护。

(3) 数据更新机制

数据更新机制是国土资源“一张图”建设及其效能发挥的关键。根据数据更新机制和相关技术标准要求，按照“谁生产谁负责”的原则，以时点变更为基础、实时变更为目标，国土资源“一张图”核心数据库的数据更新在技术层面采用不定期批量和增量更新、实时更新相结合的方式。该数据库采用“三库”模型(即“工作库-现状库-历史库”)的一体化的建库、更新、管理机制。“三库”模型设计逻辑体系如图 4-2 所示。

(4) 运行环境

运行环境主要包括网络环境、安全环境和软硬件设施配置。

国土资源“一张图”系统主要部署在内网环境中。在该系统投入运行之后，每年需要进行数据更新，加上日常数据管理，若干年后其总体数据量将会非常庞大。为避免出现数据存储空间不够的情况，所以数据服务器的要求相对较高。因而应当采用数据工作站机型、大容量硬盘、高内存配置。

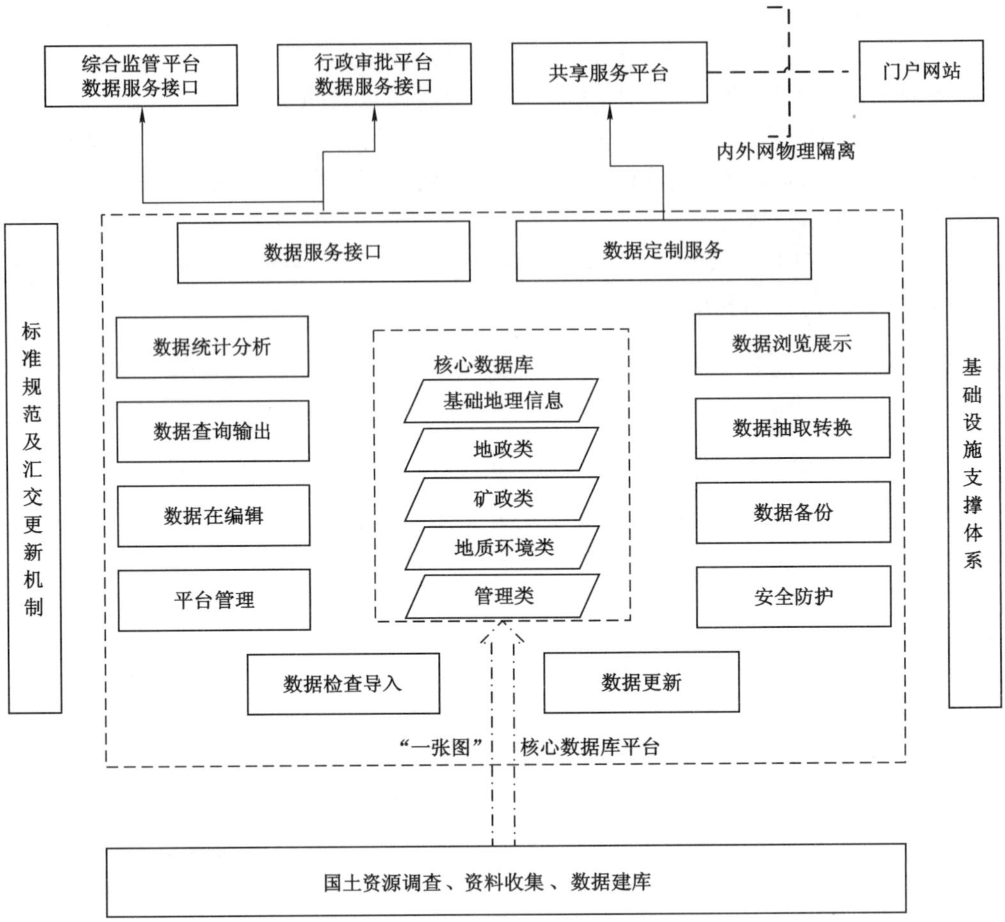

图 4-1　国土资源“一张图”建设总体框架

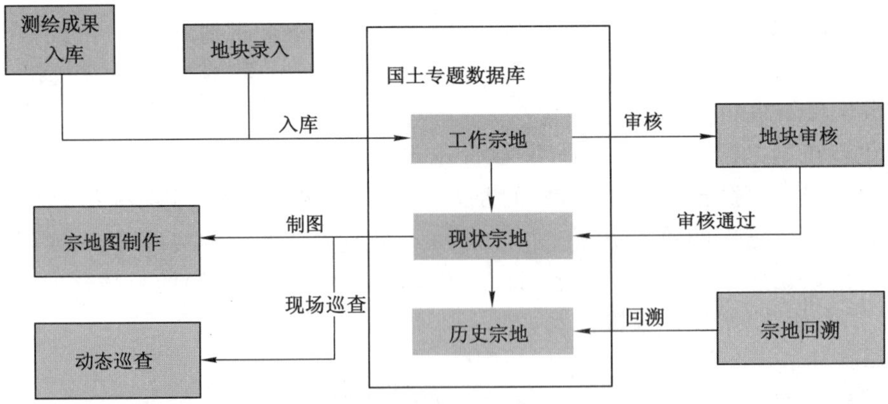

图 4-2　“三库”模型设计逻辑体系

服务器系统软件的选择在考虑海量数据的同时还要考虑系统的安全性和稳定性，即保证系统在长时间运行后不降低系统运行效率和其他性能参数。另外，服务器系统软件与数据库系统应用软件的兼容性及服务器系统软件的升级扩展的方便性都在必须考虑的范畴。

4.1.4.2 技术关键点

(1) 数据标准制定和实施

在现有国际标准、国家标准和相关行业标准的基础上，根据原国土资源部对“一张图”的总体部署，依据数据汇交技术标准、数据整合技术标准、数据应用与服务技术标准、数据更新技术标准、核心数据库建设技术规范、核心数据库管理系统建设技术规范等实施。结合实施地实际情况，开展国土资源“一张图”核心数据库建设和核心数据库管理平台建设。

(2) 多源数据及跨平台资源融合

国土资源“一张图”集成国土资源管理部门开展的绝大部分业务，因此数据来源丰富、数据量庞大，呈多源异构的特点。如何将这些分散的海量国土资源数据进行有效的管理和存储是数据库建设和管理的关键之一。

国土资源“一张图”核心数据库同时需要满足电子政务、综合监管和共享服务的要求，利用国土资源基础、专题数据库和相关管理系统，通过统筹整合基础地理、遥感影像、地政、地矿、地质环境等各类信息，提取相应的有效数据集，为国土资源综合管理和应用提供信息保障。

(3) 各类专题数据动态更新

国土资源“一张图”核心数据库建设是国土资源监管的基础。只有充足的、高质量的、适用的图形和属性数据，国土资源监管平台才能真正发挥作用。因此，确保各类国土资源管理专题数据的现实性，是国土资源“一张图”能否发挥国土资源综合监管效力的基础。

(4) 数据库云存储

云计算技术一般利用分布式的方法来保存和管理数据。这样可以满足国土资源行业用户的同时满足在线应用需求，并且提供快速的响应服务能力。实现海量国土资源数据分布式存储和共享可以提高国土资源数据的存储效率，并最大限度地实现其共享程度。数据库利用云存储在数据存储方式方面相对分散，可以显著提高国土资源数据共享的安全。利用云存储环境下的空间检索服务可以提高“一张图”核心数据库的检索服务性能。

4.1.5 国土资源“一张图”数据库建库

国土资源“一张图”核心数据库建库主要任务是通过收集和整理研究区域内国土资源方面各类基础数据和专题数据。首先对所有数据进行筛选，然后分析各种数据的数学基础、入库标准、分类分层和固有属性等。根据数据分析结果，对所有数据进行前期处理(其处理手段包括格式转换、坐标系统转换和分类代码转换)，实现国土资源入库数据符合标准。根据之前建立的数据模型，建立数据库，并将符合入库标准的数据导入核心数据库中。国土资源“一张图”核心数据库建库总体设计路线如图 4-3 所示。

(1) 数据收集

收集国土资源“一张图”核心数据库所涉及的所有数据。这些数据来源于国土资源管理部门所掌握的业务资料，也需要从已建成的专业数据库中被提取。在收集的过程中要撰写详细的数据清单，做到一对一的准确。数据清单中要清晰地记载数据名称、类型、格式、形成日期、获取日期、获取部门、数据量大小、负责人签字等信息。要收集的数据主要包括以下几类：土地利用规划数据、土地利用现状数据、基本农田数据、农用地分等定级数据、城镇地籍

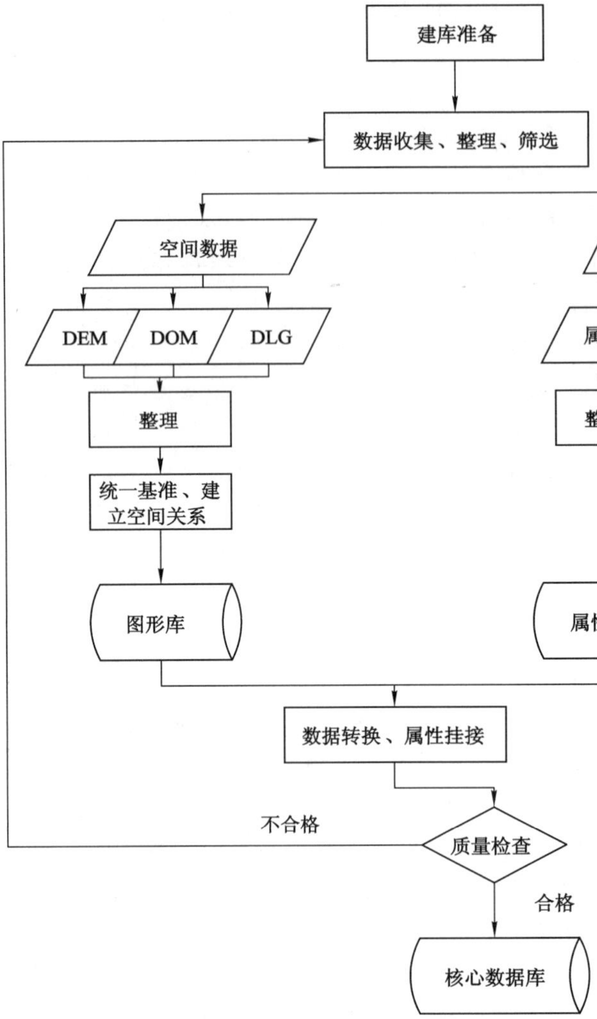

图 4-3　国土资源“一张图”核心数据库建库总体设计路线图

数据、建设用地征收数据、土地供给数据、采矿权数据、探矿权数据、矿产资源分布数据、执法监察数据、公文报表、图片档案等。收集数据要做到全面详细。

（2）数据整理

将数据收集完毕后，要对数据进行整理。其主要是进行数据分类。把基础地理数据为一类、地政管理数据为一类、矿政管理数据为一类、地质环境数据为一类、管理文件资料为一类，把其他文档资料为一类。将分类好的数据进行规整，统一格式，规范命名。

（3）数据筛选

根据国土资源“一张图”数据标准和规范，对收集整理的数据进行剔除和筛选。剔除重复数据、无效数据、错误数据。在筛选时，要保留历史数据，保障在查询历史档案信息时有据可查。例如，对于土地利用现状数据，在征地过程中若涉及违法用地征收，就需要查看违法用地建设前该宗土地的利用现状信息。在筛选时，保留不同比例尺地形数据。简而言之，数据筛选的前提要保证数据的时空性和多尺度。

(4) 数据整合

国土资源数据整合就是将来源分散、内容多样、不完善、数据标准不一致、坐标不统一的各类国土资源数据，通过多种方式方法，利用一定的工具，进行科学、分类、处理，然后按照既定的关系联系起来，生成能够用来进行科学研究和国土资源管理的数据集或者数据库。在数据整合时，要保证数据的完整性、规范性和有效性，从而保障数据的可靠性。国土资源数据整合包括两个方面：一是空间数据整合，二是属性数据整合。

国土资源管理工作涉及的数据复杂多样，各种类型的数据都会存在。例如，常用数据类型包括 Dwg、Dxf、Dgn、Shapefile、ArcSDE、OracleSDE、MapGIS 等。建立的国土资源“一张图”核心数据库要为今后多种政务审批系统提供数据服务，同时还要实现与国家、省、市三级数据信息共享。因此，统一数据格式非常有利于信息共享。考虑国土资源数据的特点，数据整合要着重解决坐标系转换、不同标准之间信息分类代码转换、图层属性信息的重组、数据质量检查等。国土资源数据整合思路如图 4-4 所示。

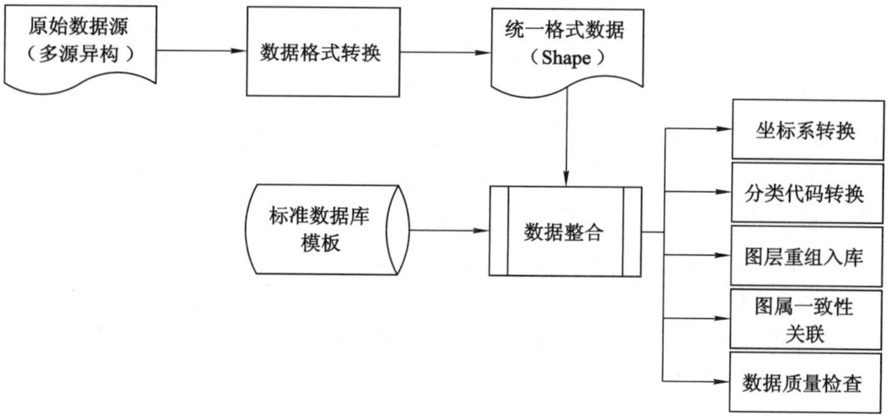

图 4-4　国土资源数据整合思路

国土资源“一张图”核心数据库将来需要容纳的数据种类繁多、格式多样。需要按照制定的标准进行数据整理、整合之后方可入库各种数据。只有通过数据分析、前期处理、格式转换、坐标系统转换、属性数据转换、数据投影方式转换、质量检查等多个数据整合步骤，才能使来源多样、多尺度及多种格式的国土资源数据归于统一标准。国土资源数据整合步骤如图 4-5 所示。虽然国土资源数据是多种多样的，它们的具体整合步骤流程不尽相同，每个种类都有特殊情况，但是国土资源数据整合的标准是一致的。而且要求在国土资源数据整合工作中要遵循统一的整合流程。

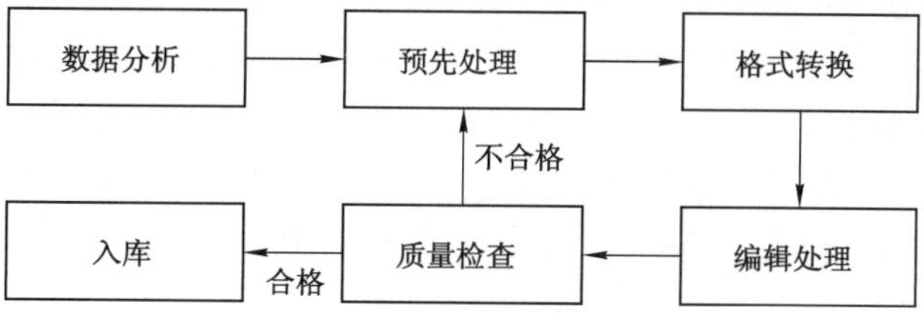

图 4-5　国土资源数据整合步骤

(5) 数据入库

核心数据库构建在国土资源"一张图"系统的服务器上。使用大型商用关系型数据库来建设和开发,可以有效地提高数据管理的效率和安全性。核心数据库建设完成后,通过服务器将数据发布出去。客户端可以通过网络请求申请管理数据,实现数据的录入、更新和查询等操作。这些操作都要通过数据支撑层的空间数据引擎来进行。使用空间数据引擎可以避免客户端直接操作数据库可能导致的非法操作等问题,减少数据受到损坏的可能性。具体实现时,首先由客户端提出符合一定格式的数据库操作命令,然后由中间件实现数据操作并将获取到的数据进行格式转换以满足客户端的需求。

首先,要采集并且整理来自不同部门多种格式的国土资源管理数据。不同的区域对数据的要求不同,所以实际建设核心数据库的时候需要考虑其特殊的需求。然后,在收集到数据之后,要根据一定的标准和规范筛选可以入库的数据,对它们进行空间参考、精度等审计,对符合要求的数据进行格式转换等预处理工作。最后,按照数据库采用的数据模型,把数据录入数据库。

针对空间数据的特点,采用 Oracle 数据库结合 ArcSDE 空间数据引擎是最适当的。Oracle 数据库具有技术成熟、容量大、易存储等优点,且可以和 ArcSDE 空间数据引擎相结合。由 ArcSDE 快捷地实现空间数据到 Oracle 的导入、由 Oracle 到业务应用平台的数据输出处理。

当地理数据入库时,Oracle 作为数据管理平台,将 ArcSDE 作为空间数据引擎,并把 ArcGIS 和 Geodatabase 数据模型作为依靠,对地理信息数据和属性数据进行共同管理,快捷存储海量地理空间数据。ArcSDE 不仅有许多面向应用开发的接口,而且拥有多种命令用于服务管理和数据库的基本操作,包括建立更改数据表和图层、导入导出数据等命令。Oracle 支持导入 Shapefile、Coverage、Geodatabase 等格式的数据文件。

(7) 数据质量控制

数据是国土资源"一张图"核心数据库建库和运行的基础,是国土资源"一张图"核心数据库中根本的内容。因此,数据库的优劣直接受到数据质量的影响:数据质量越好,数据库也就越能发挥其作用。因此,数据质量的好坏从根本上影响着国土资源"一张图"核心数据库应用的广度和深度。

根据国土资源数据的特征,确定数据质量检查的内容主要包括位置精度检查、属性精度检查、逻辑一致性检查、数据完整性检查和数据时效性检查。

① 数据位置精度检查。它主要是指对地物坐标位置精度进行检查,即定位精度检查。它主要包括四个方面:一是数学基础检查,即检查选择的投影方式正确与否;二是平面精度检查,即检查地物坐标与实际坐标存在的误差是否符合精度要求;三是高程精度检查,即检查地物图上标注高程与实际高程存在的误差是否符合设计要求;四是接边精度检查,即两幅或两幅以上的图件在拼接时重叠情况是否符合精度要求。

② 数据属性精度检查。数据属性精度检查内容主要包括三个方面:一是对要素分类代码进行检查,查看代码是否编写有误;二是对要素属性值进行检查,查看属性值是否输入正确;三是对要素注记的正确与否进行检查。

③ 数据逻辑一致性检查。数据逻辑一致性检查的内容主要有三个方面:一是对多边形闭合精度进行检查;二是对结点匹配精度进行检查;三是对图上地物拓扑关系的正确性进行

检查。

④ 数据完整性检查。数据完整性检查主要包括四个方面：一是数据分层完整性检查，即检查分层是否完整有效；二是实体类型完整性检查，即查看实体类型是否完全罗列；三是属性数据完整性检查，即查看属性数据是否都全部录入完毕，是否存在缺项；四是注记的完整性检查，即检查注记是否正确，是否完整合法等。

4.1.6 国土资源“一张图”数据库管理平台建设

（1）平台介绍

国土资源“一张图”核心数据库管理平台具有各类数据汇交、存储、应用、分析和安全备份等管理和服务的功能。综合考虑国土资源综合业务需求，设置主要模块有数据管理模块、数据分析模块、业务对接模块和系统管理模块。数据管理人员负责更新和维护国土资源数据库。数据分析人员根据国土资源管理数据分析该地区国土资源利用情况，并制作图表供政府人员辅助决策；根据国土资源管理数据和国土资源公布与政务公开政策，制作并发布部分与群众密切相关的国土资源数据供公众查阅。业务办理人员根据现行政策，审理各种上地业务，并将各种文件归档管理。系统管理人员可以维护系统各项信息，管理各个模块信息。平台实体联系图如图 4-6 所示。

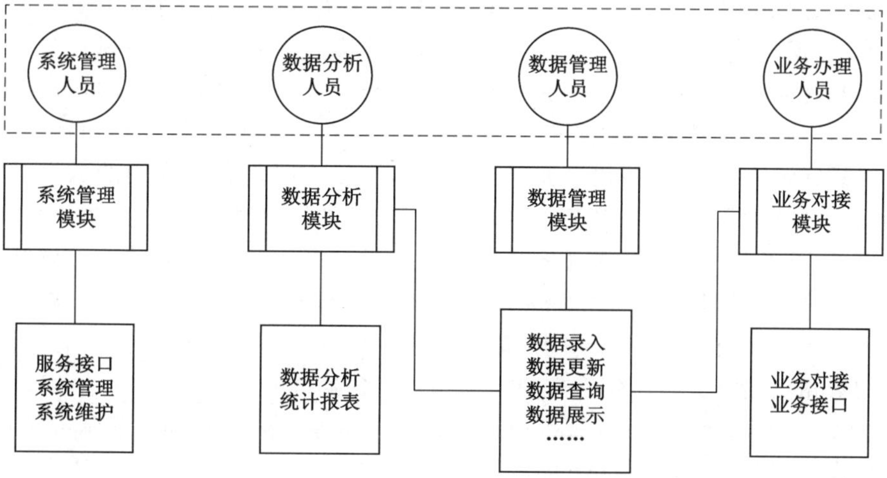

图 4-6 平台实体联系图

（2）功能设计

① 系统管理模块设计

系统管理模块是通过管理人员对整个系统进行管理和维护。其主要功能有用户管理、数据库管理等。

（a）用户管理包括新增系统用户、查看用户信息、修改用户信息、调整用户权限等。对不同权限的用户授予不同的操作数据的能力；对用户操作数据和使用功能的权限进行动态管理；对用户在本系统中使用的功能、操作的数据进行记录，并保存在工作日志中；对用户产生的工作日志项进行归纳总结和统计分析，优化用户管理功能。用户管理功能流程如图4-7所示。

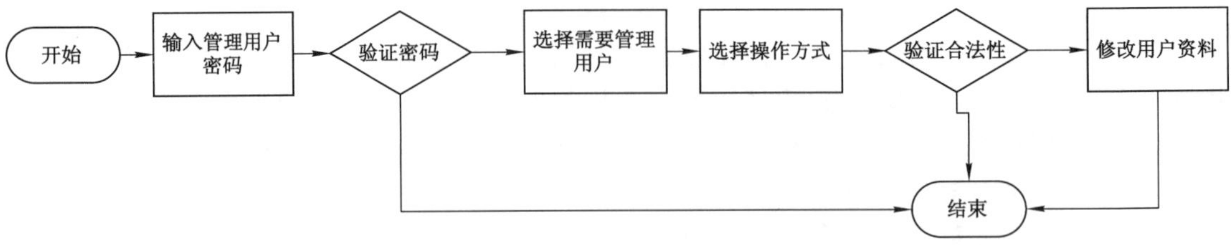

图 4-7　用户管理功能流程图

(b) 数据库管理包括数据库维护、数据库存档和数据库升级等。例如,将数据库进行备份与还原,增强系统的可靠性和稳定性,实现数据库的更新与维护,保证数据库的稳定运行。

② 数据管理模块设计

(a) 数据管理模块是通过空间数据库系统对数据进行集中管理,包括数据的获取、清除转换和录入、数据更新、数据查询等功能。数据管理模块同时通过发布服务接口,使其他应用系统可以使用数据,为业务管理提供数据支持。数据录入:数据管理模块需要将数据管理员从卫星影像、实地测量等多种渠道获取的多种格式的数据录入空间数据库。本功能还要求包括空间校正、格式转换等功能。通过野外测量、卫星图片等多种渠道获取的数据,需要通过数据校验,然后统一录入系统,为管理和分析提供支持。具体地讲,主要实现各种数据之间的转换、数据的验证和数据的入库。数据间的转换支持 Esri、Img 等常用矢量和栅格数据之间的相互转换;数据的验证主要是验证数据的拓扑关系、空间位置等是否合法;数据的入库即将数据按空间位置录入数据库中。

(b) 数据更新:数据管理模块需要具有数据发生改变时对数据库中的数据进行更新的功能。该功能支持批量更新、增量更新和同步更新。不同的数据更新的周期不同,有的数据需要定期更新,有的数据可能需要不定期更新。批量更新是指将新的数据整体提交到数据库中,替代原有数据;增量更新是指只更新数据增加的部分,而不改变原有数据的主体结构;同步更新可以由系统自动或者手动的定期完成数据的更新。不同的数据具有不同的特点。选择不同的数据更新方式可以使数据更新工作更加快速高效。

(c) 数据查询显示接口:数据管理模块为其他模块提供数据查询和显示的接口。例如,如数据分析模块需要通过该接口获取空间数据进行分析;业务办理模块也需要查询空间数据供业务办理人员查阅参考。数据查询显示包括地图显示、属性查询、空间查询等功能。数据显示可以用多种方式显示查询所获得的数据,可以直接在地图进行显示,也支持按列表的形式显示成表格,还可以生成数据流输入到其他业务模块中去。

③ 数据分析模块设计

数据分析模块主要有空间分析、土地专题分析和图表制作等功能。

(A) 空间分析功能支持以 GIS 为基础的空间分析,包括缓冲区分析、叠加分析、栅格分析等。使用这些空间分析功能,可以为国土资源管理部门实现土地现状、土地规划和土地权属等信息进行统计分析提供辅助。空间分析功能支持空间量算功能;支持以地图中的空间区域为单位进行查询,然后根据查询结果计算统计结果的功能。

(B) 土地专题分析功能是国土资源综合监管的主要功能,包括土地规划管理分析,基本农田分析,征地、供地管理分析等。土地专题分析以空间分析和属性统计为基础,以国土资源业务需要为目标，综合分析国土资源利用现状，供决策者参考。各地区土地专题分析是基于 GIS 和业务需求，科学地分析本地区土地利用现状，达到辅助决策和优化管理的目的。

(a) 土地规划管理：可以查看多年的土地利用规划图斑，可以详细查看规划用地的土地利用规划类型，并且可以实现规划图斑与用地红线的叠加查询与分析，可以统计项目用地占用多少规划面积。

(b) 征地管理分析：将征地项目的坐标信息导入到系统中进行叠加查询，查看范围内是否占用了基本农田；同时，当野外工作人员需要了解某宗地是否是违法占地时，可将 GPS 检测到的坐标发送给中心管理人员。利用本功能统计出占用的基本农田总面积。

(c) 供地管理分析：实现供地来源管理、供地审批管理、供地图形辅助审查管理、建设用地项目跟踪管理、供地备案管理、查询统计等。利用本功能能够根据行政区、年份、供地类型、土地用途等对土地供应面积进行多种条件组合查询统计。

(d) 土地监察分析：根据采集到的图斑坐标，与土地利用总体规划图、土地利用现状图以及新增建设用地审批红线、违法用地红线等数据进行空间叠加分析，反馈分析结果以辅助执法人员对违法用地情况进行判定。

(C) 图表制作功能通过使用空间分析和土地专题分析的结果，制作各种地图、表格，可视化地显示分析结果，可以最大化地利用分析结果，使结果更加得直观明了，供决策者查看。

使用 GIS 功能可以制作各种形式的专题地图；使用属性数据功能可动态生成各种工作报表；使用向导功能可以很方便地生成固定模板的图表；可以根据数据分析生成相关成果报告；所有产生的图和表可以保存成 Excel、PDF、JPEG 等相应格式文件。

④ 业务对接模块设计

业务对接模块主要是依托国土资源“一张图”核心数据库，为国土资源业务办理提供数据服务和功能支撑。以下以用地预审、用地审批、项目管理等为例进行介绍。

(a) 用地预审，是指申请建设项目时，国土资源管理部门根据相关法律法规对这些项目中用到的土地资源进行审查，确认其是否合法的过程。本功能提供用地预审所需的功能支持和数据服务，包括占用地类分析、统计数据管理、图形管理和文档管理等。

(b) 用地审批，是建设项目通过预审之后，送往耕保、规划、地籍、用地部门联合进行会审。本功能为这些审批提供数据分析、数据统计和图形管理等。用地审批结构如图 4-8 所示。

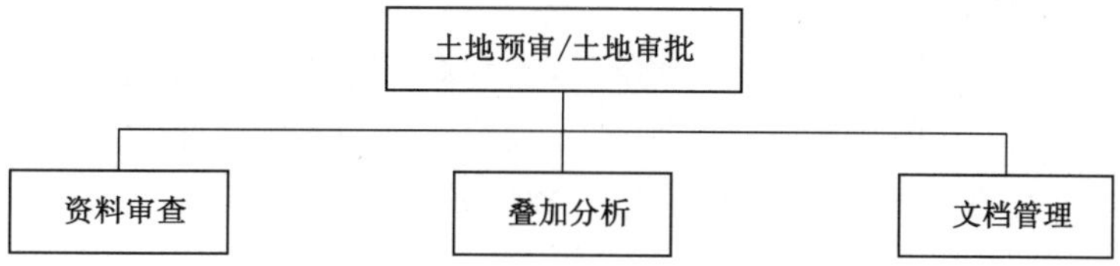

图 4-8 用地审批结构

(c) 项目管理，是通过文档的方式对用地预审项目和用地审批项目进行管理。本功能提供新增项目、修改项目信息、查看项目信息、新增项目文件、修改项目文件等。

(3) 性能要求

国土资源“一张图”核心数据库管理平台要从系统稳定性、系统安全性和系统可扩展性三个方面进行考虑。

① 系统稳定性

国土资源“一张图”数据量大，数据处理工作十分繁重。因此其系统一定要采用可靠的硬件，使用容错能力较高的服务器等网络设备，使用备份技术、日志功能应对可能出现的故障；其应用系统也需要排除各种缺陷，保证应用系统正常运行。

② 系统安全性

国土资源数据中存在大量非公开信息。部分大比例尺空间数据属于涉密数据，必须采取严格的保密措施，保证涉密信息的安全。为了保护信息的完整性和机密性，需要根据实际的保密需要和当前的技术能力，设计科学有效的安全体系，实现系统的安全防护和隐患发现。在突发情况发生的情况下，采取应急措施和系统恢复，从各个方面保证国土资源信息管理系统的安全运行，保证数据信息的机密性、完整性、可用性和操作的不可否认性，避免各种潜在的威胁。

③ 系统可扩展性

为了保证系统的可扩展性，应结合国土资源部门的相关规范和标准，满足各种技术规程要求。在使用数据时，应当注意数据编码、数据检查、数据格式等标准规范，以保证系统功能的兼容性和可扩展性。系统设计过程中，要严格遵守土地行业标准和软件工程规范要求。另外，系统应充分考虑功能模块和数据之间的独立性，采用松耦合的策略，使功能与功能之间、功能与数据之间可以动态扩展和根据不同需要可以进行组合，以满足国土资源综合管理的需求。在系统设计过程中，要注意预留各种接口，为未来可能进行的系统维护和升级提供便利条件。

4.1.7 国土资源“一张图”系统运行环境建设

国土资源“一张图”系统运行环境包括硬件环境与软件环境。硬件环境承载数据架构和服务架构，软件环境提供平台、数据库等功能。

(1) 硬件设备

在现有的硬件平台环境上，扩充和添置数据库服务器、地理信息服务器、网站应用服务器、地理信息工作站、存储设备、备份设备、交换机器、防火墙、入侵检测设备、负载均衡设备、漏洞扫描设备、审计设备等，以此构成国土资源数据中心的数据管理、服务系统运行和安全系统运行的硬件设施环境。

在存储介质方面，采用外部独立存储介质，确保数据有足够的存储空间，且确保外部存储介质可以不断扩展。因此要求存储的硬盘容量至少 4 tB，至少保障今后 5 年内系统数据存储用量够用。同时，在存储介质外加装防火墙设备，保障数据安全。

(2) 网络结构

在现有的网络环境基础上，通过国土资源政务内网，在保证数据和网络安全的前提下，构成国土资源数据中心内部系统管理和维护的网络结构。国土资源“一张图”系统网络结构如图 4-9 所示。

(3) 软件平台

选用 ArcGIS10.2 及其以上的系列套件作为国土资源“一张图”系统的地理信息系统软件平台。其包括 ArcGIS Desktop、ArcGIS Server、ArcGIS Engine Runtime。其中，ArcGIS

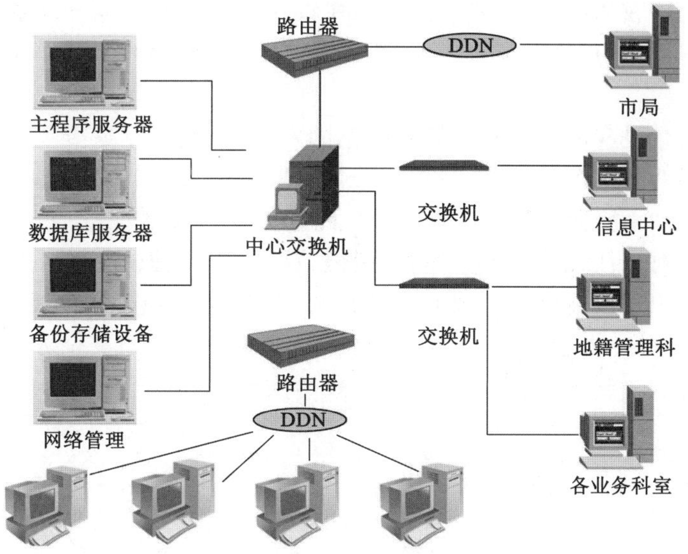

图4-9 国土资源“一张图”系统网络结构

Desktop 用于 ArcGIS Server 的管理,包括服务创建、调度;ArcGIS Server 用于数据库图形的组织、发布;ArcGIS Engine Runtime 用于数据库管理平台系统的开发和发布。

数据库平台采用 Oracle 11g R2 作为国土资源“一张图”系统中数据库存储和管理平台。

按照系统运行环境要求数据库服务器的操作系统采用 Windows Server 2008R2,Web 服务器操作系统采用 Windows Server 2008R2。Web 服务器采用微软公司的 IIS,以微软公司的 Visual Studio 2008 作为开发工具。客户端采用 Windows 系列操作系统,包括:XP2000/2003,Vista,Windows 7 及以上。

4.1.8 国土资源“一张图”数据库维护和更新

国土资源“一张图”核心数据库建立后,需要后期对其进行不间断的维护和更新,以保证数据库的良好状态和数据真实有效,否则数据库就失去了时效性。国土资源“一张图”核心数据库的维护和更新需要建立一套完整的机制和标准。在其维护和更新过程中,要严格按照技术规范操作,以免破坏数据库的逻辑结构和丢失数据。为了保证数据库维护和更新工作的合理有效,需要安排专业技术人员专门负责本项工作。

(1) 数据库维护和更新内容

数据库维护内容包括:不同格式空间数据的格式变换、不同坐标系统数据的坐标转换、空间模型变换、数据属性关联及拓扑检查等;库内数据质量检查、问题数据修复、错误数据修改。数据库更新内容包括:土地利用规划数据、土地利用现状数据、基本农田数据、基础地理信息数据、矿产资源数据、管理文档数据、数据库维护更新日志数据等的更新。

(2) 数据库更新方式和更新周期

正如数据库管理平台建设所述内容,数据库更新方式包括:批量更新、增量更新、同步更新。根据更新数据的特点选择不同的数据库更新方式。数据库更新周期根据数据类型来确定。不同类型的数据需要的数据库更新周期不同。例如:遥感影像、土地利用现状数据需要一年更新一次；地籍权属数据是实时更新的；建设用地数据需要半年更新一次；矿产资源数据更新周期不定，是由矿产资源普查频率来确定的；土地违法检查数据一个季度更新一次等。

信息化、网络化是我国国土资源管理工作的发展趋势，也是必要手段。国土资源"一张图"就是在这种大背景下产生的，是时代的产物，是科技进步、管理科学化、资金投入扩大化的结晶。国土资源"一张图"核心数据库和在此基础上开发的业务应用软件平台的应用发展，必将改变人们对以往纸质化办公拖沓、缓慢、易出错的认识，提高国土资源管理工作的效率和正确率，避免出现以前经常出现的重复征地、权属调查错误、矿区重叠等问题。并且，把国土资源管理涉及的土地管理、矿产管理、测绘管理相对独立的三个方面，通过一个数据库和应用平台，融合到一起，形成了一个合理高效的流程，避免了许多重复性的工作。

4.2 不动产统一登记平台

4.2.1 不动产登记概述

世界不动产权籍调查已经进入数字时代。不动产登记得到数字化权籍的支持，基本实现了电子化登记。我国数字土地调查成果已基本全面覆盖，具备电子化不动产登记条件，不应落后于世界不动产现代化登记进程。建设不动产登记信息管理平台是建设现代化强国的重要使命，是建设智慧国土的必然要求。

早在我国古代就存在类似于不动产登记的制度。周朝时期，为了征收赋税、提供质证、避免争执进行了土地的登记。隋唐时期，要求先在各乡进行土地的统计并汇总成账后上报到县，县汇总成县账上报于州，州汇成州账上报于中央户部，并且规定土地买卖必须通过官府进行申报、登记才算有效。南宋时期，出现了"鱼鳞图册"。这种图册中将田地山塘挨次排列、丘段连缀地绘制在一起，标明了所有人与范围，因其形似鱼鳞而被称为"鱼鳞图册"。它是地籍管理史上一个重要的发明。总体来讲，这些阶段的土地登记的作用在于官府征收税赋，并不属于为老百姓服务的范畴。

改革开放以后，随着房地产行业的迅猛发展，不动产登记管理也迫切地需要进行规范和统一。国家针对不动产登记的现实情况制定了相应的方针和法规，同时各地方政府遵循着相关方针和法规制定了符合当地实际情况的不动产管理制度。在 2015 年之前，我国土地及其定着物的权利设置及管理分属于不同的部门管辖，且不动产登记也由不同部门分别登记管理。例如，土地登记、矿业权登记由国土资源部门负责登记，房屋（主要是城镇区域）登记由住房和城乡建设部门负责登记，林权（含林木）登记由林业部门负责登记，海域使用权登记由海洋管理部门负责登记等。这样的"分散登记"、"信息不互通"等局面，使得不动产登记成为一个社会成本颇高、环节复杂、老百姓办事难的登记事项。这带来了不可言说的困扰。

2015 年 3 月 1 日，《不动产登记暂行条例》正式开始实施。依据该条例中规定，建立统一的不动产登记信息管理基础平台，并将各级不动产登记机构的登记信息纳入该信息平台中，从而确保国家、省、市、县四级登记信息的实时共享。依据《不动产登记暂行条例》中的相关规定，建设不动产信息登记管理系统是全面落实不动产登记各项制度、实现不动产信息共享查询、建成全国统一的不动产登记信息管理平台的基础。能够实现不动产审批、交易和登记信息在有关部门间依法依规互通共享，同时提供不动产登记信息依法公开查询服务，有利于方便群众办证，提高群众办证效率，消除“信息孤岛”，促进不动产登记信息更加完备、准确、可靠，建立健全社会征信体系，保证不动产交易安全，保护群众合法权益。将分散在土地、房屋、草原、林地、海域等多个部门的不动产登记数据融合到登记机构、登记簿册、登记依据和信息平台。

因此，建立全域统一的不动产统一登记平台，不仅能够支撑不动产登记业务和登记数据库，完善国土资源云、国土大数据，而且是保障不动产登记数据的安全、宏观调控房产等经济环境、实现不动产登记信息实时共享的重要平台。它对规范不动产登记体系具有重要意义。

4.2.2 国内外不动产登记现状

4.2.2.1 国内不动产登记急需解决的问题

我国目前不动产登记信息化建设刚刚起步，由于存在各种不确定因素，从而面临着一系列急需解决的问题。

(1) 登记机构整合后信息归整难度大

依据《不动产登记暂行条例》，不动产登记机构职责已整合，这解决了登记机关不统一的问题。但是由于历史原因，登记机构职能整合具有多个部门和多个层级相互交叉的特点，同时涉及权力再分配，不可避免会触及部门实际利益。从部门角度来看，土地、房屋、林地、海域等不动产资源分属国土、住建、农林、海洋等不同部门管辖，机构撤并划转牵扯较多利益矛盾，国土部门还需要较长时间进行牵头协调；从地方政府角度来看，不动产登记与地方政府经济利益紧密相关，又与地方政府政绩考核权重挂钩，由于担心统一登记后不动产基础信息的公布可能会涉及地方一系列问题，不排除部分地方政府从地方发展考虑，不愿意或者没有动力去推进登记工作落实。

在推进数据汇总方面，多年的分散登记造成了很多原始信息都散布在地方政府相关部门内部办公系统或档案管理系统中。另外，由于各类登记标准不一、信息化水平参差不齐、以纸质登记为主的情况，再考虑到技术、人员、经费和档案涉密、部门不愿共享数据等方面原因，数据整合汇总需要更加科学有效的方式。

(2) 多源数据融合存在不确定性

不动产统一登记中有一项重要内容就是存量数据整合工作。它的目标就是通过将现有的分散存放、格式不一、介质不同的不动产登记信息进行规范整合。依据不动产登记数据库标准整合建设不动产登记数据库，为不动产登记信息基础管理平台运行提供数据支撑。不动产数据涉及土地、房产、草原、林地、海域等多行业，数据具有海量、多源、异构、存储分散等特点，其整合过程复杂、技术难度大。在此类数据融合过程中存在诸多不确定因素。例如：数据种类多、格式不统一、各类标准不统一；数据量大，历史关系复杂；数据之间关联性较差、缺少内在逻辑；整理人员对所有业务的理解缺乏；跨行业数据融合会造成工作量增加等。

(3) 对登记平台提出的要求更高

不动产登记涉及范围广、种类多。《不动产登记暂行条例》就规定了能够依法进行登记的十类不动产权利的具体类型。详细准确的不动产登记数据是跨部门联网的基础，健全的业务登记流程是办理各类登记业务的关键，互利共享的机制是保证办理过程切实可靠的保障。因此对登记平台的准确性、开放性和易用性提出了更高的要求。

4.2.2.2 国外不动产登记现状

美国各州利用联网作为征税的依据。美国根据各州的不动产登记法进行登记,没有统一的不动产登记体系。但美国建立了一套供人检索和调阅的公共索引系统。当事人可通过代理律师查阅登记机关的档案资料和提供法律意见、通过各类措施来确保不动产产权的真实性。民众可以到政府土地登记办公室或相关网站查询有关不动产登记信息。

新加坡大力整合登记系统并实现不动产登记的信息化。新加坡经历了较长一段地方管理与中央登记系统并存的时期。目前,新加坡全境不动产基本上已统一在中央登记系统下。为保护个人隐私,新加坡不动产登记制度不允许民众查询他人名下不动产数量及信息。

德国关于不动产登记的立法比较完善。德国制定的民法典的第三篇(即物权篇),出台的《不动产登记条例》和与其配套的施行细则,以及修订的《不动产登记命令》,共同构成了不动产的设立、移转、变更和废止的具体规则。这些规则尤其强调了登记在不动产变动中的重要作用。德国的不动产登记由各州的基层法院负责。基层法院设有不动产登记局(具体管理本区域的不动产登记事务)。在德国的地方或州政府,均设有一个信息处理中心(负责处理所有政府需要的信息数据,其中包括不动产登记簿的资料信息)。测量部门负责提供土地、房屋的测量数据,公证部门提供合同文本、交易价格,地皮评估委员会提供评估报告等。各部门的基础数据汇总到信息中心整理,供有关部门(如登记部门)查阅和使用。权利人、利害关系人、公证员、司法人员等可以查询不动产相关信息。银行可以查询利害关系人的信息。所有的查询都有查询痕迹的记录。

4.2.3 不动产登记平台建设目标和任务

4.2.3.1 建设目标

不动产统一登记平台建设目标是,充分利用现有的国土资源信息化和相关部门不动产登记信息化基础,整合集成目前分散在各部门的不动产登记数据,基本形成标准统一、内容全面、覆盖全国、相互关联、布局合理、实时更新、互通共享的不动产登记数据库体系;各类不动产登记业务全流程实现网上运行,不动产登记信息与审批、交易信息实现网上实时互通共享;面向各级公安、民政、财政、税务、工商、金融、审计、统计等部门的信息共享完备、准确、及时;面向社会公众的依法查询服务便捷、高效。不动产统一登记平台成为不动产登记机构履行职责的重要手段,在保障不动产交易安全、维护公众不动产权益、完善社会征信体系中发挥重要作用。

4.2.3.2 建设任务

不动产登记建设任务主要包括以下几个方面。

(1) 技术标准体系建设

以《不动产登记暂行条例》《不动产登记统一簿册证样式》等为依据,制定不动产登记数据库标准、不动产登记数据整合建库技术规范、不动产登记数据交换规范、平台接入标准、系统开发指南、信息共享与信息查询规范等技术标准,为不动产数据整合和数据库建设、数据共享交换、相关系统建设提供技术指导,确保不动产登记信息在同级和跨级部门之间的互通共享和相互衔接。

建立不动产登记标准体系、不动产登记数据库标准、不动产登记数据整合建库技术规范、不动产登记数据交换规范、不动产登记接入标准、不动产登记系统开发指南、不动产登记信息共享标准、不动产信息查询标准等系统建设与接口规范等。

(2) 不动产登记存量数据整合

依据相关技术标准，整合不动产登记数据，建立各级互联互通的不动产登记数据资源体系，为不动产登记业务和信息共享查询服务提供信息保障。建立数据实时动态更新机制，保证不动产登记信息的完备、准确、及时。

首先对土地、房产、森林林木、海域等的登记信息按现行的数据标准和技术规范进行梳理与规范，形成符合相关技术标准的数据集。然后依据不动产登记数据库标准通过抽取、转换、补录、整合等方法，建立不动产登记数据库。

(3) 不动产统一登记平台系统建设

立足已有基础，建立不动产统一登记平台系统，为不动产登记机构全面履行登记业务办理、信息实时互通共享、信息依法查询服务、相关分析研究工作等提供应用支撑，形成纵向上各级不动产登记机构之间、横向上与相关部门之间的信息互通机制。

设定不动产登记数据组织与存储方式，建立不动产登记信息数据库框架，建立不动产登记信息数据库和管理系统，实现对数据库的管理和更新维护。开发不动产统一登记平台系统，将其部署在政务内网，提供不动产登记申请、受理、审核、登簿等全流程信息化服务。开发不动产登记信息共享、查询与分析系统，满足相关部门信息互通共享的要求，满足税务、金融等相关部门和社会公众登记信息查询的需求。

(4) 基础保障设施建设

建立安全保障设施，保障不动产登记信息安全、系统稳定运行；建立运维制度，实现不动产登记信息化业务运行的制度化、规范化。

4.2.4　不动产登记技术标准体系

在不动产调查、登记方面，原国土资源部、住房和城乡建设部、原农业部、原国家林业局等都依据各自职能，出台了相应标准。原国土资源部发布实施的标准有：《土地利用现状分类》《地籍调查规程》《土地利用数据库标准》《城镇地籍数据库标准》《第二次全国土地调查技术规程》《宗地代码编制规则(试行)》。住房和城乡建设部发布实施的标准有：《房地产登记技术规程》；原农业部发布实施的标准有：《农村土地承包经营权登记试点工作规程(试行)》；原国家林业局发布实施的标准有：《森林资源规划设计调查主要技术规定》。在以前分散调查和分散登记中，已发布实施的标准发挥了其应有的技术支撑作用。随着不动产统一登记工作的开展，登记主体、客体、登记内容等都发生了根本变化。原先各部门发布的标准，已远远不能满足统一登记的需要。不动产统一登记相关技术标准的制定显得尤为紧迫。

4.2.4.1　标准建立的原则

不动产登记标准建立秉承“简化、统一、协调、优化”的原则。在以往的登记制度下，国土、住建、农业、林业等部门都依据各自领导的标准规范进行调查。各部门的调查技术、方法、指标、精度等参差不齐。这些分散登记形成的成果，是国家长期积累的宝贵财富，是不动产统一登记的基础。统一登记无须重起炉灶另开张，而是以这些成果为基础进行整合、融合。

根据不动产统一登记工作的要求，不动产统一调查需要统一的调查技术规程，同时需要建立统一的数据汇交规范，以实现各部门不动产调查和登记成果完整移交、有效利用。需要制定统一的数据汇交规范、统一的数据整合技术要求，明确各部门汇交的资料种类和数据格式、精度等相关要求。

《不动产登记暂行条例》要求不动产登记满足"四统一"原则，即登记机构、登记簿册、登记依据和信息平台的统一。随着信息化技术的发展，安全稳定、科学可靠、操作方便的不动产统一登记平台，将成为不动产统一登记的重要支撑。因此必须首先制定统一的不动产登记数据标准、数据库建设规范。以此为技术依据，指导不动产统一登记平台的建设。

4.2.4.2　标准建立的思路

(1) 梳理不动产统一登记工作各环节对标准的需求

不动产统一登记工作包括不动产调查、统计、统一登记、信息平台建设、资料应用服务及档案资料管理等内容。应系统梳理各个关键环节对标准的需求，尤其是数据汇交、数据整合、数据库建设等环节对标准的需求，开展相关技术标准的研制，为不动产统一登记工作提供技术支撑。

不动产调查环节必须在国土、住建、农业、林业等原有调查标准基础上，研制《不动产权籍调查技术方案》，对不动产调查内容、调查程序、调查方法、相关技术指标、成果要求等进行统一规定；不动产统计环节必须围绕《不动产单元设定与代码编制规则》《不动产统计技术规范》等标准，对统计口径、统计方法、指标等进行统一规定；不动产统一登记环节必须围绕《不动产登记操作规范》《不动产登记审查技术规范》等；不动产统一登记平台建设环节必须针对原先分散调查、分散登记形成的宝贵数据，围绕《不动产登记存量数据汇交规范》《不动产登记数据整合建库技术规范(试行)》；针对实施不动产统一登记条例后形成数据，围绕《不动产登记数据库标准(试行)》；不动产统一登记相关资料应用服务环节必须制定不动产统一登记信息查询与服务技术规范、不动产统一登记信息多元化应用技术规范；不动产统一登记档案管理环节必须制定《不动产登记档案管理规范》。

(2) 同步制定和实施相关技术标准

在不动产统一登记工作正式开展之前，有针对性地开展相关技术标准的研制工作，力求做到"统一登记，标准先行"，依法依规依标准开展不动产统一登记工作。运用综合标准化方法，将相关技术标准作为《不动产登记暂行条例》的配套文件，一并发布实施，发挥技术标准的指导、支撑和基础作用，从技术层面增强《不动产登记暂行条例》的可操作性。

(3) 依托新技术，建设"互联网＋不动产登记"

以云计算、大数据、物联网、移动互联网和人工智能等为代表的新一代信息技术与自然资源行业的深度融合，为不动产登记创造了良好的数据基础和技术条件。高速、大容量的计算机、存储器、网络提供了高效的数据处理、储存。物联网、移动互联网、人工智能等技术的应用，帮助人们及时、准确、完整地获取和监测登记信息，为搭建先进的不动产统一登记平台体系架构提供了良好的技术环境。

2015 年，国务院印发《关于积极推进"互联网＋"行动的指导意见》，指出要创新政府服务模式，大力推进"互联网＋"益民服务。2016 年，国务院下发《关于加快推进"互联网＋政务服务"工作的指导意见》，明确提出要规范网上服务事项、优化网上服务流程、推进服务事项网上办理、创新网上服务模式，并推进实体政务大厅与网上服务平台融合发展。"互联网＋不动产登记"的服务目标是提速增效，提升百姓的获得感。因此，通过新技术实施就是为了"让数据多跑路""让百姓少跑腿"，从而便民利民。

4.2.5 不动产登记存量数据整合

不动产登记存量数据是指不动产登记信息系统在正式接入全国不动产登记信息管理基础平台之前形成的不动产登记数据(包括实施不动产统一登记之前形成的土地、房屋、林地、草原、海域等不动产登记数据)和实施不动产统一登记之后,正式接入全国不动产登记信息管理基础平台之前形成的不动产登记数据。不动产登记存量数据包括空间数据、属性数据和其他数据。

4.2.5.1 整合目标

通过将现有标准不一、格式各异、互不关联,以不同介质分散存放在国土、住建、农业、林业、海洋等部门的各类不动产登记信息进行规范整合,依据《不动产登记数据库标准(试行)》整合建设不动产登记数据库,为不动产登记信息系统运行和不动产登记信息共享、应用提供数据支撑,为国家、省不动产登记存量数据汇交奠定基础。

具体来讲,整合目标包括:

(1) 支撑日常各类不动产登记业务管理,保障不动产登记数据的准确性和完整性,提高不动产登记业务办理效率。

(2) 满足国家汇交要求,规范各类、各级不动产登记数据,建立国家不动产登记数据库,纳入统一的不动产登记信息系统。

(3) 提高不动产登记数据的准确性,维护不动产登记数据的权威性、专业性、可靠性,为不动产登记资料查询、不动产登记信息共享等提供数据基础。

4.2.5.2 整合思路

按照原国土资源部《不动产登记数据整合建库技术规范(试行)》要求,充分借鉴全国各地开展不动产登记存量数据整合的相关方案及实践经验,不动产存量数据整合从以下几个方面进行思考。

(1) 数据转换

对土地、房产、林权、海域等已有的登记信息电子数据按现行的数据标准和技术规范进行规范化及转换,形成符合现行相关技术标准的数据集。

(2) 数据整理

按照现行的土地登记相关数据标准和技术规范要求,对集体土地所有权、建设用地使用权、宅基地使用权等土地登记存量数据进行整理。这包括宗地空间数据整理、土地登记数据整理、档案数据整理、关联关系整理等。

按照现行的房产登记相关数据标准和技术规范要求,对房产登记存量数据进行整理。这包括自然幢空间数据整理、楼盘数据整理、房产登记数据整理、档案数据整理、关联关系整理等。

按照现行的林权登记相关数据标准和技术规范要求,对林地所有权、林地使用权、林木所有权、林木使用权等林权登记存量数据进行整理。这包括林权空间数据整理、林权登记数据整理、档案数据整理、关联关系整理等。

按照现行的海域(含无居民海岛)登记相关数据标准和技术规范要求,对海域(含无居民海岛)登记存量数据进行整理。这包括宗海空间数据整理、海域(含无居民海岛)登记数据整理、档案数据整理、关联关系整理等。

(3) 数据整合关联

对使用权宗地、所有权宗地、地籍子区之间进行空间关系整理,确保数据之间空间关系正确。

对自然幢、各类构(建)筑物、宗地(海)等统一坐标系,利用空间关系把自然幢、各类构(建)筑物落到宗地(海)上,并按照不动产单元编码规则进行不动产单元编码。

由于原林权登记数据中林地所有权、林地使用权、林木所有权、林木使用权四种权利集成在一起,所以需要根据不动产登记对应权利类型,对林权登记数据进行拆分。

根据房产、土地登记数据中的关键属性信息进行关联,建立房产、土地登记数据之间的关联关系。

(4) 数据入库

按照《不动产登记数据库标准(试行)》对各类不动产单元数据、权利数据、权利人数据、登记业务数据等进行数据抽取、规范化、入库,建立空间数据、非空间数据关联,历史和现状信息清晰完整的不动产登记数据库。

4.2.5.3　整理流程

数据整合流程主要分为准备阶段、数据转换阶段、数据整理阶段、整合关联阶段、数据入库阶段等五个阶段。数据整合流程如图 4-10 所示。

(1) 准备阶段

对辖区内不动产登记存量数据的现状进行调查、分析,搜集辖区内涉及各类不动产登记存量数据执行的数据库标准、技术规程以及原来的各类不动产登记图、表、卡、册等纸质资料和电子数据。

(2) 数据转换阶段

数据转换主要是把不符合相关标准规范的不动产登记存量数据进行数据抽取转换,转换到符合现行技术规程和数据库标准的原始数据库中,为不动产登记各类存量数据整理提供基础数据。其中数据结构分析是关键步骤,主要厘清原各类不动产登记相关登记系统、权籍管理系统、档案管理系统的相关业务,每种业务所产生数据的逻辑关系,数据库由哪些表组成,每个表存储的是哪些数据,各个表之间如何关联等。数据转换完成后需要进行数据质量检查;质量检查不合格的,针对检查问题完善后重新进行数据整体转换。

(3) 数据整理阶段

数据整理主要包括土地登记数据整理、房产登记数据整理、林权登记数据整理、海域(无居民海岛)登记数据整理等。数据整理在原始数据库中进行开展。

数据整理需要结合纸质档案归档方式来确定整理方式。对于按照年度归档管理的登记数据整理,为了确保数据不丢漏,一般按照年度由最新年度往前逐档案进行数据整理。纸质档案是数据整理的主要依据。数据整理主要以纸质档案为准。对于只有电子档案没有纸质档案的情况,在整理的过程中形成清单,并进行标注,待外业调查或者通过其他途径进行档案修正。

(4) 整合关联阶段

数据整合关联主要包括房产数据落宗、构(建)筑物落宗、宗地及管理单元空间关系处理、房地登记数据关联、林权登记数据拆分、林地所有权与集体土地所有权登记数据关联、不动产单元编码、规范化处理等。

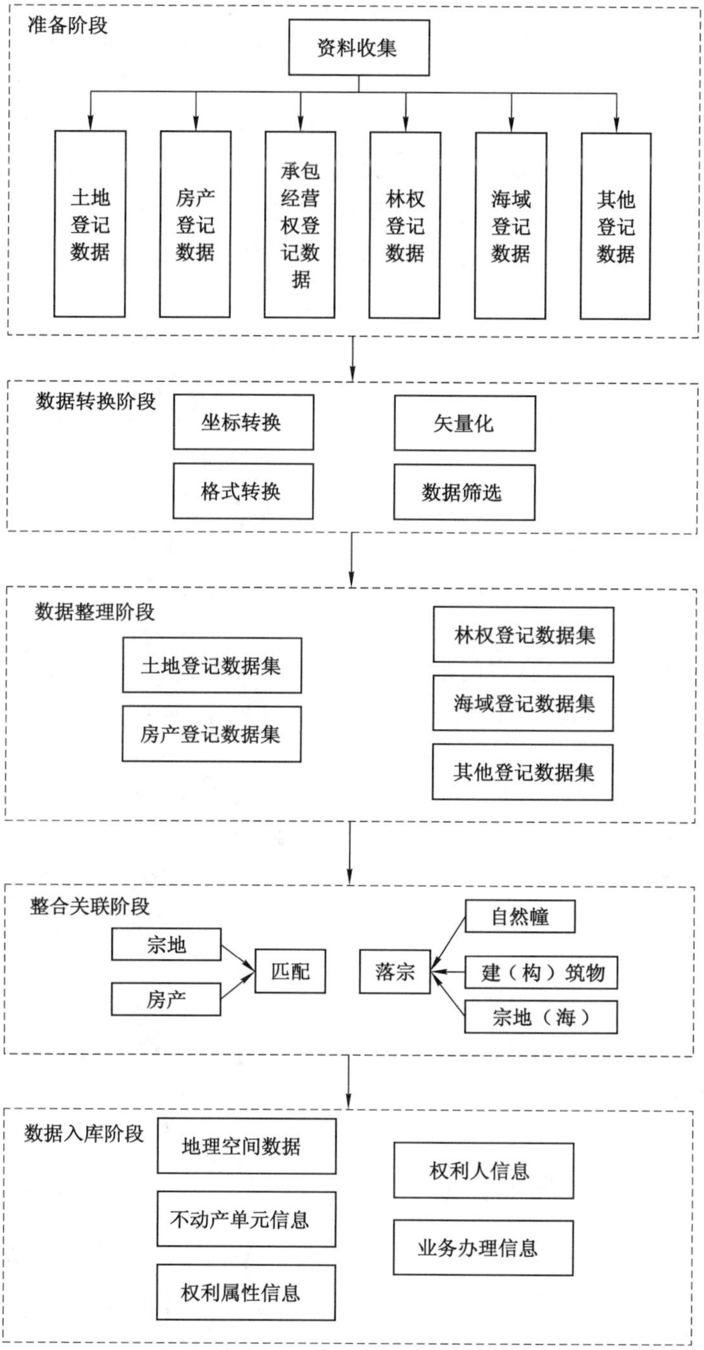

图 4-10　数据整合流程

（5）数据入库阶段

数据整合完毕后，按照《不动产登记数据库标准（试行）》要求进行数据入库。把数据导入到成果数据库相应图层及属性表中。数据入库包括宗地数据入库、房屋数据入库、定着物数据入库、基础地理数据入库、登记数据入库等。

① 宗地数据入库包括所有权宗地、所有权宗地界址线、所有权宗地界址点、使用权宗地、使用权宗地界址线、使用权宗地界址点、宗海、宗海界址线、宗海界址点、小班、小班界址线、小班界址点等空间数据入库。

② 房屋数据入库包括自然幢空间数据、逻辑幢数据、层数据、户数据等数据入库。

③ 定着物数据入库包括点状定着物、线状定着物、面状定着物等数据入库。

④ 基础地理数据入库包括整合后的地籍区、地籍子区等空间数据入库。

将整合后各类登记数据中的权利数据、权利人数据、业务数据等进行数据入库。

4.2.5.4 质量控制

质量控制应贯穿存量数据整合全过程，主要包括数据转换质量控制、数据整理质量控制、整合关联质量控制、数据入库质量控制等。

(1) 数据转换质量控制。数据转换质量检查主要检查转换前后数据的一致性(包括信息一致性、关联关系一致性、权属状态一致性、记录数一致性等)。

(2) 数据整理质量控制。数据整理是存量数据整合工作中工作量最大的部分。其质量控制要严格贯穿整个项目的实施过程，其质量控制采取二级检查制度。数据整理质量检查主要参照各自现行数据库标准，检查各类登记数据信息是否齐全完整、是否与档案资料一致、各类关联关系是否正确等。

(3) 整合匹配质量控制。整合匹配质量检查主要检查现状登记数据是否与不动产单元进行关联、关联关系是否正确，现状登记数据房地是否匹配、匹配是否正确，不动产单元编码是否正确等。

(4) 数据入库质量控制。数据入库质量控制分为入库前数据质量检查和入库后数据质量检查。入库前数据质量检查主要检查数据是否满足《不动产登记数据库标准(试行)》要求，是否满足国家、省不动产登记存量数据汇交要求。入库后数据质量检查主要检查入库后数据是否与入库前数据一致(包括信息一致性、关联关系一致性、权属状态一致性、记录数一致性等)。

(5) 二级检查，一级验收。质量控制严格采取“二检一验”制度。一级检查为过程检查，检查比例为100%检查，由数据整理单位作业人员承担；二级检查为最终检查，检查比例为30%，由数据整理单位专职质量检查人员承担；一级验收为甲方验收，并对成果进行抽查，并出具检查报告及验收意见。

4.2.6 不动产统一登记平台系统建设

依据国务院《不动产登记暂行条例》、原国土资源部《不动产登记暂行条例实施细则》(简称《实施细则》)《不动产权籍调查技术方案》《国土资源电子政务建设指南》等进行不动产统一登记信息平台建设。

4.2.6.1 功能需求分析

通过对不动产登记的标准和对不动产登记状况进行综合分析，在功能需求方面上，不动产统一登记平台系统应该包括：“不动产权籍调查管理”“不动产登记业务管理”“不动产查询分析与信息共享”“不动产数据汇交”四个部分。

(1) 不动产权籍调查管理

不动产权籍调查的目的是以宗地、宗海为单位，查清宗地、宗海及其房屋、林木等定着物组成的不动产单元状况。不动产单元状况包括宗地信息、宗海信息、房屋(建、构筑物)信息、森林和林木信息等。

权籍调查管理主要对不动产登记单元调查成果进行流程化管理。根据权籍调查程序要求，开展一项权籍调查工作可以分为准备工作、权属调查、不动产测量、成果审查与入库、成果整理与归档五个步骤。业务办理过程一般先由产权人或代理人向登记中心提出权籍调查任务申请，填写授权委托书。权籍调查机构按照调查任务类型，组织开展前期的准备工作，收集整理已有调查和登记等相关资料，核实和调查不动产权属和界址状况、绘制不动产单元草图、填写不动产权籍调查表；如果新增界址或者界址发生变化，需根据权属调查的址界情况，进行不动产测量工作，形成测绘报告和图件成果。权籍调查机构汇总整理权属调查资料和测绘资料提交登记中心进行审核入库；审核通过后，登记中心对成果进行整理归档，用于不动产登记业务办理等工作。

权籍调查管理利用不动产登记数据资源，提供权籍调查机构应用宗地宗海代码功能、不动产单元号定义编码功能、调查表单输入功能、报盘数据导入功能、地图管理功能、档案管理功能、变更管理功能、成果检查功能等。根据业务需求，权籍调查任务的完成需要协调多个岗位、不同技术方法来实施。因此采用工作流技术设计权籍调查任务办理流程，实现工作任务的自动分类流转控制，起到了简化工作程序、明确工作职责与任务、提高工作效率的作用，做到了对业务办理过程的全程监管。权籍调查业务办理流程包括任务受理/分派、调查准备/登记档案建库、权籍调查、成果审核和通知申请人，如图 4-11 所示。

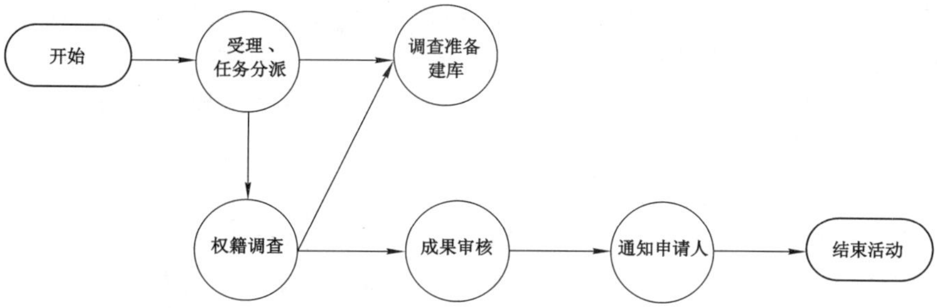

图 4-11 权籍调查业务办理流程

权籍调查管理主要包括任务分配功能、不动产单元定义和编码功能、楼盘表管理功能、宗地/宗海管理功能、权籍调查表管理功能、变更关系管理功能、登记业务衔接功能等。

在办理不动产登记业务时，根据登记业务申请表上的不动产单元号即可准确地调用权籍调查形成的本不动产单元最新的权籍调查表、楼盘表、宗地图、权籍调查档案扫描件等资料，用于支持不动产登记业务的审核。

(2) 不动产登记业务管理

对不动产进行权籍调查数据的入库管理后，依据我国不动产登记的办法与程序规范，进行不动产登记业务的办理。其主要目的包括：对土地、房屋、林业、海域等各种不动产进行初始登记、转移登记、变更登记、注销登记等各类登记业务流程的办理；按照人员工作职能进行权限分配和管理；根据《不动产登记暂行条例》对登记业务流程进行自定义和调整。

不动产登记业务管理需要包括以下几个功能：

① 资源的创建与分配流程：支持在无业务流程的情况下，资源的快速分配与使用。系

统管理员可创建虚拟数据中心、虚拟网络、虚拟路由，并将其分配给组织使用。组织管理员可在组织数据中心内创建虚拟机及应用服务，并将资源分配给组织用户使用。

② 灵活的业务部署方式：系统提供标准及自定义两种业务部署方式。组织及组织用户可使用模板等标准化方式快速部署应用服务及虚拟机，实现用户业务环境的快速搭建；也可自行安装操作系统及应用，满足用户业务部署的个性化及灵活性。

③ 自定义的业务流程：审批流程引擎实现虚拟数据中心、虚拟网络、虚拟路由、应用服务、虚拟机、应用审批流程的自定义。

④ 业务申请：组织管理员发起虚拟数据中心、网络、虚拟路由器的申请。组织用户发起虚拟机、应用的申请。申请人可查看审批进度。

⑤ 业务审批：审批流程自动跳转。审批流程上的节点用户依次审批，可修改申请内容，也可打回申请到申请人。待审批流程到达最后一个节点，审批通过，资源即在后台被自动创建。审批过程中，以短信或其他方式提醒下一审批节点用户。

（3）不动产查询分析与信息共享

不动产登记完成后需要一个不动产查询分析与信息共享系统模块来提供查询服务，满足不动产权利人对不动产信息全方位的查询，实现不动产信息的合法公开，同时保障权利人的合法权益；满足住房建设、农业、林业、海洋等其他部门的需求，保持不动产登记信息化之间及横向部门信息化之间的衔接，确保信息实时互通共享，消除“信息孤岛”。

不动产登记信息的查询既要做到效率又要兼顾信息安全。例如，采用身份验证、人证对比等方式进行自助查询与人工查询。人证比对技术是通过摄像头采集人脸的图像及该人脸固有的特征，进行预处理，提取预处理的信息与采集到的身份证照片进行人脸信息比对。系统进行自动身份读取、自动人证比对、自动信息判定、自动结果生成、自动证明打印，能做到随到随办、立等可取。

不动产登记机构作为数据的提供者，把不动产统一登记的结果数据实时共享给协同共享部门，便于不动产审批与交易部门实时获取登记结果。这样不动产登记申请人不必重复提交数据且能提升工作效率及提高业务办理结果准确性。本级不动产登记机构向本级住房建设、农业、林业、海洋等部门提供的共享数据来源于本级登记业务库。本级登记业务库的数据实时同步更新到中间库。

不动产登记机构与协同共享部门之间的共享是双向的。不动产登记机构作为数据的接收者，实时获取协同共享部门提供的不动产审批与交易的结果数据。本级住房建设、农业、林业、海洋等相关主管部门需要实时协同共享给本级不动产登记管理部门不动产审批、交易等数据。共享模式结构如图4-12所示。

（4）不动产数据汇交

为落实《不动产登记暂行条例》的有关规定，建成覆盖全国的不动产登记信息管理基础平台，必须将各级不动产登记机构的登记信息系统接入国家级信息平台，实现各级登记信息实时接入国家级信息平台，确保国家、省、市、县四级登记信息的实时互通共享。

模块建设需要围绕《不动产登记信息管理基础平台接入技术规范》进行，做到能够实时的将业务报文进行上报，并通过报文反馈结果对不动产登记数据进行检查和自动校验，包括对数据的完整性、逻辑关联性等。此外，系统需要记录数据传输日志（包括上传的时间、数据自动检查结果等）。

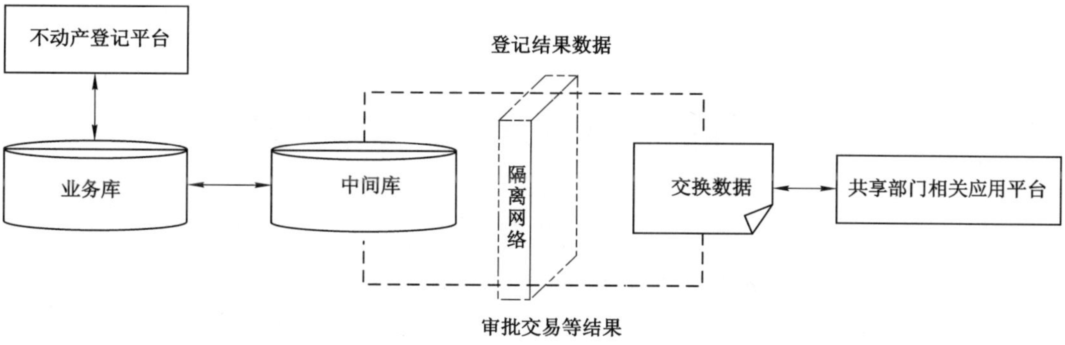

图 4-12 共享模式结构图

4.2.6.2 性能需求分析

功能需求是用户可以直观看见、操作的功能。而性能需求是对功能性需求的补充，是系统必须具备的特性，一般是对系统的安全和稳定进行一些约束的标准。在满足用户业务需求时，需要提升用户的系统使用体验。系统的稳定性、容错性、响应速度和界面友好性都能直接提升用户的使用感受。针对不动产统一登记平台的实际情况，对其的性能需求分析如下：

(1) 保证稳定性，能保持全天候持续运行。

(2) 支持海量数据和多用户并发操作模式。

(3) 提高用户体验，控制响应时间。

(4) 保证系统安装的便捷性，使客户端在首次安装后能够做到自动更新维护。

4.2.6.3 平台系统架构和设计

在上述需求分析的基础上，通过 JavaEE 等关键技术，建立符合《不动产登记暂行条例》要求，符合国土资源云要求，符合国土空间基础信息平台要求的不动产统一登记平台架构。不动产统一登记平台架构如图 4-13 所示。

基于不动产登记安全保障体系和不动产登记标准制度规范，以软硬件环境为基础设施，以地理信息服务和业务协同服务为支撑，建立包含不动产权籍调查管理、不动产登记业务管理、不动产查询分析与信息共享、不动产数据汇交四大模块的不动产统一登记平台，实现对土地、房屋、林地、海域等不动产统一登记及成果查询和信息共享。

(1) 不动产权籍调查管理模块功能设计

不动产权籍调查是不动产登记的提前，用于不动产登记数据的准备与整理工作，采用 C/S 与 B/S 结合的方式。C/S 部分主要包括数据整合、数据检查与入库、数据编辑、数据查询、专题图制作、管理维护等。

数据整合提供不动产登记数据的整理、扫描、建库、质检等全流程服务。例如，提供不动产单元权属数据整理、不动产单元图属管理、自然幢、逻辑幢及落宗、房屋档案管理等功能。数据检查与入库为用户提供数据检查功能，可以对提交的不动产登记数据进行检查，同时提供矢量数据、栅格数据、文档数据多种数据格式的一键式导入功能，并自动生成入库报告，对入库后的成果进行汇总。数据质量检查可以进行图属一致性检查、编码检查、属性数据完整性检查、拓扑关系检查等。数据入库提供空间数据入库、属性数据入库、档案数据入库等功能，将原始数据转化为标准的数据库格式并入库。数据编辑提供常用的数据编辑功能，包括对点、线、面数据的基本编辑功能及外部导入数据编辑功能。数据查询包括基本图形的查

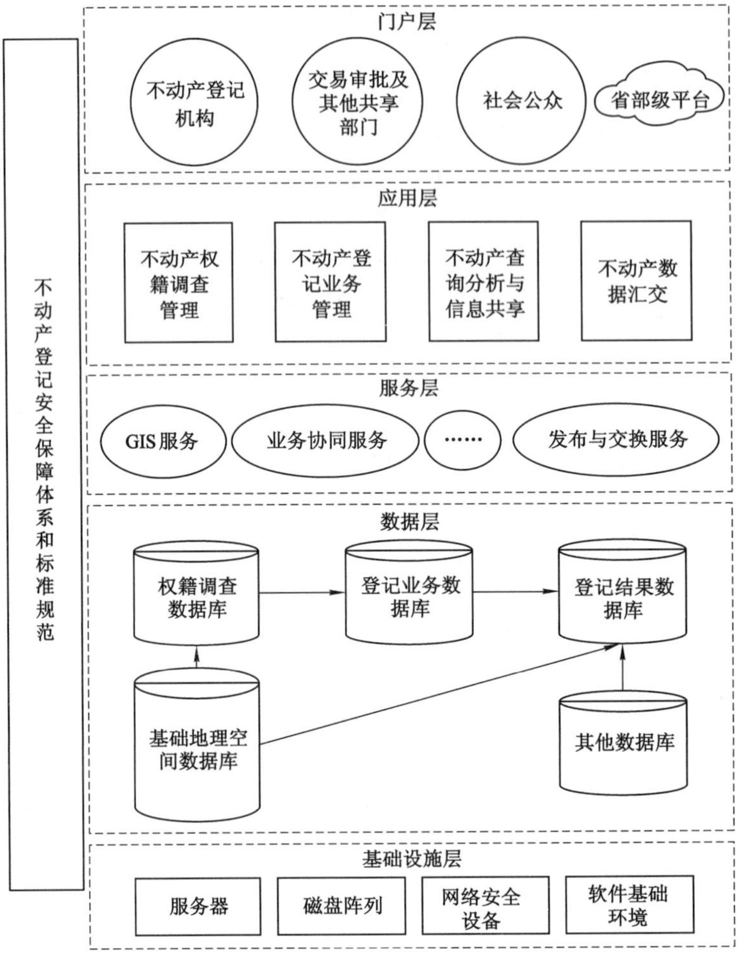

图 4-13　不动产统一登记平台架构

询、属性查询、图属关联查询等。专题图制作主要提供宗地图、勘测定界图、地籍图、房产分户图等制作功能。以灵活自定义图件样式，导出图件成果。管理维护包含数据内容维护、数据字典维护、日志管理、空间参考维护等。

(2) 不动产登记业务管理模块功能设计

不动产登记业务管理模块采用 B/S 结构，对不动产登记业务全流程进行管理，主要包括业务流程定制和管理、工作流定制和管理、表单定制和管理、系统维护管理等。其功能设计如图 4-14 所示。

业务流程定义根据《不动产登记暂行条例》《不动产登记暂行条例实施细则》中对各种业务类型流程的规定进行定制，对不动产登记从申请、受理、审核、登簿、发证到归档的全流程实现数字化。业务办理情况管理对在办件、已办件、挂起件、超期件等进行可视化管理。要件管理根据各业务的要求对纸质材料进行数字化。业务操作能对不动产登记单元的空间数据进行查询与浏览，能对不动产登记数据进行统计和专题分析，对已办结业务的流程进行回溯等操作。身份权限管理对登录该系统的人员进行身份验证，并推送后台记录其操作行为。

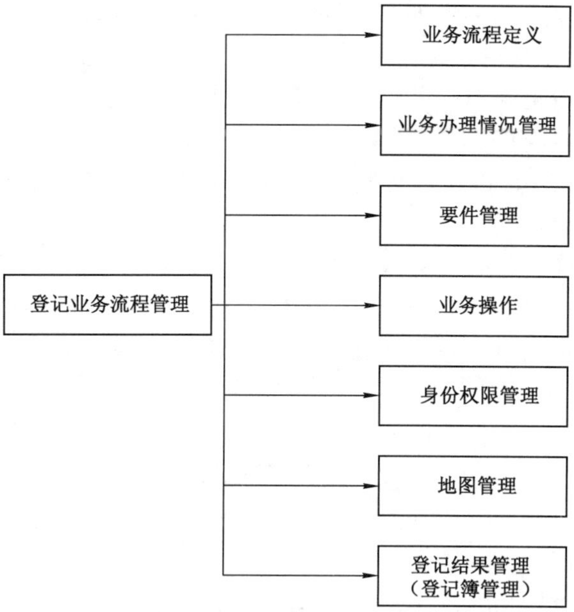

图 4-14 不动产登记业务管理模块功能设计

地图管理可以提供不动产登记部门地图数据的浏览和查询,并根据业务权限分配不同专题数据的审阅功能。登记结果管理提供不动产权的权利信息、权利人信息、登记信息、变更信息等,与纸质登记簿形成一一对应的关系。

工作流定制和管理包括流程管理、资源管理和人员管理,如图 4-15 所示。① 流程管理是对不动产登记流程中申请、受理、审核、登簿等环节进行定制并与指定的业务人员或者工作岗位进行绑定。不同的业务人员负责不同的环节,同时根据情况的不同提供对流程环节的增加、删除等功能和业务环节人员配置的修改功能。② 资源管理根据需要对包括数据、功能接口、风格表单、专题图件、辅助工具等进行选择和绑定。③ 人员管理能够按照部门机构设置岗位,再对不同的岗位设置人员,每个岗位人员有不同的权限。

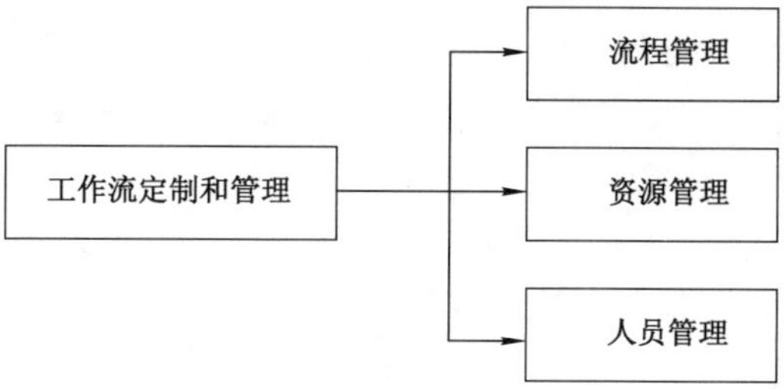

图 4-15 工作流定制和管理

表单定制管理包括是表单绘制和流程关联。① 表单绘制提供通用表单绘制。表单绘制中能够管理字段,定义表格中包括字段名称、类型、字段别名、缺省值、字段可否为空等信息,能够绘制包括不动产登记业务办理过程中的申请表、审批表、不动产登记簿等表格。② 流程关联的作用是将绘制好的表单与静态 HTML 页面进行关联,能够将表单与流程联系起来。

系统维护管理主要是指对系统用户进行变化、对系统业务流程进行调整、对表格内容进行修改、对系统功能进行扩展、对系统运行进行监测等。例如:实现对用户权限进行添加与删除,对角色和部门进行变更;实现对业务流程节点的添加、修改等;实现对整个业务流程中相关表单内容的文字、结构、格式进行变更;实现自动生成日志,记录所有的对系统操作过程,同时对日志进行备份等。

(3) 不动产查询分析与信息共享模块功能设计

该模块包括不动产查询和不动产信息共享,主要面向不动产审批和交易主管部门的协同办公、面向相关部门的信息共享服务、面向权利人和权利利害人的社会化查询。其功能设计如图4-16所示。

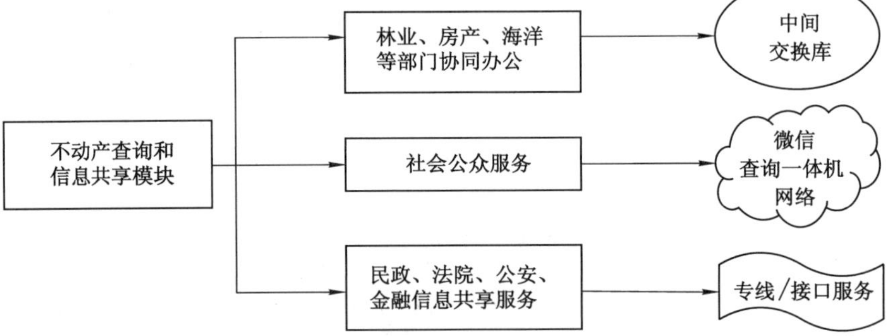

图 4-16 不动产查询分析与信息共享模块功能设计

以房产中间交换库设计为例,不动产统一登记平台与房产交易登记系统共享数据接口。其目的是在房产管理部门和不动产登记部门之间实时、准确、全面地将房产登记、交易相关的业务数据在两个异构部门之间实现数据交换与共享。

① 房产数据同步到不动产登记部门

房产部门对商品房预(实)测绘备案的数据(包括项目信息、预售信息、自然幢数据、层数据、户数据)审批完成后实时推送到中间共享库;房产部门对单位房(厂房)实测绘备案的数据审批完成后实时推送到中间共享库;房产部门商品房交易备案审批完成后实时把数据推送到中间共享库;房产部门存量房交易备案审批完成后实时把数据推送到中间共享库。

② 不动产登记部门同步信息至房产部门

为了保证数据能够及时、准确体现在房产管理系统中,需要不动产登记部门对收件的数据实时推送到中间共享库。数据交换平台通过后台服务的方式,实时把中间共享库的数据抓取、分析、打包存储到房产库。对已完成扫描的电子件,不动产统一登记平台对一般客户提交的申请材料电子扫描件推送到中间共享库,实时通过后台服务抓取、分析、打包存储到房产库中。

(4) 不动产数据汇交模块功能设计

该功能模块包括报文生成、报文检查校验、数据上报(数据汇交)、信息反馈接收分析、日志记录等功能。其功能设计如图 4-17 所示。

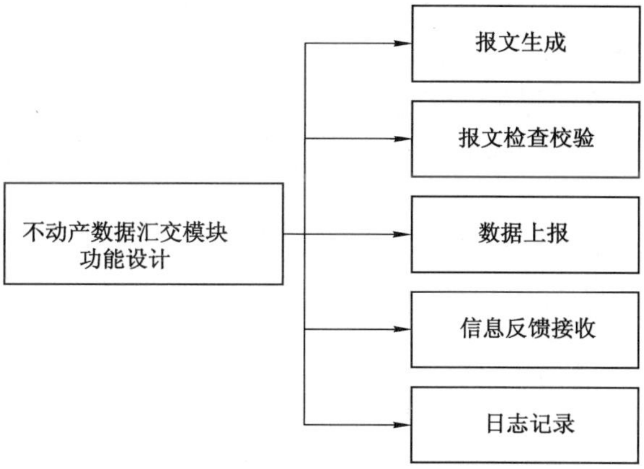

图 4-17 不动产数据汇交模块功能设计

不动产登记数据汇交主要依据《不动产登记信息管理基础平台接入技术规范》的要求进行。不动产登记数据汇交流程如图 4-18 所示。

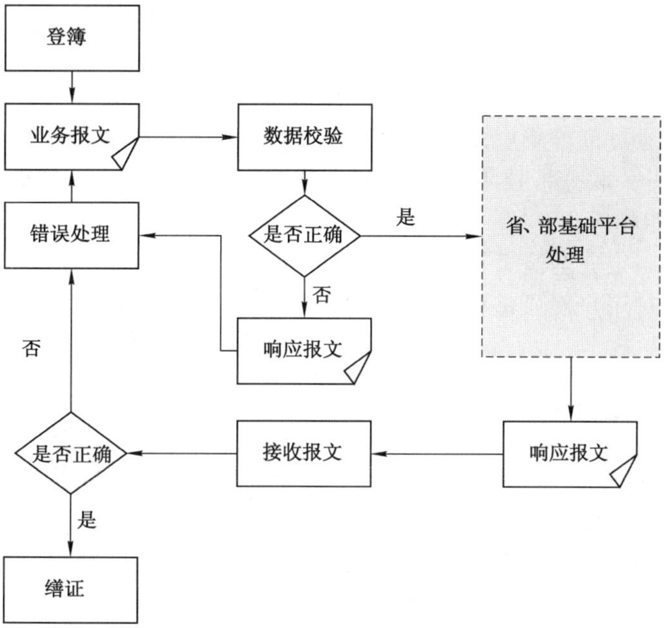

图 4-18 不动产登记数据汇交流程

4.2.7 基础保障设施建设

基础保障体系包含了不动产统一登记平台运行所需的基础网络设施环境和数据安全体系。

4.2.7.1 基础网络设施环境建设思路

采用“分区分域、重点保护”的建设原则和“综合防御、积极防范”的建设思路，结合信息系统实际的网络环境，遵循方案的整体设计原则，为不动产登记建设一个安全、稳定、可靠、实用高效的安全基础环境。

① 虚拟机管理器安全：依据服务最小化原则、内核模块完整性、补定管理机制等。

② 虚拟机安全：虚拟机安全隔离、访问控制、恶意虚拟机防护（防地址欺骗、VM端口扫描等）、虚拟机资源限制等。

③ 基础网络安全：部署隔离设备、防火墙，划分物理网络、逻辑安全域，实施安全边界防护，对异常流量监测与攻击防范，采用负载均衡设备，实现承载网络应支持设备级、链路级的冗余备份。

④ 网络虚拟化安全：采用VLAN划分虚拟机组、对端口限速，禁止混杂模式进行网络嗅探等。

⑤ 虚拟防火墙：设置安全访问控制策略，建立逻辑安全边界。

4.2.7.2 数据安全建设思路

① 物理隔离：通过不同的业务访问规模部署多套物理隔离的系统网络。

② 数据访问控制：设置虚拟环境下的逻辑边界安全访问控制策略，实现虚拟机、虚拟机组间的数据访问控制。

③ 数据存储安全：提供加密存储服务，对重要的数据信息在上传、存储前进行加密处理。

4.2.7.3 管理安全

① 安全监控：通过部署集中的安全管理平台，运用多种技术、手段，收集和分析各类安全事件，并运用实时关联分析技术、智能推理技术和风险管理技术，实现对安全事件的深度挖掘，快速做出智能相应。

② 运营安全：制定安全运营策略及安全维护规章要求。

③ 用户管理：对用户账号进行集中维护管理，为集中访问控制、集中授权、集中审计提供可靠的原始数据。

4.2.8 一窗受理、集成服务

“一窗受理，集成服务”是指不动产交易登记等涉及多个部门的办理事项，在统一的综合窗口收件，将受理和审批相分离，按照“前台综合受理、后台分类审批、统一窗口出件”的方式，可依托政务服务网进行资料共享和传送，进一步优化业务流程、精简审批材料，实现集成高效审批。通过实施“一窗制”的服务模式，使企业和群众由“跑多个部门”转变为“只跑一个部门”，“跑多个窗口”转变为“只跑一个窗口”。

4.2.8.1 “一站式”服务

不动产统一登记平台根据交易、纳税和登记业务环节要求，将交易、纳税、登记系统相连通，数据实时推送，互认办理结果。该平台结合现有各行业热门的扫描仪、高拍仪、二维码识别、电子签章等技术，实现权利人身份信息的自动读取和登记材料的快速生成与上传，同时与公安、民政、社保等部门系统对接，实现社保证明、婚姻状况等相关信息“一站式”查询。

4.2.8.2 标准化窗口

整合部门资源，设置综合受理窗口。每个窗口按照标准化手册内容，负责收取房屋交易、税收申报和登记所需全部材料。受理后直接进行登记审核，并通过主线系统推送至交易受理部门、地税部门，待收到电子交易告知单、电子税票后即可进行登簿缮证。

4.2.8.3 功能集成

开发自助电子填表系统，实现办事群众个人基本信息表只填一次；开发排队叫号评价一体化系统，实现统一编号、短信提醒、无声叫号，从申请环节保证一窗受理的落实；开发办事进度(结果)公示系统，实时显示各类事项的办理部门、办理进度等信息；通过政务服务"一张网"和微信公众平台，实现网上预约、预申请和预受理，提高并联审批的办件效率。

4.3 国土资源综合监管平台

4.3.1 概述

针对国土资源监管对象的复杂性、广泛性等特点，必须利用现代科技信息手段，对国土资源管理行为、资源开发利用状况进行全方位、全过程的监管，并提供分析预警和辅助决策。通过建立国土资源综合监管平台(以下简称监管平台)可以创新监管方式、规范监管模式、提升监管质量、提高监管效率。

监管平台是面向国土资源管理方式的一种转变。以管理制度为保障，围绕创新监管和土地管理方式、提高监管质量和效率，通过将信息化深入应用到国土资源各领域、各环节，汇集、分析并集中展示国土资源及开发利用状况、国土资源管理行为、土地与矿业权市场动态等信息，实现对国土资源开发利用全过程全生命周期的动态监管。

监管平台体现的是一种新的管理机制，是对信息化各要素的集成，是网络互连互通、数据资源、应用系统等各信息化建设成果运行的集中展现，具有信息集聚、动态监测、辅助决策和在线分析等功能。

监管平台以《国土资源综合监管平台建设指南》为指导思想和建设依据，通过融入数据抽取技术、数据分析技术、地理信息技术等，有效地将国土资源部门关心的土地资源数据、矿产资源数据、地质灾害数据、执法数据等进行抽取、整合、入库，并提供丰富的分析模型和辅助决策功能。监管平台，覆盖了土地的"批、供、用、补、查"的土地监管功能和矿产的"探、采、用、储、查"的矿产监管功能；同时，提供了审批功能的实时监管功能，充分体现了原国土资源部"把责任和权利放下去，把监管和服务切实抓起来"，以及发挥市场在资源配置中的基础作用等。

监管平台是国土资源形势分析的重要支撑。监管平台汇集各级、各类国土资源管理信息和资源状况信息，并进行综合展示和分析，是分析、研判国土资源形式和制定、实施调控措施必不可少的支撑手段。

4.3.2 建设目标和任务

4.3.2.1 建设目标

立足于国土资源"一张图"，遵照部、省及市级国土资源管理部门制定的相关数据标准，按照国土资源"四全"服务模式(即全流程优化审批、全区域便民服务、全业务网上办理、全节点效能监管)的要求，建设监管平台，形成国土资源核心数据库，全面、快速和准确地掌握所辖区内土地资源的数量、质量、结构和空间布局，实现国土资源全业务的审批、监管、用地监测预警和政府辅助决策等功能，为国土资源各项审批业务、资源监管、宏观决策、社会化服务提供数据和技术保障，最终实现"以图管地"带动国土资源管理的科学化、规范化、精细化，促进国土资源管理方式的转变，提高国土资源管理水平。

4.3.2.2 建设任务

建设任务主要包括：

(1) 依据相关技术标准，通过融入数据抽取技术、数据分析技术、地理信息技术等，将土地资源数据、矿产资源数据、地质灾害数据、执法数据、土地登记数据、矿产管理数据等进行抽取、整合、入库，整合国土资源"一张图"数据库，补充完善各类国土资源专题数据和基础地理信息数据。梳理信息化档案数据为监管平台业务办理和信息共享查询服务提供信息保障。建立数据实时动态更新机制，保证国土资源数据的完备、准确、及时。

(2) 梳理国土资源管理各项业务，科学、合理优化业务流程。建设综合审批平台。审批平台具备地政管理(包括建设用地审批、土地供应管理、土地整治)、执法监察管理、法律法规、矿产资源管理、地质环境管理、测绘管理等功能，以提高国土资源管理的科学化水平和决策能力。

(3) 依据局内网络资源，建立安全可靠的信息交换机制，实现国土资源信息在不同职能科室之间、不同单位部门之间的互通共享，实现面向社会公众的依法信息查询服务和社会化服务。

(4) 建设国土资源监管系统，在核心数据库的支持下，实现图上比对核查、信息关联印证、数据综合分析，实现对国土资源管理行为、市场交易、开发利用的全程全覆盖实时动态监管，以及国土资源形势的科学分析研判。

(5) 建设数据综合分析系统。基于数据分析模型，建立数据综合分析系统，对各类信息进行叠加、比对、关联和深度挖掘分析，监测预警重要指标，分析研判国土资源形势。加强数据综合分析系统与行政审批等管理信息系统之间的衔接，保证数据的唯一性、实时性、准确性、全面性。

4.3.3 总体架构

监管平台是以电子政务平台为基础集成地理信息系统，以网络和数据中心为依托，通过调用、解释平台支撑数据库中的资源和业务规则，驱动国土资源各项业务操作，实现业务的流转和处理，形成具有统一安全认证和用户单点登录的国土资源综合监管平台。它兼具业务审批功能、数据交换功能、综合监管功能。监管平台依托成熟的数据库管理、工作流引擎技术、地理信息技术，整合、处理并展示辖区内各类土地资源数量、质量、结构和空间布局，利用空间分析引擎对各类信息进行叠加、比对、关联和深度挖掘分析。

总体上，监管平台的系统采用多层软件体系架构。其分为基础设施层、数据支撑层、平台支撑层、应用层和服务层，另外包括标准规范体系和安全保障体系。监管平台总体架构如图 4-19 所示。监管平台整合多种高级开发语言，发挥其各自最大优势，形成的一套完整、严谨、安全、灵活的交换、设计和运行系统。监管平台的系统服务采用 Java 语言开发的 J2EE 体系结构，通过 SOAP、Web Service 等多种通信协议对外提供应用程序接口服务，为用户提供优秀的人机交互操作界面，并满足批量数据运算处理和各种复杂规则的前置校验，结合 Html、Flex 等中轻量 Web 客户端满足用户信息发布等需求。监管平台的图形服务采用先进的 ArcGIS Server，来为用户提供高效、稳定地图形展现、分析、打印等业务操作。

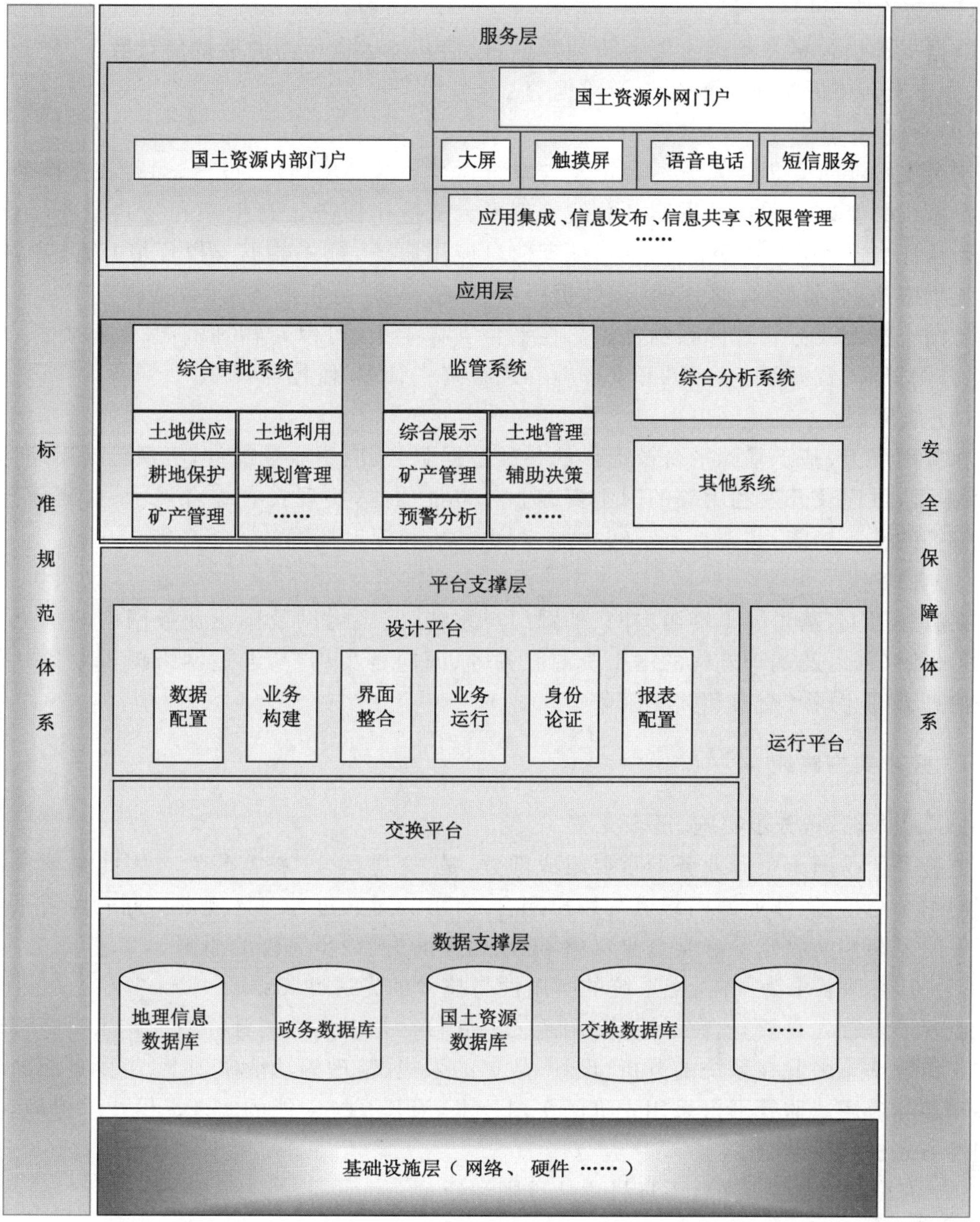

图 4-19 监管平台总体架构

（1）基础设施层

基础设施层是基础平台及应用系统的网络与硬件的基础运行环境。可直接利用政务云、国土云等云环境应用基础设施层。国土资源管理部门利用本身国土资源业务网、政府政务服务网和互联网可灵活搭配。将计算资源、存储资源、网络资源等物理资源进行整合，建立共享资源池，形成可按需动态扩展的高性能计算环境、大容量存储环境，以满足大量数据存储、用户业务办理和信息共享查询，以及其他业务系统接入平台的需要。

(2) 数据支撑层

数据支撑层包括各类国土资源管理数据，包括系统运行所需的地理信息数据、政务管理数据、国土资源专题数据和业务交换数据等。

(3) 平台支撑层

平台支撑层主要提供系统后台定制与系统运行支撑环境(包括设计、运行和交换平台)，是整个系统的基础。采用数据服务总线管理平台的应用服务运行框架和公共服务(包括统一身份认证、统一电子政务平台、统一地理信息应用服务、统一数据支撑环境)为基础，实现包括流程服务、监管服务、地图服务、数据服务、数据交换、分析服务、元数据服务等。平台支撑层是国土资源政务管理体系的枢纽。在平台支撑层上，可以对物理资源、数据资源、应用服务、公用资源、资源服务目录、开发环境等进行统一管理、监控与调度。

(4) 应用层

在应用层上，基于基础平台及提供的各类数据服务、应用服务组件，实现包括用地计划、预审、报批、供应及开发利用等的国土资源业务审批功能，实现具有综合展示、监测预警、辅助决策等的监管功能，实现具有空间叠加、对比分析和深度挖掘的分析功能。

(5) 服务层

在服务层上，基于国土资源内网、外网门户系统，实现内网及国土业务网络的国土资源业务工作窗口，以及基于外网的国土资源服务等；面向各类用户，通过网络提供业务办理服务和信息查询、分析、交换和共享服务。

4.3.4 技术实施路线

(1) 总体规划，分步实施，逐步完善

监管平台是国土资源业务的重要组成部分，是“智慧国土”核心平台。因此必须采取职能部门主导与推进、作业部门跟进与用户配合的模式，对其进行总体规划。同时监管平台系统开发的复杂性又决定了必须分步实施，遵循循序渐进、逐步完善的原则。

(2) 以管理需求为导向，把系统的实用性与技术的先进性相结合

监管平台首先是要整合成一个实用系统。其目标是以高效的计算机操作来提高管理水平和工作效率。因此在系统的分析、设计，数据的采集、整理等功能实现上，主要是面向业务管理和实际应用。监管平台采用先进的实用技术，为其系统功能的实现提供技术保障，体现实用性与先进性的结合。

(3) 充分结合业务需求，不盲目遵从规则和经验

根据当地区(县)国土资源利用状况、土地利用计划使用情况、建设用地审批、土地供应、土地市场、执法监察等各项指标进行综合分析，在此基础上充分调研了局里各科室、分局(所)的业务需求，来搭建可扩充、便于更新维护的监管平台应用系统。

在梳理、分析现有业务数据的基础上，通过信息资源规划的方法，建设、更新国土资源业务数据库；在此基础上构建标准的数据服务，通过相应的管理和业务触发机制保证信息的一致性、准确性、完整性、鲜活性。利用交换平台、信息资源目录等工具推动信息的共享和综合协同性的管理维护。实现数据资源的统一管理、维护、更新和服务，为各级国土资源部门的业务办理、监测监管、辅助决策、社会化服务等提供数据支撑服务。

(4) 依托统一的基础平台,实现业务导向和技术无关性

开展信息资源规划,利用面向服务的组件技术,基于统一的电子政务基础平台,采用统一的用户管理、工作流等技术,构建灵活易用的信息系统。所有的国土资源业务应用系统都将基于统一的电子政务基础平台构建。基于业务和管理层面,以业务建模为基本手段,从而构架、开发和维护业务应用系统。它的最大特点是业务导向和技术无关性。业务导向是指基于业务工程理论和业务参考模型,为软件设计和开发提供有效的导向和依据,帮助开发者全面、正确和迅速地实现管理者的管理和业务要求,大幅度地提升管理软件的开发、发布和维护的效率及质量,并在业务持续完善的过程中实现快速调整;技术无关性是指通过运行平台直接执行企业的业务,实现业务模型和系统实现技术的分离,使应用系统可以在各类主流和标准的基础平台上运行,并可以顺利地迁移到未来的实现技术上。

(5) 图文一体,多层次业务协同应用

平台将空间数据单独建库管理,以 ArcSDE 空间数据引擎对空间数据进行专项管理,并以 ArcGIS Server 的 Web GIS 应用实现空间数据的最佳应用效果,通过应用服务器的均衡负载,确保多并发时的高性能运行,实现所有空间数据和属性数据的一体化管理,实现所有业务流的一体化管理,实现属性、空间、时间数据的集成化管理,实现矢量数据和影像数据的一体化管理,全面满足国土资源部门对海量空间数据的应用需求。

同时,考虑省、市及区级的不同应用需求,以及所涉及数据信息的分布性和系统的异构性来建立监管平台。应用系统在设计阶段逻辑上要完整,在实施阶段要考虑已有系统的重用、上下级系统的对接集成,可以实现多层次业务系统的协同应用。

4.3.5 主要功能介绍

4.3.5.1 行政审批系统

行政审批系统是以网络和数据中心为依托搭建的平台,覆盖了国土资源管理部门用地、交易、矿管、地价评估等业务。在实施过程中,根据业务的需求,设计开发了流程业务、非流程业务和通用查询业务三类业务。三类业务数据互相配合交叉使用构成了一套综合业务平台。行政审批系统主界面如图 4-20 所示。

图 4-20 行政审批系统主界面

行政审批系统实现了对国土资源开发利用全过程的实时监管,提供综合分析、辅助决策

和对外服务等功能。电子政务系统主要集成了审批和监管两大业务；在核心数据库的支持下，实现了全业务“带图审批”和流转、业务表单（见表4-1）的打印和输出、办理信息的查询和办件过程的追溯，并实现了对国土资源利用状况、土地利用计划使用情况、建设用地审批、土地供应、土地市场、执法监察等各项指标进行综合分析。

表4-1　业务列表

序号	业务分类	业务流程	主要科室或部门
1	测量、图形入库	勘测定界成果审核 宗地验收	测绘科室
2	规划和保护业务	建设项目用地预审 设施农用地备案 耕保项目申报 补充耕地项目验收	规划和保护科室
3	建设用地	征地地块审批业务 征地地块组件报批 招拍挂牌出让审批 建设用地供地审批 划拨供地 临时用地审批 土地合同调整审批 划拨补办出让审批 建设用地收回审批 土地储备工作 使用权转让鉴证 临时改变用途审批	土地利用科室
4	法规监察	违法用地处理 行政诉讼 行政复议 信访 信息申请公开	监察科 执法大队
5	地质矿产	采矿权年检 探矿权年检	矿管科室

（1）业务流程

系统中包含测绘管理、耕地保护管理、土地利用管理、土地监察管理与执法巡查等业务模块，如表4-1所示。每个大模块中分别包括多个子业务流程。每个流程业务实现了由各个分局（所）收件，选择相关图形并上传材料后发送至国土资源局各科室领导进行审核带图审批的流程业务模式。这不仅规范了国土资源局各科室业务办事流程，还大大提高了办事流程效率，并给老百姓的业务办理带来了更多方便。

（2）查询功能

基于流程业务中各个主办科室业务案卷的数据信息，查询业务汇总了系统中的已办结案卷信息，并可通过业务中字段进行检索定位，方便工作人员平时的查询和汇总。

(3) 任务中心

任务中心主要提供当前登录人的待办任务展示功能。在案卷中心中，办事人员可清楚地看见待办任务的分类和业务相关信息；有三种警示灯来提醒案卷的待办时限超时已否；办事人员可查看移交案卷和挂期案卷。

(4) 案卷查询

案卷查询功能可以查询并浏览系统中所有的案卷。通过在办案卷、办结案卷和作废案卷三大类，并通过主办科室业务进行归类，展示各个案卷相关信息，方便办事人员查询相关案卷办理过程和表单信息。

(5) 效能监管

效能监管主要展示统计案卷的超时预警情况。其分为红牌(已超时案卷)、黄牌(三天后超时预警)和正常件数量。可按照在办案卷和已办案卷两种方式统计，也可通过时间范围来统计某一时间段内的案卷情况。可通过局各科室、各分局(所)或者个人来统计案卷超时情况，方便局领导对各科室的案卷办理情况进行监察审计，也可监督办事人员的办事进度，提高业务办理效率。

(6) 电子报盘

电子报盘用于制作满足审批要求电子申报资料，用于对接省市相关平台申报要求。通过填写审批事项基本信息，上传电子文档与图形信息，提供办事查询统计、信息共享等功能。

4.3.5.2 监管系统

监管系统结合云计算、视频监控、移动互联网、地理信息系统等技术，创新监管方式，通过在移动公司基站铁塔顶端安装 360°旋转高清网络球机摄像头，实现对铁塔周边约 12 km^2 范围内全方位、全天候的监控，实现对基本农田保护区、违法行为易发区 24 h 不间断自动巡查，实现合理保护土地资源，加大监管力度，减少人员流动，提高办事效率。

在物联网技术的应用上，监管系统根据物联网技术网络化、自动化、智能化的特征，利用可靠的传输网络、丰富的数据采集手段，结合国土资源“一张图”，对资源监测、动态更新、辅助决策提供支撑。

通过建设监管系统，对辖区内建设用地批后区、基本农田区等违法用地易发区、高发区土地利用情况实施全方位、多角度、实时、实景视频监管。通过自动录像、拍照和视频数据异地存储、备份，实现了实时动态数据与历史静态数据的追溯和图像比对。还可根据工作需要，对摄像头设置预设位，对监控地块实行定点、定时监管，结合国土资源核心数据库对地类、规划、审批等全部信息进行分析统计。执法监管人员足不出户也能及时发现问题，防止出现差错，既提高了服务效率，又节约了行政运行成本，真正实现了国土资源开发利用“天上看、网上管、地上查、视频探”的动态监管目标，促进国土资源监管方式的根本性转变。

(1) 实时视频与照片的获取

用户通过监管平台可点击或查找任意一个摄像头的信息(包括点位信息、可视域的旋转信息)，也可随时浏览该摄像头的实时监控视频以及对当前界面进行拍照。这实现了摄像头与电子地图的双向联动与控制。视频浏览界面如图 4-21 所示。

(2) 监控照片管理

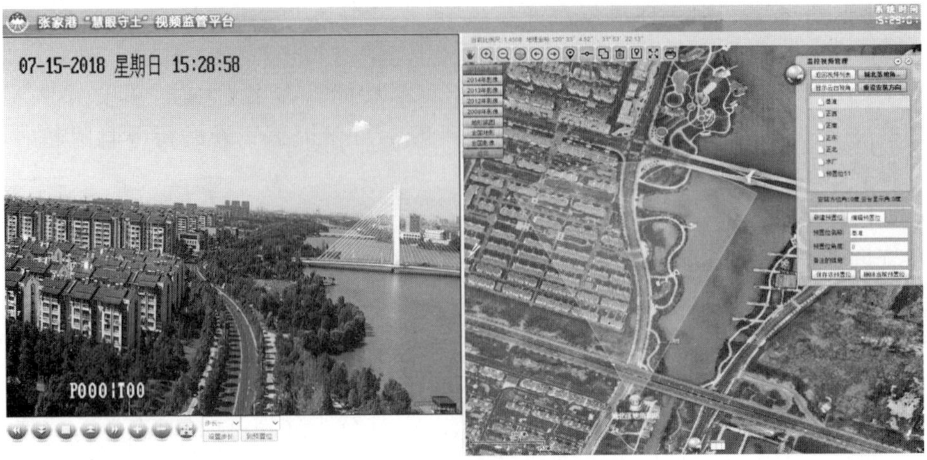

图 4-21　视频浏览列表界面

根据工作人员设定好的重点监管区域的预置位，监管平台能够在预设指定时段进行自动拍照、留存照片。监控照片列表界面如图 4-22 所示。执法人员每天只要通过监控照片管理功能，浏览辖区内各摄像头自动拍照获取的照片，就可及时发现可疑地块。

图 4-22　监控照片列表界面

（3）图片对比

在浏览自动获取的照片时，如果发现可疑地块，那么执法人员可以通过图片对比功能，选择之前某一时段照片，进行两张照片之间的卷帘切换对比，使对比结果更加明显。监控图片比对示例如图 4-23 所示。

（4）后台管理

提供监管服务的管理、用户体系的管理。通过流量监控和系统日志的技术手段保证监管平台的安全与稳定，并对信息资源访问、业务功能调用、系统管理等活动进行记录，及时发现系统隐患、快速恢复系统故障和优化系统管理。这为平台能够 7×24 h 稳定运行提供支

图 4-23　监控图片比对示例

撑。后台管理系统主要包括用户登录与管理、部门和用户信息维护、地图服务和系统配置、流量监控以及系统日志等功能模块。后台管理界面如图 4-24 所示。

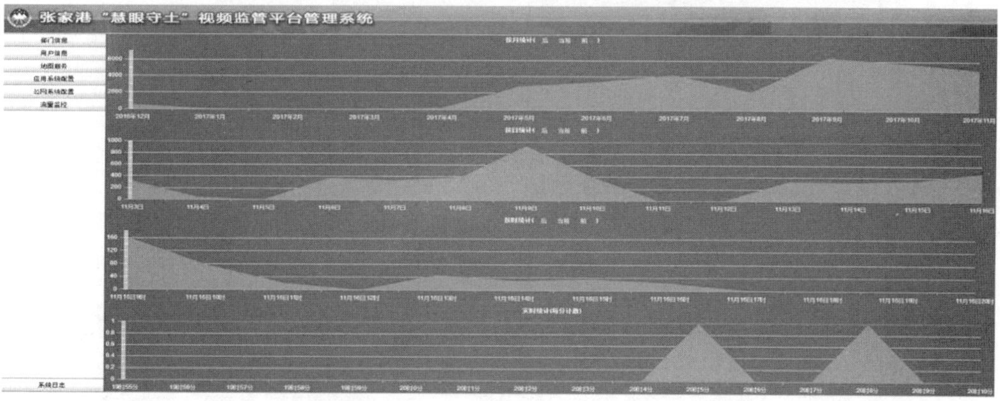

图 4-24　后台管理界面

（5）业务联动

与行政审批系统结合，支持电子地图交互访问模式；以空间数据库为基础，将应用数据与地图有机结合，提供强大的空间分析和查询功能，以丰富的表达方式直观地显示结果。利用地理信息系统实现地图交互。结合国土资源“一张图”数据库空间分析能力，为国土资源业务办理提供依据。

4.3.5.3　综合分析系统

利用国土资源数据库和基础地理信息数据库开展综合分析、批后跟踪、比对核查，实现对土地管理和开发利用的全程监管，及时掌握土地的地类面积、分布、变化情况，分析批准的建设用地的总量、结构、布局，为制定和调整土地利用政策提供辅助决策的服务，引导土地利用结构的优化。

利用综合管理数据库中的探矿权、采矿权、地质调查等信息，开展矿产资源形势战略研究、矿产管理、资源状况摸底、资源供需分析等，实施重要矿产开发利用全程监管。

（1）综合分析

对土地资源现状、规划、建设用地审批、建设占用耕地、耕地补充、土地供应、开发利用、违法用地、土地登记等信息进行关联整合，约束互动，统一管理，进行总量、结构、布局、时序分析，判断土地利用形势，分析土地利用过程中可能存在的问题，为土地管理提供决策服务。综合分析界面如图 4-25 所示。

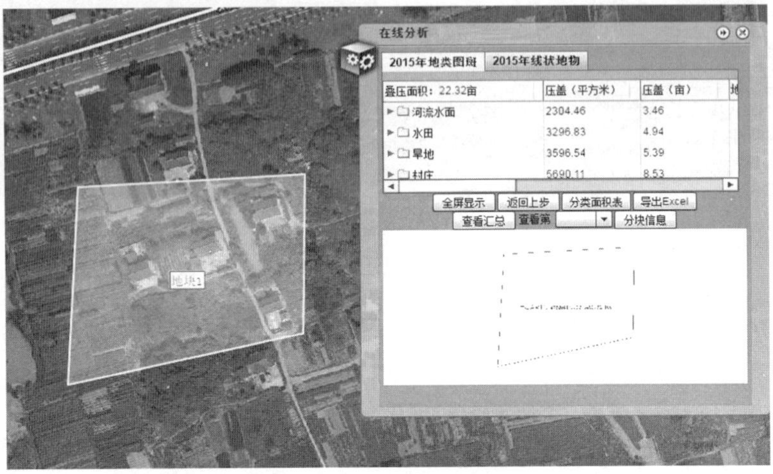

图 4-25　综合分析界面

按行政区、矿种、年度，对矿业权（矿山企业）数量、规模、产量、储量（储量、基础储量、资源量）进行综合展示和分析，为资源管理和摸底提供便捷。图层管理界面如图 4-26 所示。

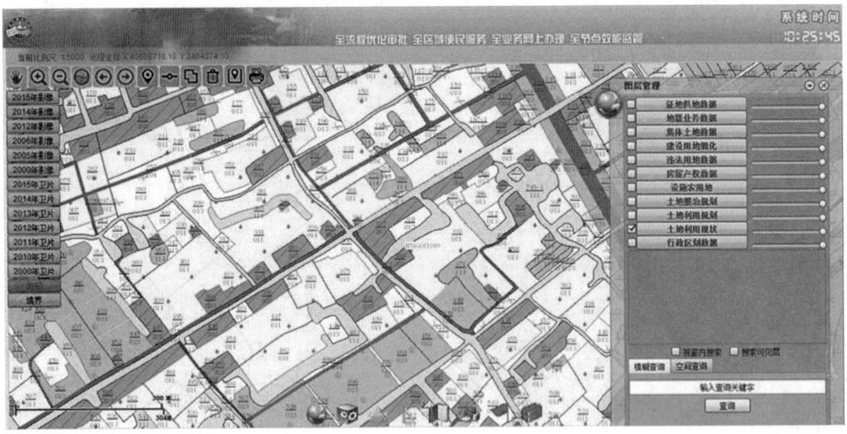

图 4-26　图层管理界面

（2）批后跟踪

对“批、供、用、补、查、登”土地管理全过程进行跟踪管理，判断土地利用各环节的合理性和及时性，为促进集约利用土地服务。

（3）对比核查

通过与土地利用现状、规划以及“批、供、用、补、查、登”信息、遥感发现信息、土地利用变化信息等之间的叠加分析，从而发现批而未用、未批先用、批少用多、违反规划用地等违规现象。对比核查界面如图 4-27 所示。

图 4-27 对比核查界面

(4) 预警分析

监管预警分析是通过国土资源数据进行综合分析、批后跟踪、比对核查，通过制定土地监管指标体系，及时对土地供应和开发利用过程中的异常状况进行预警和分类处置。这为有效管理提供依据。

(5) 其他功能

其他功能包括分析指标管理、分析模型与参数管理、趋势分析、环比分析、同比分析、聚类分析、空间分析、地理统计分析、缓冲区分析等功能。

4.4 综合事务管理平台

综合事务管理平台遵循“整合、集成、共享、绿色”的基本思路，建设覆盖县局、分局各科室和各国土资源所的综合事务系统，实现局内无纸化办公，并逐步推行移动办公的新模式。综合事务管理平台全方位覆盖日常公文管理、会议管理、车辆管理、知识管理、财务管理、人员管理等。

4.4.1 建设目标和要求

(1) 综合事务管理平台建设的目标

通过构建办公自动化系统，实现收发文、请销假、车辆申请、财务管理和会议通知等业务流程的网上办理。结合国土资源业务管理的需要进行系统功能定制，实现日常办公、公文处理无纸化、自动化和文档管理电子化，提高工作效率及信息化水平。

(2) 综合事务管理平台建设的具体要求

① 根据不同业务配置不同人员权限。PC 端发起业务流程，相关人员根据系统设计流程在 PC 端和移动端进行业务签批和审批。

② 根据不同的业务需要系统灵活选择下一流程节点。移动端和 PC 端同步，可实现查看业务详细信息、查看业务状态、业务办理消息提醒等功能。

③ PC 端进行业务流程发起、业务查看、业务签批、业务结束。移动端可进行查看、签

批、办理。

④ PC 端首页显示收文审批待办、发文审批待办、用印审批待办、通知待办、事假审批待办、年假审批待办等最新待办信息。

⑤ PC 端在已办业务模块查看整个业务流程的信息，查看当前业务的审批节点和当前业务的节点。

4.4.2 总体架构

综合事务管理平台 PC 端采用浏览器/服务器结构，移动端提供安卓系统和苹果公司开发的移动操作系统。

在服务器端，以 WINDOWS SERVER2008（系统服务器）、Tomcat 6.0（网站服务器）以及 SQL SERVER2008R2（数据库管理工具）为核心。其为整个系统提供系统服务、应用服务和数据服务。客户机和服务器之间采用总线型网络拓扑结构，采用 TCP/IP 协议作为基本的网络通信协议。在上述基础上，系统的客户应用程序采用 Java 为开发工具。客户应用程序和服务器部件分别运行在通过网络连接的、分离的计算机上。

综合事务管理平台结构如图 4-28 所示。它从系统集成的支撑关系角度描述了该平台结构的层次关系。

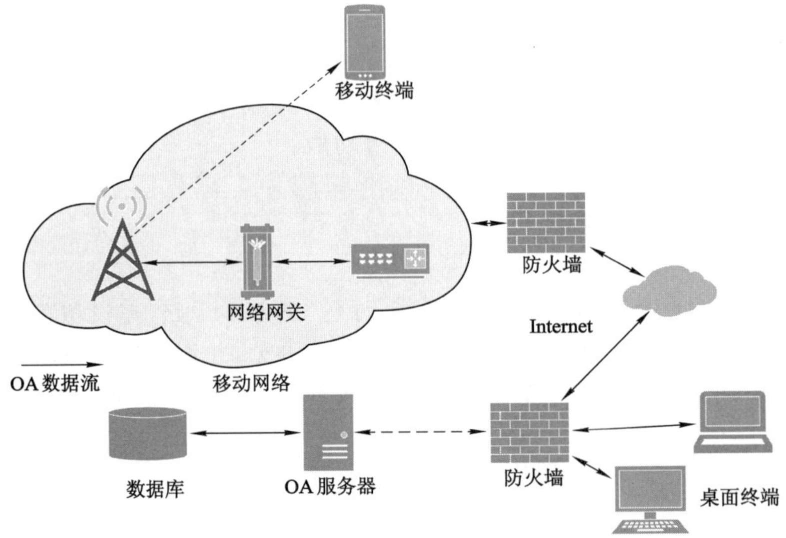

图 4-28 综合事务管理平台结构

(1) 组件化设计

综合服务管理平台，本身就包含了很多子系统，其内容庞大而复杂。随着业务的不断扩展，该平台的系统功能也要随之扩展。为了该平台系统的模块化和重用性、配置和扩展的灵活性、操作的方便性，所有的功能将基于接口的完全组件化。高级管理员可以根据用户需要通过后台管理，自行配置是否加载模块。通过组件化设计，才能更好地实现面向服务的架构（即 SOA）。

(2) 平台化设计

平台不仅仅是一个信息展示和传递的窗口，更是一个各类业务管理的资源整合平台。

通过规范和约定，可以在系统中将各类应用系统集成为整个平台的某个功能模块。立足整个平台的后台管理，使用简单的配置就可以实现整个功能的应用。平台基于已有信息和数据，可以实现用户统一、权限统一、单点登录、数据互通等一站式的服务。

(3) 开放型接口

平台的大量信息都来自目前已有的应用系统。这些业务数据又为前期的基础数据提供通用服务。平台提供 Web Service 方式的信息共享接口，支持 XML、SOAP 等多种数据协议，实现与市级、省级部门信息系统的数据交换和信息共享，提高信息使用效率，简化信息资源采集的工作程序。

4.4.3 功能描述

通知管理功能可实现局内部及上下属单位之间通知信息的发送和接收。该功能主要包括拟发通知、待阅通知、通知查询等系统功能。可以设置通知发送权限和默认接收者。集成短信功能可以实现机构内部无纸化通知信息的收发。

在通知管理界面上，可以整理并发布通知信息、对当前正在发布的通知进行撤销发布处理；可以对待发布通知进行删除或修改并发布操作，新建通知并发布，清理系统中已过期(或没有过期)但已经没有保留必要的通知；可以通知涉及人员可以浏览当前正在发布的通知信息。

办公人员可以根据不同的案卷查询条件(如办文号、来文号、来文名称、来文单位、项目名称、案卷状态、主办部门、主办人、办理结果、受理时间范围、办结时间范围、办文时限范围)方便快捷地查询浏览自己关注的案卷的所有信息。

公告管理的功能是用来发布公告，并可以对发布的公告进行维护。该功能提供了公告栏目的设置、信息的发布、发布管理、查看以及管理等功能。

(1) 会议管理

贯通业务、办公、会议之间的数据通道，建立会前、会中、会后的跟踪管理机制，形成各类事项有据可依、过程明晰的事项处理流程。

(2) 公文管理

公文是各部门进行业务联系、工作处理所需要的文书。公文分为很多种类型。公文所处理的事件不同，涉及国土资源技术管理工作的方方面面。发文代办列表界面如图 4-29 所示。

按照发起人不同，公文管理可分为“发文管理”和“收文管理”。

公文管理系统要求能够利用工作流系统自定义公文办理流程，能够将需要不同科室、部门协同工作完成的任务方便地完成。完成局内所有的收文、发文、签报的自动化处理流程和电子化公文档案管理，并提供方便的公文查询统计和阅览。

实现与省、市公文系统的对接，做到系统内接收和回复发送，所有操作需集成省级管理部门认可的电子签章服务。

(3) 公务活动管理

可管理公务活动的整个过程，从接收通知、制订方案、安排工作、细节确认、公务实施到最终的信息归档，能够对公务活动进行全程管理并信息保护。

(4) 差旅管理

图 4-29　发文代办列表界面

可管理机关人员差旅的整个过程(从出差的申请、审批、通知,到出发、返回,以及最后的单据的存档、查询、统计)。差旅管理涉及平时下乡、培训或交流等工作。出差审批列表界面如图 4-30 所示。

图 4-30　出差审批列表界面

(5) 请销假管理

用于管理人员请销假信息,支持预置请假类型、逐级提交、审批,按单位部门划定准假比例,规范各部门请销假制度。该功能包含请假管理、记录查询、统计报表、请假类别、系统设置等。

(6) 办公用品管理

主要用于管理办公设备、办公用品的购置、登记、维修、借用、报废登记等。建议设置审批权限,金额数目超过限定金额时需由领导审批后才可进行办公用品采买。

(7) 信息公开

主要用于处理依申请公开、政务信息主动公开等情况下的发布信息审查。经相关领导同意后,向申请人或社会进行信息公开。通知列表界面如图 4-31 所示。

图 4-31 通知列表界面

(8) 短信通知

短信通知服务是通过移动公司代理服务器接口实现的。短信数据表主要包括:短信待发送表、短信已处理表、上线短信表。

(9) 数据交换接口

数据交换服务接口是实现业务应用系统与外部系统的数据交换。数据交换服务接口由电子政务基础平台提供。应用系统按照数据交换标准生成数据交换包调用数据交换服务接口进行数据交换。

(10) 移动办公自动化系统

通过网络协议和数据库协同技术,将综合事务管理中的信息和数据进行耦合处理,将网页端的事务办理扩展到智能手机端,实现“公文管理”“用印审批”“请销假管理”“通知浏览”等功能,实现便捷的基于移动无线网络的移动办公自动化系统,以提高办事效率,提升服务水平。移动办公自动化系统消息界面如图 4-32 所示。

图 4-32 移动办公自动化系统消息界面

4.5　国土资源移动执法巡查系统

国土资源执法监察是国土资源管理业务体系的一项重要工作。伴随着经济的发展，各项建设对土地的需求越来越大，随之也产生了更多更复杂的土地纠纷案件。由于国土资源执法工作的要求，土地管理人员需要进行外业调查和办公，所以移动执法巡查显得越来越重要。基于移动地理信息技术，结合移动互联网技术，面向多层次土地管理人员，提出了基于国土资源“一张图”的国土资源移动执法巡查系统。该系统，提供日常巡查、卫片执法、违法案件处理等解决方案，保障执法监察部门能够高精度、可靠、实时地发现问题、上报问题和提出问题解决的办法，提高办件效率。

4.5.1　总体框架设计

根据国土资源执法巡查业务的特点，综合考虑土地监察任务全流程，以动态巡查为重点，通过移动终端方式实现巡查任务的上传下达，及时发现、制止、报告、查处和有效遏制各类土地违法违规行为，从源头上遏制违法用地的发生，达到违法用地“早发现、早研判、早预警、早处置”的目标。违法案件查处流程如图 4-33 所示。

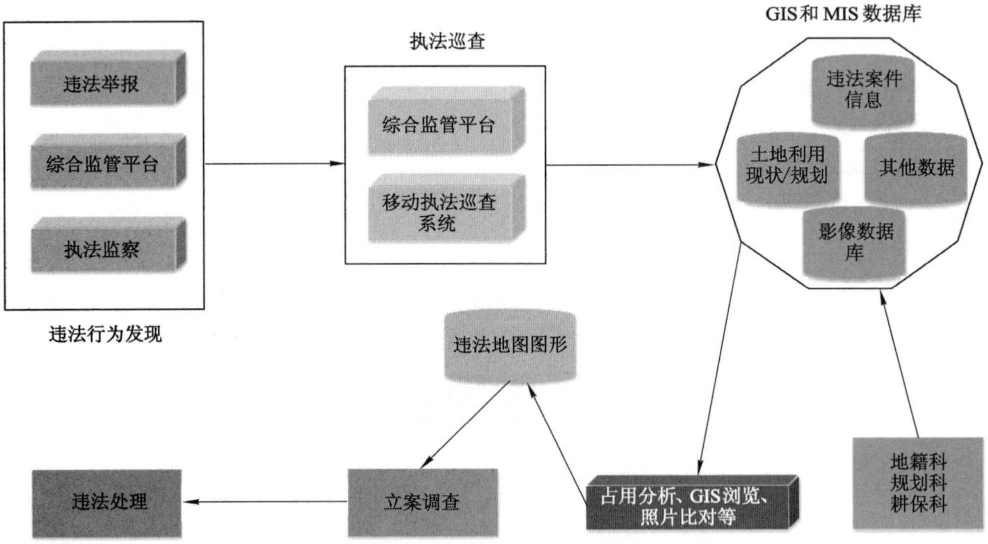

图 4-33　违法案件查处流程

以内网核心数据库和外网数据库为基础，以国土资源信息网络为纽带，以标准、制度和安全体系为保障，以国土资源执法监察管理业务流程优化为主线，以支撑国土资源管理决策为核心，形成执法高效、核查准确的国土资源移动执法巡查系统。移动执法巡查系统总体框架如图 4-34 所示。

（1）数据层

该层包括地理基础数据库、国土资源数据库、业务数据库、执法巡查数据库等，能够为系统提供基本的数据服务（包括元数据服务、空间数据服务以及数据接口）。

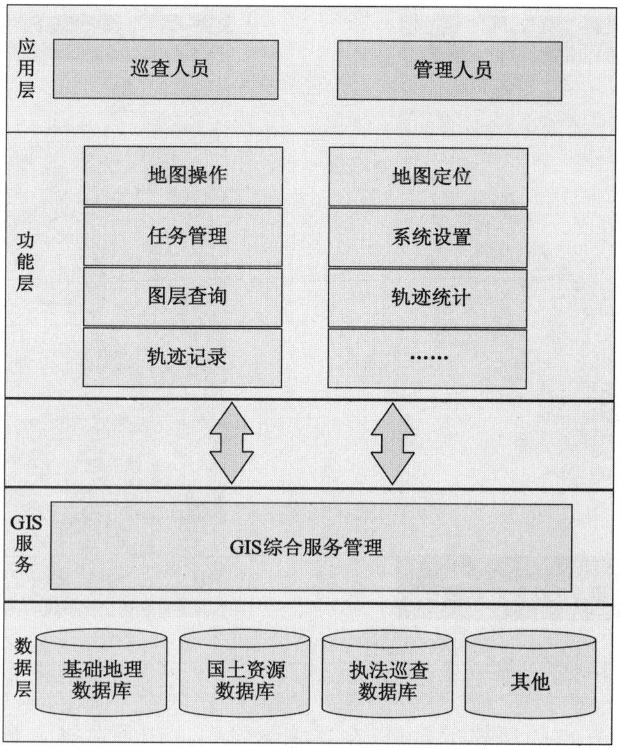

图 4-34 移动执法巡查系统总体框架

(2) 地理信息服务层

该层提供移动执法监察地理信息管理服务,实现对图形数据的发布、访问。

(3) 功能层

该层围绕国土资源执法监察管理工作功能,实现对土地资源管理工作中的“批”“供”“用”“查”的动态巡查执法。

(4) 应用层

该层主要面向巡查人员、管理人员。

4.5.2 功能介绍

国土资源移动执法巡查系统分为两大部分:一是基本功能,主要进行地图操作、图层管理、查询分析等;二是动态巡查,实现轨迹记录、巡查记录、合规分析等。

(1) 地图操作

在外巡查过程中提供基本的地图操作功能(包括地图放大、缩小、漫游、底图切换等)。国土资源移动执法巡查平台界面如图 4-35 所示。

(2) 图层管理

实现专题数据图层的切换、显示等。

(3) 查询分析

提供最基本的查询和分析功能。监察地块查询显示界面如图 4-36 所示。

(4) 轨迹记录和轨迹显示

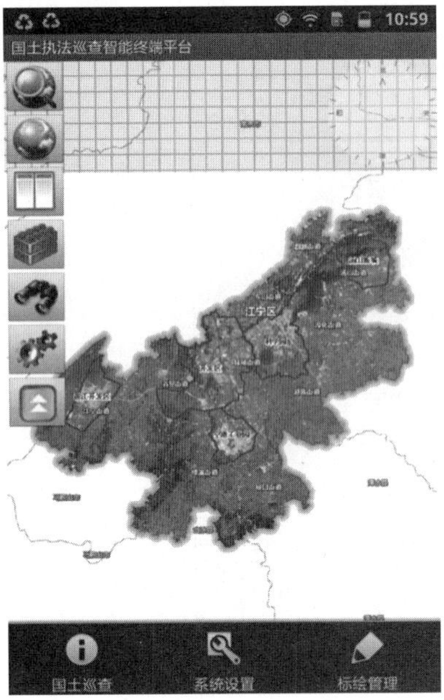

图 4-35　国土资源移动执法巡查平台界面

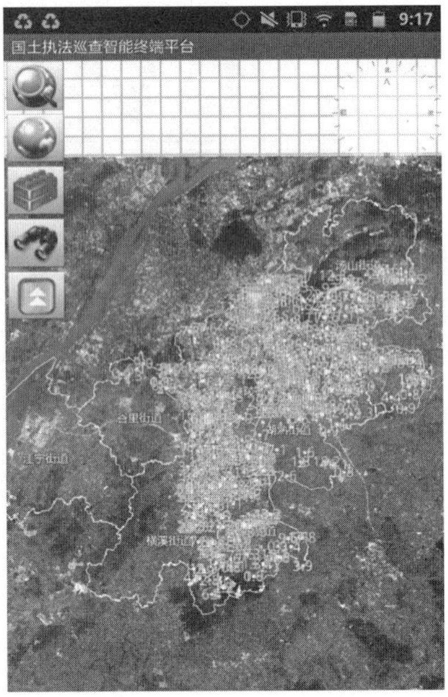

图 4-36　监察地块查询显示界面

在全球定位系统开启的情况下，可以在遥感影像图上记录巡查人员的查询轨迹；并随着巡查人员的前进，在地图上动态显示巡查人员轨迹信息，也可以分时间段显示巡查人员的轨迹情况。

(5) 动态巡查

能够实现土地资源的动态巡查，记录巡查信息，收集现场照片或者其他信息，供后续违法查处取证使用。巡查过程中绘制范围界面如图 4-37 所示。

图 4-37　巡查过程中绘制范围界面

(6) 合规分析

能够快速地查看当前建设项目或者其他项目是否符合规划、是否超出限界、是否合法等。

4.5.3 数据安全处理

国土资源执法监察过程中涉及大量的涉密地图数据。这些数据在经过提取、扩充、重组处理后,其坐标系统仍是标准和精确的。因此不可以直接对外展示和应用这些数据。必须对其做相关的加密或脱密处理,以保证数据的安全性和保密性,以使数据符合国家安全保密规定的要求。对国土资源执法监察数据的保密处理工作具体为:对地理坐标进行非线性变换处理,对地理要素删除涉密信息和敏感关键字,只提取可公开表达的要素,使数据符合公开发布的要求。

4.5.4 效益分析

国土资源移动执法巡查系统是集外业信息采集、快速发现、移动上报等功能为一体的综合巡查系统,能够为国土管理部门对其土地资源的储备情况、开发利用情况、土地资源非法占用情况的巡查提供监察手段,有效提升国土资源保障与监管能力,解决巡查人员的执法难题。

移动执法巡查做到了"快""准""严",把违法违规遏制在萌芽状态。①"快",是指快速发现、快速报告。在接到违法信息后,执法人员赶到现场可立即利用移动终端拍摄违法行为,即时传送后台处理系统。②"准",是指准确比对、准确定性。执法人员传送的用地信息将与国土资源"一张图"核心数据库中的进行比对分析。地类、现状、登记等地块数据一目了然,为判断是否违法用地、违法用矿提供准确参考。③"严",是指严格执法、严格考核。可实时定位执法人员位置和巡查轨迹,对执法人员日常巡查进行监督,并根据查处进度实时向执法队、局领导反馈信息,将执法情况与责任追究、绩效考核挂钩,形成责任倒逼,督促查处整改。

第5章 “智慧国土”标准化体系建设

国土资源信息标准化和规范化是有效开发和利用信息资源，实现国土资源信息共享，保证信息安全与可靠，提高国土资源管理工作效率和水平的基本手段。国家信息化建设早已确立了“统筹规划、国家主导、统一标准、联合建设、互联互通、资源共享”的指导方针，将统一标准作为信息化建设的基本原则。实现信息的标准化和规范化能够为信息化建设的科学性、实用性和可实现性奠定良好的基础，是实现信息服务的技术保障。

5.1 工作管理体系

“智慧国土”建设离不开制度保障，国土资源信息化发展更是离不开管理机制保障。加强区(县)自然资源和规划局及其分局(所)信息化管理机构和保障机制建设，加强联动协调，才能加快推进全局系统信息化建设步伐，提高行政管理效能和信息技术应用水平。全局信息化建设实行“统一组织领导、统一规划设计、统一平台开发、统一数据管理和统一网络环境”的管理原则，严格遵循国际、国家、行业和地方有关信息化标准。

各自然资源和规划局健全了全局信息化工作管理机构，同时明确了机构设置、人员组成及工作职责，对国土资源数据管理和网络与信息系统安全管理工作提出了具体要求。高效严密的组织结构、职能明确的管理机制和切实到位的工作要求，为信息化进一步发展提供了有力保障。

5.1.1 信息化工作管理机构

按“五统一”原则要求，各自然资源和规划局成立了局信息化工作领导小组和网络与信息系统安全管理工作领导小组，领导小组组长由局长亲自担任，领导小组成员均为机关各科室、直属事业单位和各分局(所)的行政“一把手”。领导小组分别下设局信息化工作办公室和局网络与信息系统安全管理工作领导小组办公室(常设在局信息中心)，统一负责全局网络安全和信息化管理工作。信息化管理机构强化了“一把手”负责制，为全局信息化集约统筹管理奠定了坚实基础。在分局(所)全部建立了分局(所)信息化工作办公室，落实了责任和任务，形成了一层抓一层、层层推进的生动局面。

局信息化工作领导小组下设信息化工作专家咨询委员会。其职责负责对信息化发展和建设中的各方面存在的问题、难题提供专业性意见、建议和技术支持。专家咨询委员会由局信息化工作办公室主任担任。同时，专家咨询委员会还与政府经济和信息化委员会联系，征询市级信息化管理部门的意见。

自然资源和规划局信息化工作管理机构如图5-1所示。

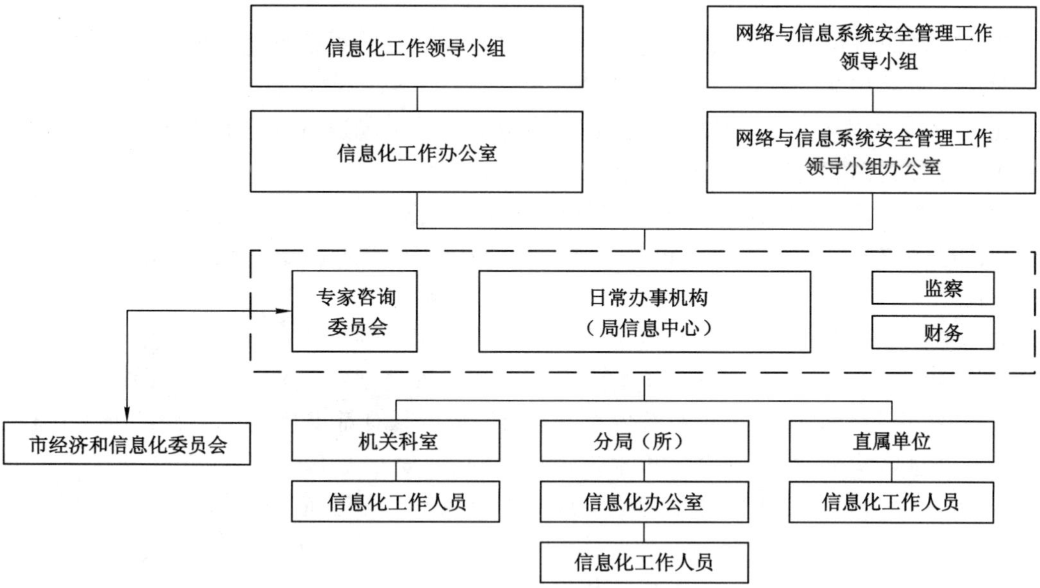

图 5-1 自然资源和规划局信息化工作管理机构

5.1.1.1 自然资源和规划局信息化管理机构

(1) 自然资源和规划局信息化工作领导小组

全局信息化工作实行统一集中管理，设立局信息化工作领导小组，统一组织领导全局信息化工作。局信息化工作领导小组组长由局长担任。

具体工作职责包括：贯彻落实相关信息化工作的法律、法规和自然资源部、自然资源厅、地级自然资源和规划局以及地方的各项方针、政策；审定全局信息化中长期规划、行动纲要、年度计划和年度经费预算；审定全局信息化工作方案、标准和规章制度等；研究决定信息化建设与应用重大事项，考核全局信息化应用工作。

(2) 局信息化工作办公室

局信息化工作领导小组下设局信息化工作办公室（以下简称局信息办），常设在局信息中心，负责全局信息化日常管理工作。局信息办主任由局分管信息化工作副局长担任。

具体工作职责包括；贯彻执行自然资源部、自然资源厅、地级自然资源和规划局以及局信息化工作局领导小组的决定；开展国土资源信息化工作重大问题的调查研究，负责向局信息化工作领导小组提出政策建议；制定有关信息化工作的制度、规范、标准，并组织实施；编制信息化建设中长期规划、行动纲要、年度计划和年度经费预算；组织信息化项目的立项和验收工作，对信息化项目的采购、实施进行监管；负责网络与信息系统安全管理工作；开展信息化应用的绩效考核、信息化建设成果推广宣传和培训；开展对外信息化交流与合作；承办局信息化工作领导小组交办的其他工作。

5.1.1.2 自然资源和规划局网络与信息系统安全管理机构

(1) 网络与信息系统安全管理工作领导小组

全局信息化工作实行统一集中管理，设立局网络与信息系统安全工作领导小组，统一组织领导全局信息化运行维护和信息安全管理等工作。局信息化工作领导小组组长由局长担任。

具体工作职责包括：组织领导局机关各科室及各分局网络信息系统安全管理工作：负责传达和落实上级相关信息安全政策和法规；研究制订本局各项信息安全管理制度和安全管理措施；对本局的安全管理制度和安全管理措施的落实情况进行检查和督导；加强管理员队伍建设，组织局机关及各分局（所）网络信息安全教育培训。

（2）网络与信息系统安全管理工作领导小组办公室

局信息系统安全领导小组下设办公室。办公室设在信息中心。办公室主任由信息中心主任担任。

具体工作职责包括：在网络与信息系统安全管理工作领导小组领导下，负责本局信息系统安全的具体工作，起草局信息系统的安全策略和发展规划；管理全局信息系统安全日常事务，检查和指导各分局（所）信息系统安全工作，组织并参加对重要安全事件的处理；监控信息系统安全总体状况，提出安全分析报告；组织并听取安全专家的建议，开展信息系统安全培训；与有关部门共同组成应急处理小组或协助有关部门建立应急处理小组实施相关应急处理工作。

5.1.1.3　健全分局（所）信息化工作管理机构

各分局（所）建立信息化办公室，以加强对信息化工作的组织领导，切实落实好信息化工作。分局（所）信息化办公室主任由分局（所）局长（所长）担任，对本分局（所）信息化工作总体负责；副主任由分管信息化工作副局长（副所长）担任；并配备至少一名专职信息化工作人员。

具体工作职责包括：贯彻落实信息化工作的法律、法规和局信息化工作的方针、政策；负责审议分局（所）信息化工作相关需求，向局信息化工作领导小组提出意见建议；负责组织考核分局（所）各科室信息化应用工作；负责分局（所）网络与信息系统安全和数据安全管理工作，组织开展网络与信息系统应急演练和安全培训工作；承办局信息化工作办公室交办的各项工作。

5.1.2　国土数据资源与信息安全管理

5.1.2.1　数据管理

自然资源和规划局信息化工作办公室是局负责数据管理工作的机构，承担数据管理日常工作，负责全局国土资源数据生产、汇交、保管和利用的监督管理。自然资源和规划局各科室、分局（所）是国土资源规划、调查、监测、评价等重大专项的组织实施单位和政务管理数字化成果数据的形成单位，承担本部门业务范围内数据的生产、加工、汇交和更新等工作。自然资源和规划局信息中心作为数据保管单位，协助数据主管单位，承担全局数据管理的技术工作。

5.1.2.2　信息资源管理

建立局信息资源管理工作制度。网络、机房、信息化设备、视频会议系统、综合监管平台、网站群等要统一规划、建设和运行维护管理。局信息办建立和健全业务审批流程、操作规范和信息化应用绩效考核办法。局信息中心统一负责“智慧国土”相关应用系统的规划、建设和运行维护管理。按照局信息化建设总体架构的要求，整合集成覆盖不同管理业务的应用系统和数据资源，尽快实现各业务系统互联互通和数据共享，保障业务管理“政出一门、数出一门、图出一门”。局信息办负责网站群的规划、建设、运行维护及考评等管理工作。各分局(所)、机关各科室、局属各单位要按照各自职能及时维护和更新网站群信息。建立数据资源共享管理制度。局信息中心负责统一规划设计、建设维护局数据中心,负责发布信息资源共享目录,提供信息共享交换服务。

5.1.2.3 网络与信息系统安全管理

按照国家有关规定,对非涉密网络与信息系统实行安全等级保护制度,开展安全等级保护工作。涉密信息系统管理要格按照国家有关保密规定执行。局网络与信息系统安全管理工作领导小组统一组织领导全局网络与信息系统安全工作。各分局(所)要明确一名主管领导负责网络与信息系统安全工作。信息化工作主要责任部门须明确专人作为信息安全管理员,负责本分局(所)信息安全管理工作。任何个人不得利用网络与信息系统从事危及国家安全,扰乱公共秩序,损害公民、法人和其他组织的合法权益,危害网络与信息系统安全,以及散布、传播违法信息等活动。

5.2 标准化服务模式

自然资源和规划局标准化服务模式的研究主要是针对国土部门标准化缺乏统一管理和规划、系统性差,难以满足国土资源信息化建设需要等问题。根据国土资源信息化发展需求,围绕国土资源信息化发展的总体目标,研究并建立覆盖国土资源信息化整个生命周期的科学合理、技术先进的标准化体系,进而为国土资源保护与合理利用提供技术支撑和信息服务。

5.2.1 研究意义

标准化是现代化生产和科学管理的必然选择,可以带来显著的社会、环境和经济效益。在工业化和信息化高速发展的今天,标准化已经成为实现国民经济和社会可持续发展的基本条件之一。标准化为科学管理和现代化生产分工奠定了基础,是科学成果转化的桥梁,对于协调社会生产各部门具有重要作用。标准化能够为产品质量提供重要保障,是合理利用资源的重要途径。

5.2.2 建设目标与任务

5.2.2.1 建设目标

通过对国土资源标准化体系的研究,建立结构合理、层次分明、满足需求的标准体系框架;根据信息化建设需要,制定一批适用于自然资源和规划局信息化建设的标准,逐步形成一套科学实用的国土资源信息化标准体系;建立较为完善的国土资源标准化管理机制,以及信息化标准的宣传贯彻与实施、咨询与技术服务体系。

5.2.2.2 建设任务

(1) 主要任务

其包括以下几个方面。

① 贯彻国家有关标准化工作的法律、法规和方针、政策。

② 组织制订和实施国土资源标准化工作的规划、计划。

③ 建立并完善国土资源技术标准体系。

④ 组织制(修)定国土资源标准。

⑤ 监督国土资源标准的实施情况。

(2) 主要范围

根据国家和地方相关规定,对下列需要统一的技术要求,应制定国土资源标准。

① 国土资源术语、分类、代号、代码、符号、图式、图例及制图方法。

② 国土资源信息化技术要求。

③ 土地资源的调查、监测与评价、土地分等定级与估价技术要求。

④ 土地资源规划、整理、利用与保护技术要求。

⑤ 陆地、海洋地质调查技术要求。

⑥ 矿产资源的规划、调查、评价及勘查、保护与合理利用技术要求,地下水资源查、评价与监测技术要求。

⑦ 地质环境的规划、勘查、开发合理利用及保护技术要求。

⑧ 地质矿产勘查技术方法和地质实验测试技术方法及标准样品。

⑨ 地质勘查资质评定技术要求。

⑩ 探矿权、采矿权评估技术要求。

⑪ 国土资源管理需要制订的其他技术要求。

5.2.3 建设内容

通过对现有标准化体系所存在问题的分析,研究国土资源标准体系框架结构。采用分层研究逐级建立的方针完成国土资源标准体系总体框架的设计。根据该框架对现有标准等进行归类分组,并分析未来所需的标准,组建标准化体系表;然后对表中现有标准情况进行统计,分析标准化体系中的各层标准现状;最后制定标准体系实施的保障机制,为更好地实现标准化体系的执行提供支撑。

在经过前期仔细调研与后期认真研究的基础上,确定国土资源信息化标准体系分为三层,如图 5-2 所示。

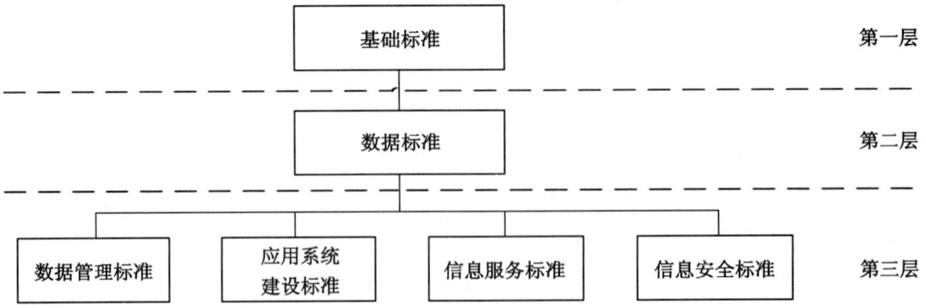

图 5-2　国土资源信息化标准化体系

5.2.3.1　第一层标准

第一层中的基础标准是用于提取标准中的共性特征所制定的共性标准,主要包括四个部分，如图 5-3 所示。

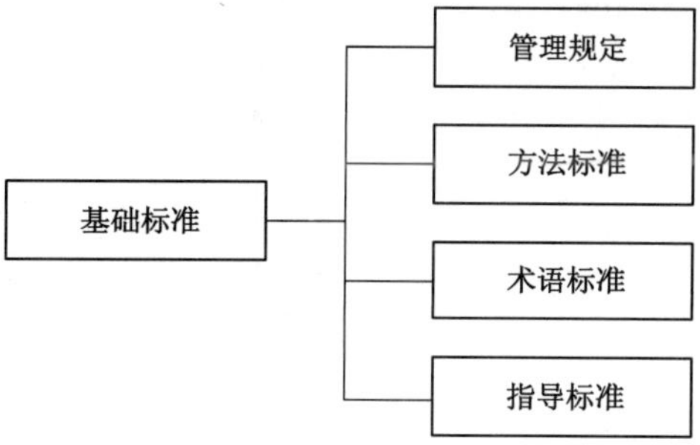

图 5-3 基础标准组成

（1）管理规定：主要包括国土资源信息化标准化的管理规定和制定信息化标准的基本规定。

（2）方法标准：是国土资源信息化建设所采用的标准化方法的标准。

（3）术语标准：是规范国土资源信息化建设的术语和定义方面的标准。

（4）指导标准：是指导整个信息化标准体系构建的标准，或对整个信息化标准化建设起到全局性、控制性作用的标准。

5.2.3.2 第二层标准

第二层标准是最基础的数据标准，主要包括四个部分，如图 5-4 所示。

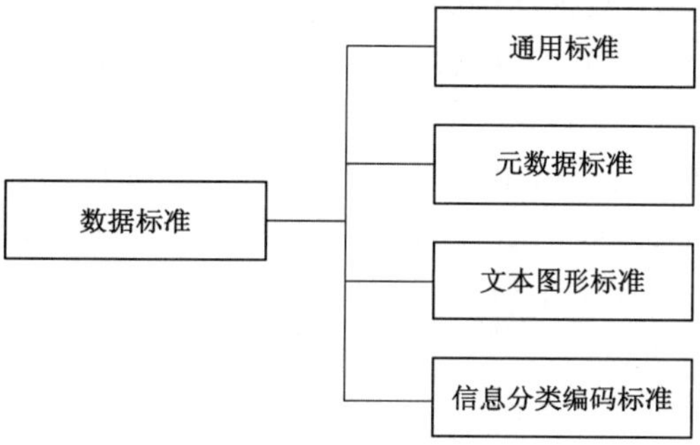

图 5-4 数据标准组成

（1）通用标准：包括基础地理信息系统和空间参照系等。

（2）元数据：是数据的数据，用于描述数据的内容、覆盖范围、质量、管理方式、数据的所有者、数据的提供方式等有关信息。

（3）文本图形标准：是信息处理中关于文本图形处理的有关标准。

（4）信息分类编码标准：是进行信息交换和实现信息资源共享的重要前提，是制定各类资源数据文件标准的基础标准。

5.2.3.3 第三层标准

第三层标准包括数据管理标准、应用系统建设标准、信息服务标准和信息安全标准。

（1）数据管理标准

数据管理标准是信息化管理的核心，是一组从数据的采集、汇交、验收、建库、质量控制、数据整合交换的标准化规范。信息化建设的目标是为政府管理和社会提供信息服务。数据管理是信息化建设的关键环节。本标准体系对数据管理标准体系的划分体现了信息资源规划的理念，故将其单独划为一类。数据管理标准组成如图 5-5 所示。

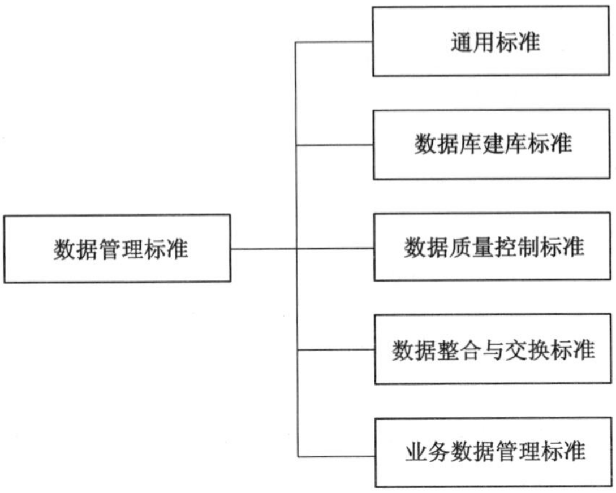

图 5-5　数据管理标准组成

① 通用标准：是适用于各行业数据库建设的技术标准。

② 数据库建库标准：是指土地利用、地籍、基本农田保护、土地开发整理、矿产资源规划、矿产资源储量等国土业务数据库的建设规范。

③ 数据质量控制标准：是指在数据集的采集、建库、验收存储、管理等过程中对数据质量的控制和评价的标准。

④ 数据整合与交换标准：是指用于数据整合和交换方面的标准。

⑤ 业务数据管理标准：是指对各类行政许可事项、各行政服务事项、执法监察、土地开发整理储备交易、土地复垦、批后监管、行政公文、信访等通过日常工作不断积累的数据资源进行规范的标准。

（2）应用系统建设标准

应用系统建设标准是一组涉及国土资源信息应用软件设计、开发、质量控制、应用系统建设以及电子政务业务流程设计指南方面的通用标准。应用系统建设标准组成如图 5-6 所示。

① 通用标准：适用于各行业的应用系统信息技术标准，如计算机软件分类与代码、计算机软件需求说明编制指南。

② 应用系统设计规范：是软件设计、系统开发等方面的技术规范，如县（市）级土地利用规划管理信息系统建设指南。

③ 测试与评估标准：是用于软件和应用系统找错、组装、确认和评估等方面的技术标准，以及土地信息系统软件测评规范。

④ 质检与验收标准：是用于软件和应用系统项目验收和监理方面的标准，如信息系统工程监理规范。

⑤ 运行与维护规范：是指系统运行与维护的技术规范，如软件维护指南。

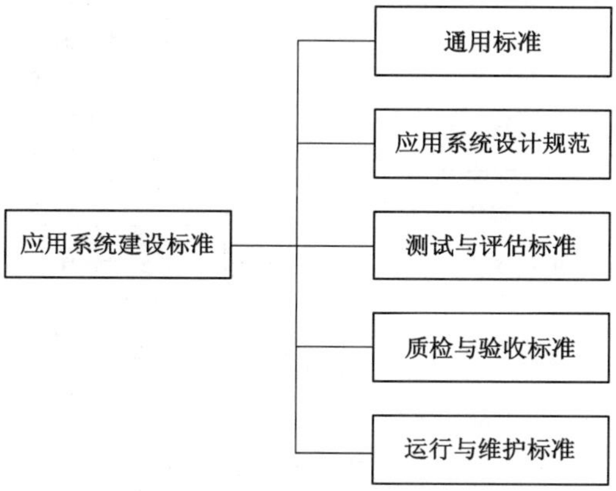

图 5-6　应用系统建设标准组成

(3) 信息服务标准

信息服务标准是一组支持跨行业跨平台的数据服务、处理功能标准，对外实现信息共享，对政府和社会提供政务信息和基础信息服务的标准和规范。信息服务标准组成如图5-7所示。

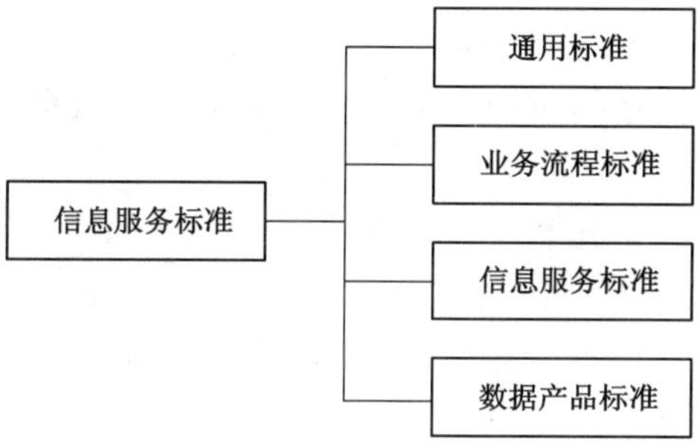

图 5-7　信息服务标准组成

① 通用标准：是指适用于各行业的信息服务信息技术标准。

② 业务流程标准：是指与行政审批各业务流程相关的标准规范。

③ 信息服务规范：是指对土地利用、地籍等土地信息和矿产资源信息，以及信访、公文处理的政务信息等方面的服务规范。

④ 数据产品标准：是指国土资源信息数据产品及生产标准以及与此有关的标准。

(4) 信息安全标准

信息安全标准是一组关于数据、应用系统、信息服务等方面系统安全的标准规范。信息安全标准组成如图 5-8 所示。

① 网络建设标准：是指用于信息服务网络建设及其安全方面的规范。

② 信息安全评估标准：是指用于信息化建设中使用技术的安全性评估方面的标准。

③ 信息安全管理标准：是指用于信息系统建设中的安全与保密方面的标准。

④ 国土资源信息安全专用标准：包括专门应用于国土资源数据库、应用系统、信息服务等方面的信息安全与保密标准。

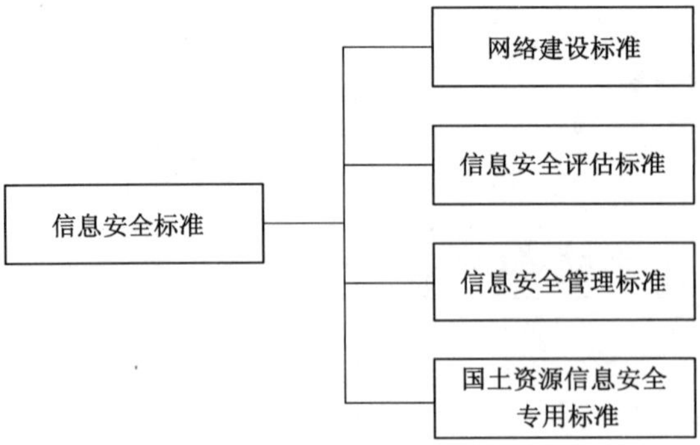

图 5-8 信息安全标准组成

5.3 "四全"服务模式

5.3.1 模式内涵

国土资源"四全"服务模式，是国土资源"全流程优化审批、全区域便民服务、全业务网上办理、全节点效能监管"服务模式的简称。

(1) 全流程优化审批，即精简审批服务环节，优化整合服务流程，形成简化、畅通、信息共享的审批大流程。

(2) 全区域便民服务，即依托基层国土所打造标准化的服务窗口，每个窗口均可受理全区域的所有业务，市民可就近办理任何国土事项。

(3) 全业务网上办理，即梳理行政事权，将所有行政服务事项全部纳入信息系统，内部网上运行，减少群众跑路之苦。

(4) 全节点效能监管，即对业务办理全程电子监察，实时跟踪，督察督办。

5.3.2 模式构建

5.3.2.1 全流程优化审批

依法依规逐节点梳理，将国土资源用地预审、用地报批、土地供应、土地登记等相对独立的审批服务流程，通过内部关联、精简环节、并联运作等方式进行优化整合，贯通归并，形成简化、畅通、信息共享的审批大流程。

(1) 构建大流程

国土资源"四全"服务模式大流程包括大接件、权属地类面积审核、农转用征收、土地供应、登记发证等环节。以每一个项目为主线，利用信息化触发关联机制将国土业务关联互通，完整地构建国土业务大流程框架，如图 5-9 所示。

在大接件收件环节，以项目为单位合并受理农转用征收、土地供应、登记发证等多个事项，一次性收取多个事项的收件材料，其中共性材料只收一次。收件后系统根据行政区划自动将电子材料流转至所属行政区分局审批。

权属地类审核是将报批业务勘测定界、规划审查、地类审核与供地业务的勘测定界、权

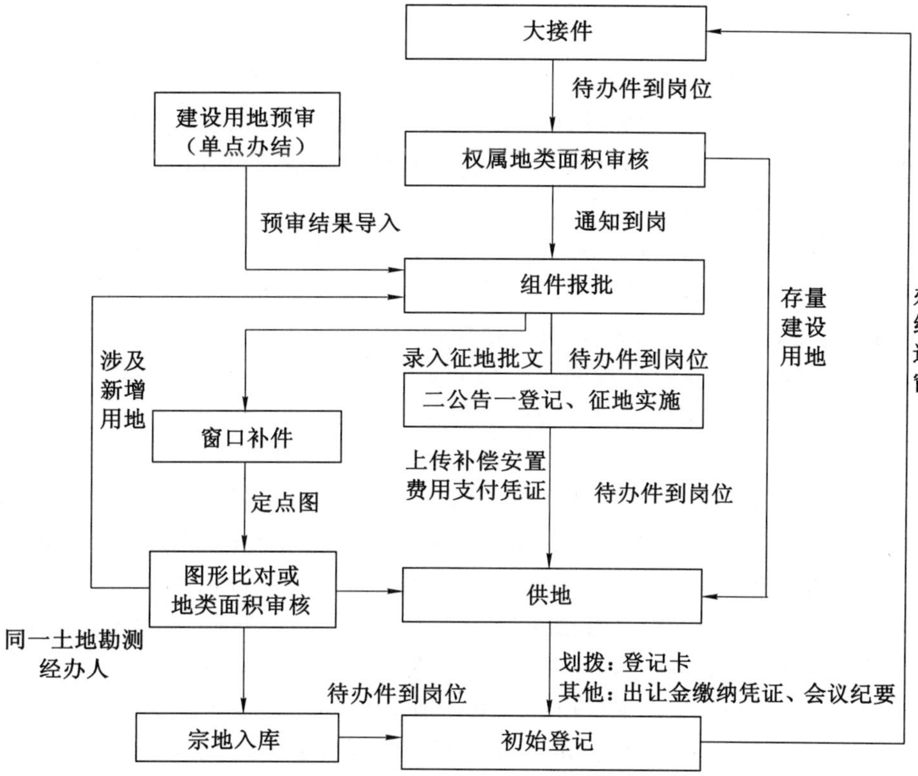

图 5-9　国土业务大流程框架图

属调查等基础性工作合并前置，以减少地块在供地等环节多次重复调查工作。其中对于勘测定界节点，如果是定点图，则必须与宗地图做好图形接边工作；如果是非定点图，划拨类用地也必须做好与宗地图接边工作。地块上图后自动生成规划、地类、权属分类面积表供审查人员参考使用。

系统根据权属地类审核结果判断是进入报批环节还是供地环节，如果涉及新增建设用地，该地块将进入待报批库，同时发起报批通知提醒具体经办人准备组件报批；如果是存量建设用地，将发起供地流程并待办到岗。当组件报批流程录入批文号完成时，报批地块进入报批成果库，同时发起两公告一登记、征地实施流程和窗口补件、图形比对或地类面积审核。两公告一登记、征地实施流程占用大流程主节点和审批时间，而窗口补件和图形比对或地类面积审核与两公告一登记、征地实施流程并联，并不占用大流程审批时间。

窗口补件节点有两方面作用：① 便于国土窗口主动服务用地申请单位。当农转用批文下达后，系统将及时告知国土窗口，窗口人员可及时提醒用地申请单位完善补充材料，如规划定点图等。② 调整大流程后续办理事项。通过与用地申请单位沟通后及时了解用地需求，如是否立即供地、是否发证等，可结合实际情况对大流程进行调整，利于后续按照用地单位要求准确提供服务。窗口补件完成后，交测量队进行图形比对，如果定点图与权属地类面积审核时用的图形一致，该图形将直接进行宗地入库；否则需按照定点图范围重新勘测定界、规划审核和地籍审核。当两公告一登记、征地实施流程与窗口补件和图形比对或地类面积审核都完成后，系统才能发起供地流程，并以待办件形式直接到具体岗位。

系统将供地信息和登记信息进行关联共享，建立出让金、违约金管理模块，支持窗口收费；当出让金和违约金缴清、交地完成且宗地入库后方能进入可登记库，否则不能登记发证；划拨类用地需登记的，宗地入库和供地流程完成后即能直接进入可登记库。

（2）实施简政放权

严格清理行政事权。根据“法无授权不可为”原则，对审批服务事项进行全面梳理。通过简政放权，将部分事权前移至分局办理，如征地业务、工业用地出让、协议用地出让、划拨用地、临时用地使用、集体土地使用、国有土地使用权收回、非出让类土地登记、房地一体不动产登记全部前移至分局；窗口办理的业务有全业务受理、不动产登记当场办结业务、建设用地预审、档案及不动产登记信息对外查询服务。

（3）压缩审批环节

① 提出“以岗定人”理念，将原来的以人为单位、逐级审核模式调整为以科处室为单位、并联审批模式，将所有自然资源所、分局、市局重复审批和形式性审查环节全部去除，仅保留法律法规要求审批步骤。例如，原有“科员审查—副科长审核—科长审核”3个节点精简为“科室审核”1个节点；科室收件后，普通工作人员和负责人均可办理，先接先办，即办即过。② 通过大力压缩，“四全”服务模式总节点由原来的127个压缩到43个、后又压缩到35个，其压缩率达到72%。例如，建设项目用地预审办理流程从原来12个节点压缩至1个窗口1个节点办完。③ 在供地业务方面，将供地权属调查与报批业务地类审核合并前置，由自然资源所提前做好地块调查各项基础工作，简化储备、财务等审批节点，使供地7个业务流程减少率达到了64个节点。例如，划拨土地初始登记流程审批环节由原来的6个减少为2个，其审批环节缩减率达到66%。

（4）缩短办事时限

严格设置每个业务审批节点办理时限。除外业测绘调查、拟订方案等节点外，一般审批类节点一律不超过1个工作日。登记类节点办理时限更是设置到小时、分钟。借助信息系统辅助分析功能，在保证审批质量的同时最大可能压缩办事时限，提高办事效率。例如：独立选址项目的审批时间由原先35个工作日减少为19个工作日，其办理时间缩短46%。对于划拨国有土地使用权许可审核事项，原来每个项目供地时均要地块调查，其审批时间需18个工作日（不含公告收回、公示时间），现在大流程转入后，不需要地块调查，其审批时间缩减至5个工作日（不含公告收回、公示时间），其办理时间缩短72%。土地抵押登记由原来5个工作日缩短为1个工作日。

（5）优化收件材料

按照“四全”服务模式的理念，全面规范、统一国土窗口对外收件材料，方便群众办事。

① 缩减材料清单。严格对照相关法律法规和规章要求，凡是没有明确规定要求提供的报件材料一律取消。国土部门原来需服务对象提供各类收件材料达170项，经过压缩清理简化为154项。不动产登记收件材料由373项核减为275项，其核减比例达到26%。例如：个人购买商品房转移登记原来收件8项，通过逐一分析清理减至5项，其核减比例达到37.5%；拆迁安置房转移登记原来收件9项，通过明确安置主体责任，梳理合并材料减至4项，其核减比例达到55.6%。

② 统一和固化收件材料。针对原先各分局同一事项收件材料不同、同一材料名称不同等问题，统一对预审、报批、供地、地籍、测管、地质矿产等审批事项收件材料进行系统化梳理，规范材料清单和材料名称，形成统一、规范的国土窗口收件材料。

③ 明确材料分类。理清大流程中涉及批、供、登记业务审批内部产生的材料和需要申请人提供的材料，做到大流程中内部产生的材料不再向申请人收取，共性材料只收一次不重复收取，方便群众办事。以一个需要发证的单独选址项目为例，从申请报批到登记发证以前对外收件资料 27 件，精简后为 13 件，其减少比例达到 51.9%。其中由局内部产生的用地预审批复文件、用地批文、划拨决定书、土地出让合同、土地出让金缴清凭证、交地纪要或确认书、地籍调查表、宗地图及宗地界址坐标不再向申请单位收取，而是由信息系统自动共享这些内部资料。

(6) 规范收费项目

对行政收费项目进行全面清理。陆续清理取消抵押评估、土地测绘等服务收费事项；明确勘测定界、出让土地测量、划拨土地测量、储备土地测量、临时用地测量、设施农用地测量、竣工验收土地分割测量、土地变更登记测量、违法用地测量、责令交地测量、其他专项测量(共 11 项)一律由市自然资源局或自然资源分局委托相关测量单位实施，严禁向用地单位收取测量费用。

5.3.2.2　全区域便民服务

摒除行政界限，改革传统接件模式，将全市所有国土资源窗口打造成标准化的服务窗口，把国土资源业务全城全域通接通办，使服务对象可以就近办理审批事项。

(1) 全业务受理

打造全市统一的标准化国土资源服务窗口，实行任意国土窗口全业务受理，方便群众办事。通过“四全”服务模式的构建，将便民服务窗口延伸至乡镇(街道)自然资源所，建成全市标准化国土窗口，实现任意国土窗口(含自然资源所窗口)都可以全业务受理。

(2) 同城通办

实行窗口统一收件、出件。每一个服务窗口均可受理全区域范围的国土资源业务，其服务对象可不分业务种类。服务对象在任何一个服务窗口都可就近办理。所有业务做到同城通办。

5.3.2.3　全业务网上办理

将“批、供、用、补、查、登”等行政事项全部纳入信息系统，实现国土资源业务办理网上运行，做到“多让数据网上走，少让群众路上跑”。

(1) 全业务审批流程信息化

将国土资源管理所有行政事项纳入信息平台实行全业务网上办理，这是重要基础。当前各地通过国土资源“一张图”系统建设，国土资源批、供、登等主体业务基本都纳入信息化平台，但法规监察、测绘管理、地质矿产等业务实行网上办理容易被忽视。通过全业务审批流程的建设，将法规监察、测绘管理、地质矿产等业务也全部纳入信息系统。目前“四全”服务模式平台已建成各类业务流程共 114 个。

① 法规监察 10 个业务流程。具体包括集体土地征收责令交地、政府信息依法申请公开、国土资源违法案件查处、申请强制执行、行政复议案件办理、行政诉讼案件办理、行政复议案件审理、仲裁和民事诉讼案件办理、动态巡查、信访。

② 测绘管理 4 个业务流程。具体包括测绘项目成果汇交审核、永久性测量标志迁建审核、涉密基础测绘成果提供审核、地图审核。

③ 地质矿产 9 个业务流程。具体包括地质灾害危险性评估等级审核、采矿权人矿产资源开发利用年度监督检查审核、采矿权出让必备材料审查、采矿权审批、采矿权变更审批、采矿权延续审批、采矿权注销审批、矿产资源储备年报审查、矿产资源储备评审备案和储备登记。

(2) 管理过程信息化

随着“四全”服务模式大流程框架不断优化完善,“四全”服务模式信息化平台也不断升级完善,逐步实现国土资源管理全过程的信息化。这不仅能做到审批留痕,也能做到管理过程留痕,实现国土资源全过程精细化管理。

(3) 国土资源深层次决策应用化

理清错综复杂的业务关联关系,设计科学的“批、供、用、补、查、登”等业务数据关联流向图,强化地块的全生命周期管理,并利用国土资源全业务网上办理的数据积累,深挖国土资源的深层次决策应用。

5.3.2.4 全节点效能监管

对所有业务办理流程实施在线监控,限定各流程办事环节最长办结时间,设置红灯预警,全程接受相关科室和部门监督。在业务监管实现方式上,采取线上线下相结合方式进行全程监察,实时跟踪,督查督办,实现全节点效能监管。

(1) 全业务电子监察

充分发挥信息化手段的优势,实现对所有在办节点的实时监察督办功能,重点抓取超时件、挂起件供监察部门督办,提供红灯、剩余时间、短信提醒功能,实现对已办件各类情况进行按部门、按时间的查询统计,并能查询定位到每一超时节点,为监察部门工作考核、效能监控提供有效支持。构建预警机制,对国土资源管理重大事项进行决策预警。网上在线实施耕地保护预警、供地率预警、地质灾害预警等。大监察办公室专人负责在线电子督察督办,对出现的超时等问题的相关责任人进行问责。

(2) 全天候视频监控

在整个系统基层服务窗口全部安装高清视频探头,落实全天候、不间断视频监督。

(3) 全方位外部监督

所有业务办理结果在市自然资源和规划局门户网站公布,自愿接受社会各界监督。服务对象可通过访问门户网站或公众号查询办件情况。

5.3.3 项目内容

5.3.3.1 行政许可

(1) 建设项目用地预审及建设项目压覆重要矿产资源审批

① 建设项目用地预审

(a) 服务内容

建设项目用地有关事项审查,建设项目用地预审意见出具。

(b) 收件清单

建设项目用地预审服务办理应收集表 5-1 中规定的材料。

表 5-1 建设项目用地预审收件清单

序号	收集材料	审查要求
1	建设项目用地预审申请表	
2	建设项目用地预审申请报告	建设项目用地标准、投资强度和用地总体规模是否符合相关建设用地指标的规定和节约用地的要求
3	审批类建设项目：项目建议书批复文件（已列入省政府批准规划的项目和投资额度小的省级政府投资项目除外）； 备案类建设项目：备案通知书	
4	拟订的分期实施规划方案，分期办理用地预审（分期实施的建设项目）	
5	踏勘报告	
6	标注项目用地范围的乡级以上土地利用总体规划局部图、土地利用现状局部图（含电子图件）及其他相关图件、选址图	选址是否符合土地利用总体规划，是否符合国家、省产业政策和供地政策，是否符合土地管理法律法规规定的条件，是否确需要占用农用地
7	项目用地边界拐点坐标表（2000 年国家大地坐标系）	
8	土地利用总体规划修改方案（建设项目用地需要修改土地利用总体规划的）	规划修改方案是否符合相关规定

建设项目用地预审申请报告内容包括拟建项目建设背景、基本情况（建设地点、建设内容、建设规模）、项目申请用地情况（现状分类、项目用地是否符合规划情形、功能分区情况、是否需要踏勘论证、是否符合土地使用标准）、其他情况、小结等

以下情况需提供踏勘报告：(1) 占用基本农田；(2) 线性面积大于 100 hm^2，面积大于 70 hm^2；(3) 耕地面积占用地面积的 50%以上

(c) 服务时限

承诺期限为 9 个工作日。

② 建设项目压覆重要矿产资源审批

(a) 服务内容

建设项目压覆重要矿产资源审批手续办理，建设项目压覆重要矿产资源证明出具。

(b) 收件清单

建设项目压覆重要矿产资源审批服务办理应收集表 5-2 中规定的材料。

(c) 服务时限

承诺期限为 8 个工作日。

(2) 探矿权审批

① 探矿权新立审批

(a) 服务内容

探矿权新立审批登记，勘查许可证颁发。

(b) 收件清单

探矿权新立审批服务办理应收集表5-3中规定的材料。

表5-2 建设项目压覆重要矿产资源审批收件清单

服务内容	序号	收集材料	审查要求
查询申请	1	查询压覆重要矿产资源情况申请及有关附件	单位名称与公章一致；名称为"关于查询×××建设项目压覆重要矿产资源的申请"；内容应包括：北京1954年坐标；用地面积或长度；安全保护距离（一般为300 m，铁路的为1 000 m）；联系人及联系电话、通信地址和邮编
	2	建设项目有关批准文件（项目主管部门的批复、核准、备案、开展前期工作的函等）	不作为必备材料，若不全只要作出说明
	3	规划选址意见书和红线图	
	4	坐标的Excel表格（1997年至2003年版）	查询是否做过区域性压矿，若在区域范围内则不接件，若不在区域范围内则接件
压矿申请	1	压覆重要矿产资源申请	单位名称与公章一致；名称为"关于×××建设项目压覆重要矿产资源的申请"；应提供联系人及其联系电话、通信地址和邮编
	2	建设项目压覆重要矿产资源评估报告专家审查意见	
	3	与矿业权人签订的协议、压矿评估报告及相关备案材料（压覆已设置矿业权重要矿产资源的）	

表5-3 探矿权新立审批收件清单

序号	收集材料	审查要求
1	探矿权申请登记书	
2	勘查区块范围图	申请勘查区域与其他矿业权不重叠；申请范围符合矿产资源规划及矿业权设置方案
3	有效期内申请人的企业法人营业执照或事业单位法人登记证书	复印件，加盖单位公章
4	在有效期内勘查单位的地质勘查资质证书	复印件，加盖单位公章
5	勘查工作计划、勘查合同或者委托勘查的证明文件	
6	勘查项目资金来源证明	计划勘查资金满足法定最低投入
7	勘查实施方案及项目工程布置图	勘查实施方案科学、合理
8	勘查实施方案评审意见	
9	交通位置图	
10	探矿权申请范围核查表（1980年西安坐标体系）	

表 5-3(续)

序号	收集材料	审查要求
11	项目所在地设区的市国土资源主管部门对设置探矿权的初审意见	
12	环保部门意见(工作量涉及坑探的)	
13	公司章程及军事部门同意设置探矿权的意见[外商投资(含合资合作)的勘查项目]	

(c) 服务时限

承诺期限为9个工作日。

② 探矿权延续、保留审批

(a) 服务内容

探矿权延续、保留审批登记。

(b) 收件清单

探矿权延续审批服务办理应收集表5-4中规定的材料。

表 5-4 探矿权延续审批收件清单

序号	收集材料	审查要求
1	探矿权延续申请登记书	
2	勘查区块范围图	
3	在有效期内申请人的企业法人营业执照或事业单位法人登记书	复印件,加盖单位公章
4	在有效期内勘查单位的地质勘查资质证书	复印件,加盖单位公章
5	原勘查许可证	
6	探矿权使用费的非税收入一般缴款书(收据)	
7	勘查实施方案及项目工程布置图	勘查实施方案科学、合理
8	勘查实施方案评审意见	
9	勘查工作总结	
10	项目支出会计核算表	
11	交通位置图	
12	勘查合同	
13	勘查项目资金来源证明	勘查项目具备资金来源,计划勘查资金满足法定最低投入
14	环保和安全部门意见(工作量涉及坑深的)	
15	地质资料汇交凭证或申请放弃勘查区块不需要汇交地质资料意见表(涉及缩小勘查范围的)	
若申请人的企业法人营业执照或事业单位法人登记书、勘查许可证出现变更,应进行系统更新或要求申请人重新提交		

探矿权保留审批服务办理应收集表5-5中规定的材料。

表5-5　探矿权保留审批收件清单

服务项目	序号	收集材料	审查要求
公共收件	1	探矿权保留申请登记书	申请日期在法律规定期限内
	2	勘查区块范围图	
	3	在有效期内申请人的企业法人营业执照或事业单位法人登记证书	复印件，加盖单位公章
	4	在有效期内勘查单位的地质勘查资质证书	复印件，加盖单位公章
	5	原勘查许可证	
	6	探矿权使用费的非税收入一般缴款书（收据）	
首次申请保留额外收件	1	探矿可供开采矿体的矿产资源储量评审备案证明	
	2	矿体平面投影图	
	3	项目支出会计核算表	
	4	交通位置图	
	5	地质资料汇交凭证	
若申请人的企业法人营业执照或事业单位法人登记书、勘查许可证出现变更，应进行系统更新或要求申请人重新提交			

（c）服务时限

承诺期限为8个工作日。

③ 探矿权变更、转让审批

（a）服务内容

探矿权变更、转让审批登记，勘查许可证颁发。

（b）收件清单

探矿权变更审批服务办理应收集表5-6中规定的材料。

表5-6　探矿权变更审批收件清单

变更项目	序号	收集材料	审查要求
公共收件	1	探矿权申请登记书	
	2	勘查区块范围图	
	3	有效期内申请人的企业法人营业执照或事业单位法人登记证书	复印件，加盖单位公章
	4	在有效期内勘查单位的地质勘查资质证书	复印件，加盖单位公章
	5	原勘查许可证	
	6	探矿权使用费的非税收入一般缴款书（收据）	

表 5-6(续)

变更项目	序号	收集材料	审查要求
扩大(缩小)勘查范围或变更勘查主矿种额外收件	1	勘查实施方案及项目工程布置图	探矿权人申请扩大勘查范围的，按照探矿权新立程序进行审查
	2	勘查实施方案评审意见	
	3	勘查工作总结	
	4	项目支出会计核算表	
	5	交通位置图	
	6	勘查合同	
	7	勘查项目资金来源证明	
	8	探矿权申请范围核查表(2000 年西安坐标系)和项目所在地设区的市国土资源主管部门对设置探矿权的初审意见(扩大勘查范围的)	
	9	地质资料汇交凭证或申请放弃勘查区块不需要汇交地质资料意见表(缩小勘查范围的)	
探矿权转让变更额外收件	1	探矿权转让批复及原转让一套资料	
	2	受让人有效期内的企业法人营业执照或事业单位法人登记证书	复印件，加盖单位公章
	3	勘查实施方案及项目工程布置图	
	4	勘查工作总结	
	5	项目支出会计核算表	
	6	交通位置图	
	7	勘查合同	
	8	勘查项目资金来源证明	
探矿权人名称变更额外收件	1	变更前的企业法人营业执照或事业单位法人登记证书	复印件，加盖单位公章
	2	工商局的变更证明	
若申请人的企业法人营业执照或事业单位法人登记书、勘查许可证出现变更，应进行系统更新或要求申请人重新提交			

探矿权转让审批服务办理应收集表 5-7 中规定的材料。

(c) 服务时限

承诺期限为 9 个工作日。

④ 探矿权注销审批

表 5-7 探矿权转让审批收件清单

收取对象	序号	收集材料	审查要求
转让申请人	1	探矿权转让申请书	
	2	勘查许可证	复印件
	3	探矿权使用费的非税收入一般缴款书(收据)、探矿权价款缴款书(收据)	按照国家有关规定已经缴纳探矿权使用费、探矿权价款
	4	勘查完成最低投入及资金来源证明材料	完成规定的最低勘查投入
	5	转让人与受让人签订的转让合同	
	6	权属无争议证明材料	
	7	矿产资源勘查情况的报告或矿产资源储量评审备案证明	
	8	评估报告和评估结果文件	
	9	探矿权转让公示无异议的证明材料	
	10	原转让审批文件(探矿权再次转让的)	
受让申请人	1	勘查单位资质证(以继续勘查为目的的)	复印件
	2	资信证明	
	3	委托勘查合同(以继续勘查为目的的)	
	4	矿山企业法人证明文件(以开采为目的的)	
	5	受让人资质条件的其他证明材料(以开采为目的的)	
若为非国家出资所形成的探矿权,可不附具评估报告和评估结果文件。 受让人为外商投资(含合资合作)的勘查项目,除符合外商投资目录内容外,还需提交公司章程及军事部门同意设置探矿权的意见			

(a) 服务内容

探矿权注销审批登记,勘查许可证注销。

(b) 收件清单

探矿权注销审批服务办理应收集表 5-8 中规定的材料。

表 5-8 探矿权注销审批收件清单

序号	收集材料	审查要求
1	探矿权注销申请书	
2	原勘查许可证	
3	探矿权使用费的非税收入一般缴款书(收据)	
4	勘查项目矿产资源储量评审备案证明或勘查项目终止报告	
5	资金投入情况报表	
6	项目成果资料汇交证明文件或不需要汇交的证明	
若申请人勘查许可证出现变更,应进行系统更新或要求申请人重新提交		

(c) 服务时限

承诺期限为8个工作日。

(3) 采矿权审批

① 采矿权新立审批

(a) 服务内容

采矿权新立审批登记,采矿许可证颁发。

(b) 收件清单

采矿权新立审批服务办理应收集表5-9中规定的材料。

表5-9 采矿权新立审批收件清单

序号	收集材料	审查要求
1	采矿权申请登记书	附电子报盘
2	采矿权申请报告	
3	下一级国土资源主管部门对设置采矿权的初审意见	
4	在有效期内的企业法人营业执照副本、法定代表人证明	副本合法有效,注册资本符合要求
5	划定矿区范围批复	
6	采矿权申请范围核查表	申请范围是否与其他矿业权和申请重叠
7	以地质地形图为底图的矿区范围图	矿区范围图以地形地质图或地质图为底图,以拐点标定,并附国家直角坐标,加盖申请人公章
8	矿产资源储量评审意见及备案证明	
9	与矿山建设规模相适应的资金、技术、设备证明	
10	申请采矿权范围、资源储量估算范围、探矿权范围坐标及三者叠合图	
11	安监部门对开发利用方案中有关安全方面的书面审查意见	
12	环境影响评价报告及环保部门批复	
13	矿产资源开发利用方案及审查意见	矿产资源开发利用方案科学、合理,由具有设计资格的单位编制,经评审通过并提交审查意见
14	矿山地质环境保护与土地复垦方案及审查意见	
15	价款完成处置的相关证明材料	
16	地质资料汇交证明	
17	项目核准文件	
18	外商投资企业批准证书和军事部门的同意意见(申请人为外商企业的)	
19	有效的勘查许可证、探矿权注销申请资料(探矿权人申请采矿权的)	
20	取水许可证(申请开采矿泉水或地热水的)	
21	矿泉水注册登记证(申请开采矿泉水的)	
若委托他人办理,被委托人应出具企业法人代表的书面委托书和委托人身份证		

(c) 服务时限

承诺期限为 9 个工作日。

② 采矿权延续审批

(a) 服务内容

采矿权延续审批登记。

(b) 收件清单

采矿权延续审批服务办理应收集表 5-10 中规定的材料。

表 5-10　采矿权延续审批收件清单

序号	收集材料	审查要求
1	采矿权延续申请登记书	附电子报盘
2	采矿权延续申请报告	包括矿山开发利用情况说明
3	采矿许可证正、副本	年检合格
4	下一级国土资源主管部门的初审意见	初审意见同意延续
5	法定义务履行情况的证明材料(采矿权使用费、矿产资源补偿费、分期缴纳采矿权价款、矿山环境恢复治理保证金缴纳等情况)	
6	剩余保有资源储量的证明材料	
7	占用矿产资源储量登记书	
8	价款完成处置的相关证明材料	
9	矿产资源开发利用方案及审查意见	
10	矿山地质环境保护与土地复垦方案及审查意见	
11	企业营业执照,企业法定代表人证明	复印件
12	安全生产许可证或认证文件	
12	取水许可证(地热水或矿泉水开采权延续申请)	
13	矿泉水注册登记证(矿泉水开采权延续申请)	
14	外商投资企业批准证书和军事部门的同意意见(采矿权人为外商企业的)	
法定义务履行情况的证明材料包括近 3 年采矿权使用费缴纳票据、矿产资源补偿费缴清证明等		
若委托他人办理,被委托人应出具企业法人代表的书面委托书和委托人身份证;若申请人企业营业执照出现变更,应进行系统更新或要求申请人重新提交		

(c) 服务时限

承诺期限为 9 个工作日。

③ 采矿权变更、转让审批

(a) 服务内容

采矿权变更、转让审批登记,采矿许可证颁发。

(b) 收件清单

采矿权变更审批服务办理应收集表 5-11 中规定的材料。

表 5-11 采矿权变更审批收件清单

服务内容	序号	收集材料	审查要求
公共收件	1	采矿权变更申请登记书	附电子报盘
	2	变更登记申请报告	包括矿山开发利用情况说明
	3	原采矿许可证正、副本	
	4	下一级国土资源主管部门的初审意见	
	5	在有效期内企业法人营业执照,法定代表人证明	复印件
	6	矿山地质环境保护与土地复垦方案及审查意见	
	7	矿山开发利用方案和审查意见	
	8	占用矿产资源储量登记书	
	9	价款完成处置的相关证明材料	
	10	采矿权人法定义务履行情况的证明材料	
	11	取水许可证(开采地热水和矿泉水的)	
	12	矿泉水鉴定证书(开采矿泉水的)	
	13	外商投资企业批准证书和军事部门的同意意见(采矿权人为外商企业的)	
变更矿权人名称或矿山企业名称额外收件	1	工商主管部门出具的企业名称变更批准文件	
	2	变更后的营业执照副本	
变更矿区范围(扩大范围)额外收件	1	划定矿区范围批复	
	2	采矿权申请范围核查表	
	3	以地质地形图为底图的矿区范围图	
	4	矿产资源储量评审意见及备案证明	
	5	地质资料汇交证明	
	6	与矿山建设规模相适应的资金、技术、设备证明	
	7	申请采矿权范围、资源储量估算范围、探矿权范围坐标及三者叠合图	
	8	环境影响评价报告及环保部门批复	
变更矿区范围(缩小范围)额外收件	1	采矿权申请范围核查表	
	2	以地质地形图为底图的矿区范围图	
	3	矿产资源储量评审意见及备案证明	
	4	放弃矿区的地质资料汇交证明	
	5	开采状况报告	
变更开采主矿种、开采方式额外收件	1	矿产资源储量评审意见及备案证明	
	2	环境影响评价报告及环保部门批复	
法定义务履行情况的证明材料包括近3年采矿权使用费缴纳票据、矿产资源补偿费缴清证明等			
若委托他人办理,被委托人应出具企业法人代表的书面委托书和委托人身份证			

采矿权转让审批服务办理应收集表 5-12 中规定的材料。

表 5-12 采矿权转让审批收件清单

序号	收集材料	审查要求
1	采矿权转让申请登记书	附电子报盘，申请日期在采矿许可证、营业执照有效期内；具备采矿权转让条件，采矿权权属无争议
2	采矿权变更申请登记书	附电子报盘
3	在有效期内企业法人营业执照、法定代表人证明①	复印件
4	采矿权转让及变更申请报告	包括矿山开发利用情况说明
5	采矿许可证正、副本	
6	下一级国土资源主管部门的初审意见	
7	原采矿权人履行法定义务的相关证明材料	
8	矿山投产满 1 年的证明材料②	
9	受让人的资信和资质证明	受让人资金满足要求
10	转让人与受让人签订的采矿权转让合同	
11	价款完成处置的相关证明材料	
12	占用矿产资源储量登记书	
13	矿产资源开发利用方案及审查意见	
14	矿山地质环境保护与土地复垦方案及审查意见	
15	上级主管部门或单位同意转让的意见（国有矿山企业申请转让采矿权的）	
16	上次转让批准文件（采矿权为再次转让的）	
17	转让人及受让人企业营业执照、企业法定代表人证明②	复印件
18	矿业权交易机构出具的转让鉴证书	
19	取水许可证（开采地热水的和开采矿泉水的）	
20	矿泉水鉴定证书（开采矿泉水的）	
21	外商投资企业批准证书和军事部门的同意意见（受让人为外商企业的）	
原采矿权人履行法定义务的相关证明材料包含近 3 年采矿权使用费缴纳票据、矿产资源补偿费缴清证明等		

① 若委托他人办理，被委托人应出具企业法人代表的书面委托书和委托人身份证。

② 以协议方式取得采矿权的，除母公司与全资子公司之间的转让外，需提交矿山投产满 5 年的证明材料

(c) 服务时限

采矿权转让服务承诺期限为 8 个工作日，采矿权变更服务承诺期限为 9 个工作日。

④ 采矿权注销审批

(a) 服务内容

采矿权注销审批，采矿许可证注销。

(b) 收件清单

采矿权注销审批服务办理应收集表 5-13 中规定的材料。

表 5-13 采矿权注销审批收件清单

序号	收集材料	审查要求
1	采矿权注销申请登记书	附电子报盘
2	采矿权注销申请报告	
3	在有效期内企业法人营业执照、法定代表人证明	复印件
4	采矿许可证正、副本	
5	下一级国土资源主管部门的初审意见	
6	停办(关闭)矿山残留矿产资源储量登记书	
7	矿山闭坑地质报告及评审备案证明	
8	地质资料汇交证明	
9	关闭矿山报告	
10	价款完成处置的相关证明材料	
12	矿区范围图	
关闭矿山报告内容包括矿区范围图、矿山开采现状及实测图件、储量动用及剩余情况、有关矿山地质环境恢复治理和土地复垦工作完成情况、采矿权使用费缴纳票据、矿产资源补偿费缴清证明等内容		
若委托他人办理,被委托人应出具企业法人代表的书面委托书和委托人身份证		

(c) 服务时限

承诺期限为 9 个工作日。

(4) 地质灾害防治单位乙级、丙级资质审批

① 地质灾害危险性评估单位乙级、丙级资质审批

(a) 服务内容

乙级和丙级地质灾害危险性评估单位资质审批,资质证书颁发。

(b) 收件清单

地质灾害危险性评估单位乙级、丙级资质审批服务办理应收集表 5-14 中规定的材料。

表 5-14 地质灾害危险性评估单位乙级、丙级资质审批收件清单

序号	收件清单	审查要求
1	资质申报表	
2	单位法人资格证明文件、设立单位的批准文件	具有独立的法人资格
3	在当地工商部门注册或者有关部门登记的证明文件	乙级资质:注册资金或者开办资金人民币 150 万元以上; 丙级资质:注册资金或者开办资金人民币 80 万元以上
4	法定代表人和技术负责人简历以及任命(聘用)文件	单位技术负责人应具有工程地质、水文地质或者环境地质高级技术职称

表 5-14(续)

序号	收件清单	审查要求
5	资质申报表中所列技术人员的专业技术职称证书、毕业证书、身份证	技术人员中，外聘人员人数不超过技术人员总人数的 10%； 乙级资质：具有工程地质、水文地质、环境地质和岩土工程等相关专业的技术人员不少于 30 人，其中从事地质灾害调查或者地质灾害防治技术工作 5 年以上且具有高级技术职称的不少于 8 人、中级技术职称的不少于 15 人； 丙级资质：具有工程地质、水文地质、环境地质和岩土工程等相关专业的技术人员不少于 10 人，其中从事地质灾害调查或者地质灾害防治技术工作 5 年以上且具有高级技术职称的不少于 2 人、中级技术职称的不少于 5 人
6	承担地质灾害危险性评估工作的主要业绩以及有关证明文件；高级职称技术人员从事地质灾害危险性评估的业绩以及有关证明文件	乙级资质：近 2 年内独立承担过 10 项以上地质灾害危险性评估项目，有良好的工作业绩
7	管理水平与质量监控体系说明及其证明文件	具有健全的质量管理监控体系
8	技术设备清单	乙级资质：具有配套的地质灾害野外调查、测量定位、测试、物探、计算机成图等技术装备； 丙级资质：具有配套的地质灾害野外调查、测量定位、计算机成图等技术装备

(c) 服务时限

承诺期限为 8 个工作日。

② 地质灾害治理工程勘查单位乙级、丙级资质审批

(a) 服务内容

地质灾害治理工程勘查单位乙级、丙级资质审批，资质证书颁发。

(b) 收件清单

地质灾害治理工程勘查单位乙级、丙级资质审批服务办理应收集表 5-15 中规定的材料。

表 5-15　地质灾害治理工程勘查单位乙级、丙级资质审批收件清单

序号	收件清单	审查要求
1	资质申报表	
2	单位法人资格证明文件、设立单位的批准文件	有独立的法人资格，其中申请施工资质的单位必须具备企业法人资格
3	在当地工商部门注册或者有关部门登记的证明文件	乙级资质：注册资金或者开办资金人民币 300 万元以上； 丙级资质：注册资金或者开办资金人民币 100 万元以上

表 5-15(续)

序号	收件清单	审查要求
4	法定代表人和技术负责人简历以及任命、聘用文件	
5	当年在职人员的统计表、中级职称以上的工程技术和经济管理人员名单、身份证明、职称证明	技术人员中,外聘人员人数不超过其总人数的 10%; 乙级资质:技术人员总数不少于 30 人,其中水文地质、工程地质、环境地质专业技术人员不少于 15 人且具备高级职称的人员不少于 5 人; 丙级资质:单位技术人员总数不少于 20 人,其中水文地质、工程地质、环境地质专业技术人员不少于 10 人且具备高级职称的人员不少于 3 人
6	承担过的主要地质灾害治理工程项目有关证明材料,包括任务书、委托书或者合同,工程管理部门验收意见	乙级资质:近 3 年内独立承担过 5 项以上小型地质灾害勘查项目,有良好的工作业绩
7	单位主要机械设备清单	乙级资质:具有与承担中型地质灾害勘查项目相适应的钻探、物探、测量、测试、计算机等设备; 丙级资质:具有与承担小型地质灾害勘查项目相适应的钻探、物探、测量、测试、计算机等设备
8	质量管理体系和安全管理的有关材料	有健全的安全和质量管理监控体系
9	近 5 年内无安全、质量事故证明	近 5 年内未发生过重大安全、质量事故

(c) 服务时限

承诺期限为 8 个工作日。

③ 地质灾害治理工程监理单位乙级、丙级资质审批

(a) 服务内容

地质灾害治理工程监理单位乙级、丙级资质审批,资质证书颁发。

(b) 收件清单

地质灾害治理工程监理单位乙级、丙级资质审批服务办理应收集表 5-16 中规定的材料。

表 5-16 地质灾害治理工程监理单位乙级、丙级资质审批收件清单

序号	收件清单	审查要求
1	资质申报表	
2	法人资格证明或者有关部门登记的证明文件	具有独立的法人资格; 乙级资质:注册资金或者开办资金人民币 100 万元以上; 丙级资质:注册资金或者开办资金人民币 50 万元以上
3	法定代表人和主要技术负责人任命(聘任)文件	

表 5-16(续)

序号	收件清单	审查要求
4	当年在职人员的统计表、中级职称以上工程技术和经济管理人员名单、身份证明、职称证明	技术人员中,外聘人员的数量不超过其总人数的 10%; 乙级资质:地质灾害治理工程监理技术人员总数不少于 20 人,其中具有水文地质、工程地质、环境地质、岩土工程、工程预算等专业技术人员不少于 10 人; 丙级资质:地质灾害治理工程监理技术人员总数不少于 10 人,其中具有水文地质、工程地质、环境地质、岩土工程、工程预算等专业技术人员不少于 5 人
5	承担过的主要地质灾害治理工程监理项目有关证明材料,包括任务书、委托书、合同,工程管理部门验收意见	近 3 年内独立承担过 5 项以上小型地质灾害治理工程的监理项目,有良好的工作业绩
6	单位主要监理设备清单	
7	质量管理体系的有关材料	具有健全的安全和质量管理监控体系
8	近 5 年内无质量事故证明	近 5 年内未发生过重大安全、质量事故

(c) 服务时限

承诺期限为 8 个工作日。

④ 地质灾害治理工程设计单位乙级、丙级资质审批

(a) 服务内容

地质灾害治理工程设计单位乙级、丙级资质审批,资质证书颁发。

(b) 收件清单

地质灾害治理工程设计单位乙级、丙级资质审批服务办理应收集表 5-15 中规定的材料。

(c) 服务时限

承诺期限为 8 个工作日。

⑤ 地质灾害治理工程施工单位乙级、丙级资质审批

(a) 服务内容

审批地质灾害治理工程施工单位乙级、丙级资质,并颁发资质证。

(b) 收件清单

地质灾害治理工程施工单位乙级、丙级资质审批服务办理应收集表 5-15 中规定的材料。

(c) 服务时限

承诺期限为 8 个工作日。

(5) 建设用地审查

① 单独选址建设项目用地审查

(a) 服务内容

对单独选址建设项目用地相关事项进行审查,提出建设项目用地审查报告。

(b) 收件清单

单独选址建设项目用地审查服务办理应收集表 5-17 中规定的材料。

表 5-17 单独选址建设项目用地审查收件清单

序号	收集材料	审查要求
1	市、省管县人民政府出具的建设用地申请批准汇总表及建设用地审核意见	符合法定省级政府审批权限； 符合土地利用总体规划，列入土地利用年度计划； 土地权属清楚，地类和面积准确； 占用耕地的，已落实耕地占补平衡要求
2	建设用地项目呈报说明书、农用地转用方案、补充耕地方案、征收土地方案、供地方案	
3	土地分类面积及征收土地安置农业人口情况汇总表	
4	标注拟占用土地位置的土地利用现状图	
5	标注拟占用土地位置的土地利用总体规划图	
6	建设用地勘测定界技术报告书及勘测定界图	
7	国有土地使用权补偿安置情况表(需收回国有土地的)	征地补偿标准和安置途径符合法律、法规的规定，征地补偿安置费用已落实到位； 已开展征地风险评估，依法履行征地前程序； 符合国家和省供地政策； 通过用地预审，供地符合预审控制规模； 供地方式符合法律、法规的规定； 涉及占用林地、土地复垦及压覆重要矿产资源的，已按规定办理相关手续
8	市、县(市)财政部门出具征地补偿费用和被征地农民社会保障费用落实的证明及预存款进账凭证	
9	供地方案	
10	建设项目用地预审批复文件	
11	建设项目批准、核准或备案文件	
12	建设项目初步设计批准、审核文件或项目规划方案的审核文件	
13	建设项目总平面布置图或线型工程平面图	
14	附有权林业主管部门批准的使用林地审核同意书(占用林地的)	
15	土地复垦方案审查意见或咨询论证意见(单独选址项目建设涉及损毁土地的)	
16	项目建设涉及压覆重要矿产资源的，需提供建设项目压覆重要矿产资源审批和登记文件	

(c) 服务时限

承诺期限为 11 个工作日。

② 分批次建设用地审查

(a) 服务内容

对建设项目用地相关事项进行审查，提出建设项目用地审查意见。

(b) 收件清单

分批次建设用地审查服务办理应收集表 5-18 中规定的材料。

(c) 服务时限

承诺期限为 11 个工作日。

③ 占用国有未利用地审批

(a) 服务内容

对具体建设项目需要占用土地利用总体规划确定的未利用地相关事项进行审批。

表 5-18　分批次建设用地审查收件清单

序号	收集材料	审查要求
1	市、省管县人民政府出具的建设用地申请批准汇总表及建设用地审核意见	符合法定省级政府审批权限； 符合土地利用总体规划，列入土地利用年度计划； 土地权属清楚，地类和面积准确
2	建设用地项目呈报说明书、农用地转用方案、补充耕地方案和征收土地方案	
3	土地分类面积及征收土地安置农业人口情况汇总表	
4	标注拟占用土地位置的土地利用现状图	
5	标注拟占用土地位置的土地利用总体规划图	
6	建设用地勘测定界技术报告书及勘测定界图	占用耕地的，已落实耕地占补平衡要求； 征地补偿标准和安置途径符合法律、法规的规定，征地补偿安置费用已落实到位； 已开展征地风险评估，依法履行征地前程序
7	国有土地使用权补偿安置情况表(需收回国有土地的)	
8	市、县(市)财政部门出具征地补偿费用和被征地农民社会保障费用落实的证明及预存款进账凭证	

(b) 收件清单

占用国有未利用地审批服务办理应收集表 5-19 中规定的材料。

表 5-19　占用国有未利用地审批收件清单

序号	收件清单	审查要求
1	建设用地申请表	
2	用地报批表	
3	规划用地许可证和红线图	
4	用地勘测定界成果报告	
5	建设项目用地预审意见	
6	建设项目环境影响评价文件	
7	国有土地使用权的证明材料	
8	建设项目立项批文	
9	涉及农业、水利、环保、文物等相关部门的必须提供相应的审批材料	
10	土地利用现状图	
11	办理农转用的各类表格	

(c) 服务时限

承诺期限为 15 个工作日。

(6) 国有荒山、荒地、荒滩开发审查

① 服务内容

在土地利用总体规划确定的土地开垦区内，对未确定土地使用权的国有荒山、荒地、荒滩从事种植业、林业、畜牧业、渔业生产申请进行审批。

② 收件清单

国有荒山、荒地、荒滩开发审查服务应收取的材料是标注拟开发土地位置的土地利用总体规划图。应审查其是否在土地利用总体规划确定的土地开垦区内，且开发土地面积是否在省政府批准权限内。

③ 服务时限

承诺期限为 11 个工作日。

(7) 改变土地用途审查

① 服务内容

对确需要改变土地建设用途的申请进行审查。

② 收件清单

改变土地用途审查服务办理应收集表 5-20 中规定的材料。

表 5-20 改变土地用途审查收件清单

序号	收集材料	审查要求
1	改变土地用途申请	是否符合土地利用总体规划和城市规划；是否符合节约集约用地要求
2	原土地使用权出让合同或者土地使用权划拨批准文件	是否履行原土地使用权出让等有偿使用合同的约定或者土地使用权划拨批准文件规定的义务
3	原土地使用证	
4	城市规划行政主管部门同意文件(在城市规划区内改变土地用途的)	
5	改变用途土地红线图	
6	申请人身份证明材料	

③ 服务时限

承诺期限为 15 个工作日。

(8) 国有企业改制划拨土地使用权处置方案审批

① 服务内容

国有企业实行公司制改造、组建企业集团、股份合作制改组、租赁经营和出售、兼并、合并、破产等改革涉及划拨土地使用权管理时，对企业提出的划拨土地使用权处置方案进行审批。

② 收件清单

国有企业改制划拨土地使用权处置方案审批服务办理应收集表 5-21 中规定的材料。

③ 服务时限

承诺期限为 9 个工作日。

(9) 临时用地审批

① 服务内容

负责临时用地报批审查。

② 收件清单

表 5-21　国有企业改制划拨土地使用权处置方案审批收件清单

序号	收集材料	审查要求
1	土地资产处置总体方案申请文件	土地资产处置总体方案的审查内容包括报文资格、采取授权经营或国家作价出资(入股)方式配置土地的资格、企业改制所涉及土地基本类型及各类土地对应的处置方式。 土地资产处置具体处置方案的审查内容包括土地处置方式、土地权属状况、地价水平等。 土地估价报告备案的审查内容包括土地行政主管部门对要件进行合规性审核。凡机构资质符合要求、要件齐备、土地估价报告符合规范格式,应予以备案,并由土地行政主管部门在土地估价报告备案表上签署备案意见;若不符合规定要求,则经补充有关材料或完善土地估价报告后予以备案
2	企业改制方案	
3	改制批准文件	
4	批准实行授权经营或国家控股公司的文件	

临时用地审批服务办理应收集表 5-22 中规定的材料。

表 5-22　临时用地审批收件清单

序号	收集材料	审查要求
1	临时用地申请表	原件
2	临时用地单位机构代码证或营业执照	复印件,加盖单位公章
3	临时建设用地规划许可证(包括电子图)	规划许可证提供复印件,加盖单位公章;其他材料提供原件
4	临时使用土地合同或协议	原件
5	用地单位复垦承诺书(涉及占用农用地的)	原件
6	复垦保证金缴纳发票或收据复印件(涉及占用农用地的)	复印件,加盖单位公章

③ 服务时限

承诺期限为 10 个工作日。

(10) 建设用地供地审查

① 使用集体建设用地审查

(a) 服务内容

为符合供地条件的项目办理集体建设用地使用审核。

(b) 收件清单

使用集体建设用地审查服务办理应收集表 5-23 中规定的材料。

(c) 服务时限

承诺期限为 11 个工作日。

表 5-23 使用集体建设用地审查收件清单

序号	收集材料	审查要求
1	建设用地申请表	原件
2	用地单位机构代码证或营业执照	复印件，加盖单位公章
3	项目建议书或建设项目可行性研究报告批复	复印件，加盖单位公章
4	建设规划选址意见书及选址图(或乡村建设规划许可证)	选址意见书(规划许可证)提供复印件，加盖单位公章；其他材料提供原件
5	规划选址设计要点	复印件，加盖单位公章

② 划拨使用国有土地审查

(a) 服务内容

为符合供地条件的项目办理划拨供地审核。

(b) 收件清单

划拨使用国有土地审查服务办理应收集表 5-24 中规定的材料。

表 5-24 划拨使用国有土地审查收件清单

序号	收集材料	审查要求
1	建设用地申请表	原件
2	用地单位营业执照和法人代表身份证明文件	复印件，加盖单位公章
3	项目批准、核准或备案通知书	原件
4	消防、环保部门意见	原件
5	建设用地规划许可证	复印件，加盖单位公章
6	建设项目规划条件	复印件，加盖单位公章

(c) 服务时限

承诺期限为 10 个工作日。

③ 有偿使用国有土地审查

(A) 经营性出让国有土地使用审核

(a) 服务内容

经营性用地公开出让，经营性国有土地使用权出让前期调查，征求相关部门意见，现场踏勘是否符合净地出让条件。

(b) 收件清单

经营性用地公开出让审查服务办理应收集表 5-25 中规定的材料。

(c) 服务时限

承诺期限为 10 个工作日。

(B) 工业性出让国有土地使用审核

(a) 服务内容

工业性用地公开出让，为企业办理工业性用地公开出让手续。

表 5-25　经营性用地公开出让审查收件清单

序号	收集材料	审查要求
1	规划设计要点及规划图	原件
2	用地图	
3	地籍调查表	完成宗地权属调查、地类核定，确保出让土地权属清晰无争议
4	国有土地房屋征收决定或拆迁补偿协议（涉及国有土地上房屋拆迁项目的）	
5	建设局公建配套基本要求	原件
6	环保局审查意见	原件或复印件，需加盖公章
7	水利局审批意见	涉及的提供原件或复印件，需加盖公章
8	市政和园林管理局审批意见	原件或复印件，需加盖公章
9	现场踏勘记录和现场照片	踏勘单位加盖公章
10	地价评估报告（初审）	
11	区政府意见	原件，需加盖公章

(b) 收件清单

工业性用地公开出让服务办理应收集表 5-26 中规定的材料。

表 5-26　工业性用地公开出让审查收件清单

序号	收集材料	审查要求
1	规划设计要点及规划图	原件
2	产业准入条件、环保初审意见或区重大产业评估意见书	原件（区重大产业评估意见书可提交复印件）
3	企业营业执照和法人代表身份证明文件	复印件，加盖单位公章；若为授权，则需要提供授权委托书、委托代理人身份证明材料
4	国有土地房屋征收决定或拆迁补偿协议	涉及国有土地上房屋拆迁项目的需要提供
5	科研设计用地提供关于科研院所、工程技术研究中心、重点实验室等的证明文件	用途为科研用地的需提供

(c) 服务时限

承诺期限为 20 个工作日。

(C) 协议出让国有土地使用权审核

(a) 服务内容

为符合供地条件的项目办理协议出让手续。

(b) 收件清单

协议出让国有土地使用权审核服务办理应收集表 5-27 中规定的材料。

(c) 服务时限

承诺期限为 17 个工作日。

表 5-27 协议出让国有土地使用权审核收件清单

序号	收集材料	审查要求
1	建设用地申请表	原件
2	用地单位营业执照和法人代表身份证明文件	复印件,加盖单位公章
3	项目批准、核准或备案通知书	原件
4	消防、环保部门意见	原件
5	建设用地规划许可证	复印件,加盖单位公章
6	建设项目规划条件	复印件,加盖单位公章

(D) 国有建设用地使用权出让合同变更审批

(a) 服务内容

为申请合同变更的单位办理合同变更审批手续。合同变更范围包括:容积率变更、面积调整、变更用地单位名称等事项。

(b) 收件清单

国有建设用地使用权出让合同变更审批服务办理应收集表 5-28 中规定的材料。

表 5-28 国有建设用地使用权出让合同变更审批收件清单

项目内容	序号	收集材料	审查要求
容积率变更	1	企业申请报告	原件
	2	规划、国土、土地储备中心等相关部门意见及市政府批示意见	复印件,加盖单位公章
	3	用地单位营业执照和法人代表身份证明文件	复印件,加盖单位公章
	4	原土地证、合同	复印件,加盖单位公章
	5	土地估价报告	原件
面积调整	1	企业申请报告原件(需规划局签署意见)	原件
	2	用地单位营业执照和法人代表身份证明文件	复印件,加盖单位公章
	3	土地分类面积表、宗地权属调查审核表	原件
	4	原土地证、合同	复印件,加盖单位公章
	5	土地估价报告	原件
变更用地单位名称等其他事项	1	企业申请报告	原件
	2	报名申请书附件	复印件,加盖单位公章
	3	验资报告	原件
	4	营业执照、组织机构代码证,法人身份证明文件	复印件,加盖单位公章
	5	公司章程	复印件,加盖单位公章

(c) 服务时限

承诺期限为 9 个工作日。

(E) 国有(集体)建设用地转让

(a) 服务内容

为符合供地条件的项目办理协议出让手续,为国有(集体)存量建设用地办理转让手续。

(b) 收件清单

国有(集体)建设用地转让服务办理应收集表 5-29 中规定的材料。

表 5-29 国有(集体)建设用地转让收件清单

序号	收集材料	审查要求
1	转让、受让双方共同提出转让土地使用权的申请	原件
2	受让方的投资项目审批、核准、备案文件和受让方工业项目环评报告及批复文件(可选)	复印件,加盖单位公章
3	用地单位营业执照和法人代表身份证明文件或自然人身份证明文件	复印件,加盖单位公章
4	受让方房产证和转让方土地使用证	复印件,加盖单位公章
5	土地使用权转让审核表(已竣工验收发放长期土地证不需镇、开发区政府意见;在建工程转让需镇、开发区政府意见)	原件
6	土地评估报告	原件
7	原出让(流转)合同	复印件,加盖单位公章

(c) 服务时限

承诺期限为 11 个工作日。

(F) 国有土地使用权收回

(a) 服务内容

办理国有土地使用权收回手续。

(b) 收件清单

国有土地使用权收回服务办理应收集表 5-30 中规定的材料。

表 5-30 国有土地使用权收回收件清单

序号	收集材料	审查要求
1	原土地使用者要求收回土地使用权的申请	原件
2	拆迁补偿协议	复印件,加盖单位公章
3	原土地使用证	复印件,加盖单位公章
4	用地单位与抵押双方签订的三方协议原件(涉及收回地块有抵押,且不能及时解除抵押的)	原件
5	建设用地规划许可证及定点图或地块规划文本及地块图(图纸原件及电子版)	规划许可证提供复印件,加盖单位公章;其他材料提供原件

(c) 服务时限

承诺期限为 14 个工作日。

(11) 宅基地审批

① 服务内容

为申请宅基地审批的单位办理宅基地审批。

② 收件清单

宅基地审批服务办理应收集表 5-31 中规定的材料。

表 5-31 宅基地审批收件清单

序号	收集材料	审查要求
1	农民建房用地审批表	原件
2	建房用地申请	原件
3	住宅小区总平面规划图	原件
4	用地红线图	同时提供纸质版和电子版
5	宅基地使用审核证明	原件
6	申请人户口及家庭成员身份证明文件	复印件,加盖单位公章
7	市建设规划部门核发的乡村建设规划许可证或建设工程规划许可证	复印件,加盖单位公章
8	标注用地位置的土地利用总体规划图及地类审查表	原件,自然资源和规划局分局盖章
9	省自然资源厅农地转用批文(占用农用地的)	原件
10	原宅基地的土地使用证和旧房拆除保证书(新安排的除外)	原件
11	村民代表大会会议记录	原件
12	村(居)集体经济组织张榜公示照片、村委会出具的公示结果证明	复印件
13	其他相关材料	

③ 服务时限

承诺期限为 5 个工作日。

5.3.3.2 不动产登记

(1) 集体土地所有权登记

① 服务内容

集体土地所有权登记服务内容包括:

(a) 集体土地所有权首次登记;

(b) 集体土地所有权变更登记;

(c) 集体土地所有权转移登记;

(d) 集体土地所有权注销登记。

② 收件清单

(a) 集体土地所有权首次登记服务办理应收集表 5-32 中规定的材料。

表 5-32　集体土地所有权首次登记收件清单

序号	收集材料	审查要求
1	不动产登记申请书	核对填报单位信息、土地面积、用途等资料与申请人提供的单位信息及土地合同、批文是否一致，加盖公章
2	申请人身份证明文件	包括营业执照（或组织机构代码证）、法人代表身份证明书、法人代表及委托代理人身份证等，核对原件，收取复印件，加盖公章
3	集体土地所有权权属证明材料	加盖单位公章
4	权籍调查表、宗地图及宗地界址坐标	

（b）集体土地所有权变更登记服务办理应收集表 5-33 中规定的材料。

表 5-33　集体土地所有权变更登记收件清单

序号	收集材料	审查要求
1	不动产登记申请书	核对填报单位信息、土地面积、用途等资料与申请人提供的单位信息及土地合同、批文是否一致，加盖公章
2	申请人身份证明文件	包括营业执照（或组织机构代码证）、法人代表身份证明书、法人代表及委托代理人身份证等，核对原件，收取复印件，加盖公章
3	集体土地所有权权属证明材料	加盖单位公章
4	有权机关出具的证明申请主体与登记簿记载的主体为同一人的材料（农村集体名称发生变化的）	
5	有权机关出具的证明文件（土地坐落变更的）	
6	更后的由登记机构或不动产产权产籍管理部门审核通过的不动产权籍调查表、不动产测量报告等不动产权籍调查结果（土地面积、界址范围变更的）	
7	有批准权的人民政府的征收决定书或土地主管部门的相关证明文件（属部分征收为国有土地的）	
8	土地灭失的证明材料（因自然灾害导致部分集体土地灭失的）	
9	有权机关出具的批准文件（其他面积变更情形的）	
10	法律、行政法规以及《实施细则》规定的其他材料	

（c）集体土地所有权转移登记服务办理应收集表 5-34 中规定的材料。

表 5-34 集体土地所有权转移登记收件清单

序号	收集材料	审查要求
1	不动产登记申请书	
2	申请人身份证明	
3	不动产权属证书	
4	本集体经济组织 2/3 以上成员或者 2/3 以上村民代表同意的材料	
5	互换土地的协议(农民集体互换土地的)	
6	土地调整文件(集体土地调整的)	
7	有关批准文件(依法需要批准的)	
8	法律、行政法规以及《实施细则》规定的其他材料	

(d) 集体土地所有权注销登记服务办理应收集表 5-35 中规定的材料。

表 5-35 集体土地所有权注销登记收件清单

序号	收集材料	审查要求
1	不动产登记申请书	
2	申请人身份证明文件	
3	不动产权属证书	
4	证实土地灭失的材料(集体土地灭失的)	
5	权利人放弃权利的书面文件(权利人放弃集体土地所有权的) 相关权利人或查封机关同意注销的书面证明(被放弃的集体土地上存在宅基地使用权、土地承包经营权、地役权或被查封的)	
6	有批准权的人民政府征收决定书(依法征收集体土地的)	
7	人民法院或者仲裁委员会生效法律文书(因人民法院或者仲裁委员会生效法律文书导致集体土地所有权消灭的)	
8	法律、行政法规以及《实施细则》规定的其他材料	

③ 服务时限

承诺期限为 5 个工作日。

(2) 国有建设用地使用权登记

① 服务内容

国有建设用地使用权登记服务内容包括:

(a) 国有建设用地使用权首次登记;

(b) 国有建设用地使用权变更登记;

(c) 国有建设用地使用权转移登记;

(d) 国有建设用地使用权注销登记。

② 收件清单

(a) 国有建设用地使用权首次登记服务办理应收集表 5-36 中规定的材料。

表 5-36 国有建设用地使用权首次登记收件清单

序号	收集材料	审查要求
1	不动产登记申请书	核对填报单位信息、土地面积、用途等资料与申请人提供的单位信息及土地合同、批文是否一致，加盖公章
2	申请人身份证明文件	包括营业执照(或组织机构代码证)、法人代表身份证明书、法人代表及委托代理人身份证等，核对原件，收取复印件，加盖单位公章
3	批准用地文件等土地权属来源证明文件	收取原件；若提供复印件，则加盖单位公章
4	地籍调查表、宗地图及宗地界址坐标	

(b) 国有建设用地使用权变更登记服务办理应收集表 5-37 中规定的材料。

表 5-37 国有建设用地使用权变更登记收件清单

<table>
<tr><th>序号</th><th>收集材料</th><th>审查要求</th></tr>
<tr><td>1</td><td>不动产登记申请书</td><td>核对填报单位信息、土地面积、用途等信息与申请人提供的单位资料及土地合同、批文是否一致，加盖公章</td></tr>
<tr><td>2</td><td>申请人身份证明文件</td><td>包括营业执照(或组织机构代码证)、法人代表身份证明书、法人代表及委托代理人身份证等，核对原件，收取复印件，加盖单位公章</td></tr>
<tr><td>3</td><td>不动产权属证书</td><td>收取原件。核对申请变更登记的国有建设用地使用权是否已经登记，申请人是否为不动产登记簿记载的权利人</td></tr>
<tr><td>4</td><td>身份变更证实材料(权利人姓名或者名称、身份证明类型或者身份证明号码发生变化的)</td><td rowspan="2">收取原件。核对材料是否齐全、有效；申请变更事项与变更材料记载的变更事实是否一致。土地面积、界址范围变更的，核对不动产权籍调查表、宗地图、宗地界址点坐标等是否齐全、规范，申请材料与不动产权籍调查结果是否一致；核对申请登记事项与不动产登记簿的记载是否冲突</td></tr>
<tr><td>5</td><td>变更后的不动产权籍调查表、宗地图、宗地界址点坐标等不动产权籍调查成果(土地面积、界址范围变更的)，额外材料：① 以出让方式取得的，收取出让补充合同；② 因自然灾害导致部分土地灭失的，收取证实土地灭失的材料</td></tr>
<tr><td>6</td><td>国土资源主管部门出具的批准文件和土地出让合同补充协议(土地用途变更的)；
缴清土地出让价款的凭证(依法需要补交土地出让价款的)</td><td rowspan="2"></td></tr>
<tr><td>7</td><td>国土资源主管部门同意分割或合并的批准文件以及变更后的不动产权籍调查表、宗地图以及宗地界址点坐标等不动产权籍调查结果(同一权利人分割或者合并国有建设用地的)</td></tr>
<tr><td>8</td><td>共有性质变更合同书或生效法律文书(共有人共有性质变更的)；
婚姻关系证明(夫妻共有财产共有性质变更的)</td><td></td></tr>
<tr><td>9</td><td>完税凭证原件(依法应当纳税的)</td><td></td></tr>
<tr><td>10</td><td>法律、行政法规以及《实施细则》规定的其他材料</td><td></td></tr>
</table>

(c) 国有建设用地使用权转移登记服务办理应收集表 5-38 中规定的材料。

表 5-38　国有建设用地使用权转移登记收件清单

<table>
<tr><th>序号</th><th>收集材料</th><th>审查要求</th></tr>
<tr><td>1</td><td>不动产登记申请书</td><td>核对填报单位信息、土地面积、用途等资料与申请人提供的单位信息及土地合同、批文是否一致,加盖公章</td></tr>
<tr><td>2</td><td>申请人身份证明文件</td><td>包括营业执照(或组织机构代码证)、法人代表身份证明书、法人代表及委托代理人身份证等,核对原件,收取复印件,加盖单位公章</td></tr>
<tr><td>3</td><td>不动产权属证书</td><td>收取原件。核对申请登记事项与不动产登记簿的记载是否冲突,申请登记事项是否与土地出让合同相关条款冲突,申请转移的国有建设用地使用权与转移证明文件记载的是否一致。设有地役权的:(1) 属供役地的,应一并办理地役权变更登记,但合同另有约定的除外;(2) 属需役地的,应一并办理地役权转移登记,但合同另有约定的除外</td></tr>
<tr><td>4</td><td>买卖合同(买卖的),互换合同(互换的),提交赠予合同(赠予的)</td><td rowspan="8">收取原件。核对转移证明文件是否齐全。依法应当经过批准的,应当已经由有权批准机关或上级资产管理部门批准。核对登记原因文件是否齐全。国有建设用地使用权被查封的,不予办理转移登记;若其有异议登记的,受让方是否已签署知悉存在异议登记并自担风险的书面承诺</td></tr>
<tr><td>5</td><td>因继承、受遗赠取得的,按照《不动产登记操作规范》相关规定收取的材料</td></tr>
<tr><td>6</td><td>作价出资(入股)协议[作价出资(入股)的]</td></tr>
<tr><td>7</td><td>法人或其他组织合并、分立的材料以及不动产权属转移的材料(法人或其他组织合并、分立导致权属发生转移的)</td></tr>
<tr><td>8</td><td>成立清算组或者管理人的法院裁定书或者其他相关文件、买卖合同或转让合同(法人或其他组织清算,对国有建设用地使用权进行处分的)</td></tr>
<tr><td>9</td><td>共有人增加或者减少的协议(共有人增加或者减少的),份额转移协议(共有份额变化的)</td></tr>
<tr><td>10</td><td>分割或合并协议书,或者记载有关分割或合并内容的生效法律文书(分割、合并导致权属发生转移的);国土资源主管部门同意实体分割或合并的批准文件以及分割或合并后的不动产权籍调查表、宗地图、宗地界址点坐标等不动产权籍调查结果(实体分割或合并的,额外收取)</td></tr>
<tr><td>11</td><td>人民法院、仲裁委员会的生效法律文书等材料(因人民法院、仲裁委员会的生效法律文书等导致权属发生变化的)</td></tr>
</table>

表 5-38(续)

序号	收集材料	审查要求
12	有批准权的人民政府的批准文件(申请划拨取得国有建设用地使用权转移登记的)	收取原件
13	缴清土地出让价款凭证、税费缴纳凭证(依法需要补交土地出让价款、缴纳税费的)	收取原件
14	法律、行政法规以及《实施细则》规定的其他材料	

(d) 国有建设用地使用权注销登记服务办理应收集表 5-39 中规定的材料。

表 5-39 国有建设用地使用权注销登记收件清单

序号	收集材料	审查要求
1	不动产登记申请书	核对填报单位信息、土地面积、用途等资料与申请人提供的单位信息及土地合同、批文是否一致,加盖公章
2	申请人身份证明文件	包括营业执照(或组织机构代码证)、法人代表身份证明书、法人代表及委托代理人身份证等,核对原件,收取复印件,加盖单位公章
3	不动产权属证书(原件)	核对申请注销的国有建设用地使用权是否已经登记。申请注销的国有建设用地设有抵押权或地役权的,应先注销抵押权或地役权,再注销国有建设用地使用权
4	灭失的材料(国有建设用地灭失的)	收取原件。核对是否已按规定进行实地查看
5	权利人放弃国有建设用地使用权的书面文件(权利人放弃国有建设用地使用权的);抵押权人、地役权人、预告登记权利人或查封机关同意注销的书面文件(被放弃的国有建设用地上设有抵押权、地役权或已经办理预告登记、查封登记的)	收取原件。核对该土地使用权未被查封或未设有地役权、抵押权等权利,或经查封机关、地役权人、抵押权人书面同意
6	人民政府的生效决定书(依法没收、收回国有建设用地使用权的)	
4	人民法院或者仲裁委员会生效法律文书(因人民法院或者仲裁委员会生效法律文书导致权利消灭的)	
7	法律、行政法规以及《实施细则》规定的其他材料	核对无法收回不动产权属证书的,是否已按规定公告作废

③ 服务时限

承诺期限为 5 个工作日。

(3) 国有建设用地使用权及房屋所有权登记

① 服务内容

国有建设用地使用权及房屋所有权登记服务内容包括：

(a) 国有建设用地使用权及房屋所有权首次登记；

(b) 国有建设用地使用权及房屋所有权变更登记；

(c) 国有建设用地使用权及房屋所有权转移登记；

(d) 国有建设用地使用权及房屋所有权注销登记。

② 收件清单

(a) 国有建设用地使用权及房屋所有权首次登记服务办理应收集表 5-40 中规定的材料。

表 5-40 国有建设用地使用权及房屋所有权首次登记收件清单

服务内容	序号	收集材料	审查要求
商品房首次登记	1	不动产登记申请书	核对填报单位信息、土地(房屋)面积、用途等资料与申请人提供的单位信息及土地合同、批文、建设规划许可证等是否一致，加盖公章
	2	申请人身份证明文件	包括营业执照(或组织机构代码证)、法人代表身份证明书、法人代表及委托代理人身份证等，核对原件，收取复印件，加盖公章
	3	建设工程规划许可证(正本)或建设工程规划核实合格证明	核对建设规划工程许可证记载的地址与实际地址是否一致、规划面积与测绘报告记载面积是否在误差范围内，核对原件，收取复印件，加盖公章
	4	不动产权属证书或者土地权属来源材料(含用地条件复核验收通知书)	收取不动产权属证书原件或土地权属来源材料(若提供复印件，则需加盖单位公章)
	5	公建配套项目立项批复及验收证明(纯非住宅项目免提交)	核对原件收复印件一份，加盖公章(纯非住宅项目免提交该项)
	6	商品房预(销)售许可证(部队经济适用房免提交)	核对原件，收取复印件，加盖公章
	7	房屋竣工验收证明	核对原件，收取复印件，加盖公章
	8	房地产调查或者测绘报告	核对不动产权籍调查成果资料是否齐全、规范，权籍调查表记载的权利人、权利类型及其性质等是否准确，宗地图、界址坐标、面积等是否符合要求

表 5-40(续)

服务内容	序号	收集材料	审查要求
政策性保障住房首次登记	1	不动产登记申请书	核对填报单位信息、土地(房屋)面积、用途等资料与申请人提供的单位信息及土地合同、批文、建设规划许可证等是否一致,加盖公章
	2	申请人身份证明文件	包括营业执照(或组织机构代码证)、法人代表身份证明书、法人代表及委托代理人身份证等,核对原件,收取复印件,加盖公章
	3	建设工程规划许可证(正本)或建设工程规划核实合格证明	核对建设规划工程许可证记载的地址与实际地址是否一致、规划面积与测绘报告记载面积是否在误差范围内,核对原件,收取复印件,加盖公章
	4	不动产权属证书或者土地权属来源材料(含用地条件复核验收通知书)	收取不动产权属证书原件或土地权属来源材料(若提供复印件,则需加盖单位公章)
	5	公建配套项目立项批复及验收证明(纯非住宅项目免提交)	核对原件,收取复印件,加盖公章(纯非住宅项目免提交该项)
	6	房屋竣工验收证明	核对原件,收取复印件,加盖公章
	7	房地产调查或者测绘报告	核对不动产权籍调查结果资料是否齐全、规范,权籍调查表记载的权利人、权利类型及其性质等是否准确,宗地图、界址坐标、面积等是否符合要求
非开发企业自建房屋首次登记	1	不动产登记申请书	核对填报单位信息、土地(房屋)面积、用途等资料与申请人提供的单位信息及土地合同、批文、建设规划许可证等是否一致,加盖公章
	2	申请人身份证明文件	包括营业执照(或组织机构代码证)、法人代表身份证明书、法人代表及委托代理人身份证等,核对原件,收取复印件,加盖公章
	3	建设工程规划许可证(正本)或建设工程规划核实合格证明	核对建设规划工程许可证记载的地址与实际地址是否一致、规划面积与测绘报告记载面积是否在误差范围内,核对原件收复印件一份,加盖公章
	4	不动产权属证书或者土地权属来源材料(含用地条件复核验收通知书)	收取不动产权属证书原件或土地权属来源材料(若提供复印件,则需加盖单位公章)
	5	房屋竣工验收证明	核对原件,收取复印件,加盖公章
	6	房地产调查或者测绘报告	核对不动产权籍调查成果资料是否齐全、规范,权籍调查表记载的权利人、权利类型及其性质等是否准确,宗地图、界址坐标、面积等是否符合要求

表 5-40(续)

服务内容	序号	收集材料	审查要求
个人建造房屋首次登记	1	不动产登记申请书	核对填报单位信息、土地(房屋)面积、用途等资料与申请人提供的单位信息及土地合同、批文、建设规划许可证等是否一致,加盖公章
	2	申请人身份证明文件	包括营业执照(或组织机构代码证)、法人代表身份证明书、法人代表及委托代理人身份证等,核对原件,收取复印件,加盖公章
	3	建设工程符合规划的材料	核对建设规划工程许可证记载的地址与实际地址是否一致、规划面积与测绘报告记载面积是否在误差范围内,核对原件,收取复印件,加盖公章
	4	不动产权属证书或土地权属来源材料	收取不动产权属证书原件或土地权属来源材料(若提供复印件,则需加盖单位公章)
	5	房地产调查或测绘报告(含墙界协议等)	核对不动产权籍调查成果资料是否齐全、规范,权籍调查表记载的权利人、权利类型及其性质等是否准确,宗地图、界址坐标、面积等是否符合要求
其他首次登记	1	不动产登记申请书	核对填报单位信息、土地(房屋)面积、用途等资料与申请人提供的单位信息及土地合同、批文、建设规划许可证等是否一致,加盖公章
	2	申请人身份证明文件	包括营业执照(或组织机构代码证)、法人代表身份证明书、法人代表及委托代理人身份证等,核对原件,收取复印件,加盖公章
	3	不动产权属来源材料和已竣工的材料	收取不动产权属证书原件或土地权属来源材料(若提供复印件加盖单位公章);在已竣工材料方面,核对原件,收取复印件,加盖公章
	4	房地产调查或测绘报告	核对不动产权籍调查成果资料是否齐全、规范,权籍调查表记载的权利人、权利类型及其性质等是否准确,宗地图、界址坐标、面积等是否符合要求

(b) 国有建设用地使用权及房屋所有权变更登记服务办理应收集表 5-41 中规定的材料。

表 5-41 国有建设用地使用权及房屋所有权变更登记收件清单

服务内容	序号	收集材料	审查要求
权利人姓名或名称、身份证明号码变更登记	1	不动产登记申请书	核对填报单位信息、土地(房屋)面积、用途等资料与申请人提供的单位信息及土地合同、批文、建设规划许可证等是否一致,加盖公章
	2	申请人身份证明文件	包括营业执照(或组织机构代码证)、法人代表身份证明书、法人代表及委托代理人身份证等,核对原件,收取复印件,加盖公章
	3	不动产权属证书	收取不动产权属证书原件或土地权属来源材料(若提供复印件,则需加盖单位公章)
	4	证实身份变更的材料	核对原件,收取复印件,加盖公章
地址、坐落变更登记	1	不动产登记申请书	核对填报单位信息、土地(房屋)面积、用途等资料与申请人提供的单位信息及土地合同、批文、建设规划许可证等是否一致,加盖公章
	2	申请人身份证明文件	包括营业执照(或组织机构代码证)、法人代表身份证明书、法人代表及委托代理人身份证等,核对原件,收取复印件,加盖公章
	3	不动产权属证书	收取不动产权属证书原件或土地权属来源材料(若提供复印件,则需加盖单位公章)
	4	关于房屋地址、坐落变更的证明	核对原件,收取复印件,加盖公章
不动产用途变更登记	1	不动产登记申请书	核对填报单位信息、土地(房屋)面积、用途等资料与申请人提供的单位信息及土地合同、批文、建设规划许可证等是否一致,加盖公章
	2	申请人身份证明文件	包括营业执照(或组织机构代码证)、法人代表身份证明书、法人代表及委托代理人身份证等,核对原件收复印件,加盖公章
	3	不动产权属证书	收取不动产权属证书原件或土地权属来源材料(若提供复印件,则需加盖单位公章)
	4	提交规划部门出具的批准文件、与国土部门签订的土地出让合同补充协议;依法需要补交土地出让价款的,还应当提交土地价款以及相关税费缴纳凭证	核对原件,收取复印件,加盖公章

表 5-41(续)

服务内容	序号	收集材料	审查要求
房屋面积、界址范围发生变化的变更登记	1	不动产登记申请书	核对填报单位信息、土地(房屋)面积、用途等资料与申请人提供的单位信息及土地合同、批文、建设规划许可证等是否一致,加盖公章
	2	申请人身份证明文件	包括营业执照(或组织机构代码证)、法人代表身份证明书、法人代表及委托代理人身份证等,核对原件,收取复印件,加盖公章
	3	不动产权属证书	收取不动产权属证书原件或土地权属来源材料(若提供复印件,则需加盖单位公章)
	4	变更的材料	核对原件,收取复印件,加盖公章
	5	房地产调查或测绘报告	核对不动产权籍调查结果资料是否齐全、规范,权籍调查表记载的权利人、权利类型及其性质等是否准确,宗地图、界址坐标、面积等是否符合要求
夫妻之间不动产归属变更登记	1	不动产登记申请书	核对填报单位信息、土地(房屋)面积、用途等资料与申请人提供的单位信息及土地合同、批文、建设规划许可证等是否一致,加盖公章
	2	申请人身份证明、结婚证明文件	包括营业执照(或组织机构代码证)、法人代表身份证明书、法人代表及委托代理人身份证、结婚证明等,核对原件,收取复印件,加盖公章
	3	不动产权属证书	收取不动产权属证书原件或土地权属来源材料(若提供复印件,则需加盖单位公章)
共有性质变更登记	1	不动产登记申请书	核对填报单位信息、土地(房屋)面积、用途等资料与申请人提供的单位信息及土地合同、批文、建设规划许可证等是否一致,加盖公章
	2	申请人身份证明文件	包括营业执照(或组织机构代码证)、法人代表身份证明书、法人代表及委托代理人身份证等,核对原件,收取复印件,加盖公章
	3	不动产权属证书	收取不动产权属证书原件或土地权属来源材料(若提供复印件,则需加盖单位公章)
	4	共有性质变更协议书或生效法律文书	核对原件,收取复印件,加盖公章

表 5-41(续)

服务内容	序号	收集材料	审查要求
土地使用权期限发生变化变更登记	1	不动产登记申请书	核对填报单位信息、土地(房屋)面积、用途等资料与申请人提供的单位信息及土地合同、批文、建设规划许可证等是否一致,加盖公章
	2	申请人身份证明文件	包括营业执照(或组织机构代码证)、法人代表身份证明书、法人代表及委托代理人身份证等,核对原件,收取复印件,加盖公章
	3	不动产权属证书	收取不动产权属证书原件或土地权属来源材料(若提供复印件,则需加盖单位公章)
	4	国土资源主管部门出具的批准文件和出让合同补充协议(需要补交土地出让价款的,还应当提交其缴纳凭证)	核对原件,收取复印件,加盖公章
房屋面积、界址范围发生变化的变更登记	1	不动产登记申请书	核对填报单位信息、土地(房屋)面积、用途等资料与申请人提供的单位信息及土地合同、批文、建设规划许可证等是否一致,加盖公章
	2	申请人身份证明文件	包括营业执照(或组织机构代码证)、法人代表身份证明书、法人代表及委托代理人身份证等,核对原件,收取复印件,加盖公章
	3	不动产权属证书	收取不动产权属证书原件或土地权属来源材料(若提供复印件,则需加盖单位公章)
	4	相关部门同意分割或合并的批准文件	核对原件,收取复印件,加盖公章
	5	房地产调查或测绘报告	核对不动产权籍调查结果资料是否齐全、规范,权籍调查表记载的权利人、权利类型及其性质等是否准确,宗地图、界址坐标、面积等是否符合要求
其他变更登记	1	不动产登记申请书	核对填报单位信息、土地(房屋)面积、用途等资料与申请人提供的单位信息及土地合同、批文、建设规划许可证等是否一致,加盖公章
	2	申请人身份证明文件	包括营业执照(或组织机构代码证)、法人代表身份证明书、法人代表及委托代理人身份证等,核对原件,收取复印件,加盖公章
	3	不动产权属证书	收取不动产权属证书原件或土地权属来源材料(若提供复印件,则需加盖单位公章)
	4	发生变更的材料	核对原件,收取复印件,加盖公章

(c) 国有建设用地使用权及房屋所有权转移登记服务办理应收集表 5-42 中规定的材料。

表 5-42 国有建设用地使用权及房屋所有权转移登记收件清单

服务内容	序号	收集材料	审查要求
商品房(经济适用房)转移登记(含贷款)	1	不动产登记申请书(有贷款的,同时提交抵押的不动产登记申请书)	核对填报单位信息、土地(房屋)面积、用途等资料与申请人提供的单位信息及土地合同、批文、建设规划许可证等是否一致,加盖公章
	2	申请人身份证明文件	包括营业执照(或组织机构代码证)、法人代表身份证明书、法人代表及委托代理人身份证等,核对原件,收取复印件,加盖公章
	3	房屋初始登记证	收取房屋初始登记证
	4	买卖合同,有贷款的,同时提交抵押合同和主债权合同	核对原件,收取复印件,加盖公章
	5	契税缴纳凭证	收取契税缴纳凭证
征地(拆迁)安置房转移登记	1	不动产登记申请书	核对填报单位信息、土地(房屋)面积、用途等资料与申请人提供的单位信息及土地合同、批文、建设规划许可证等是否一致,加盖公章
	2	申请人身份证明文件	包括营业执照(或组织机构代码证)、法人代表身份证明书、法人代表及委托代理人身份证等,核对原件,收取复印件,加盖公章
	3	安置房取得材料(包括安置房取得人资格审核证明及安置协议)(由建设单位提供)	核对申请人与安置房取得材料中信息是否一致
	4	房屋初始登记证(未颁发的,免收)	收取房屋初始登记证
	5	契税缴纳凭证	收取契税缴纳凭证
存量房买卖转移登记	1	不动产登记申请书(有贷款的,同时提交抵押的不动产登记申请书)	核对填报单位信息、土地(房屋)面积、用途等资料与申请人提供的单位信息及土地合同、批文、建设规划许可证等是否一致,加盖公章
	2	申请人身份证明文件	包括营业执照(或组织机构代码证)、法人代表身份证明书、法人代表及委托代理人身份证等,核对原件,收取复印件,加盖公章
	3	不动产权属证书(预告登记转现登记的,提交不动产登记证明)	收取不动产权属证书原件
	4	买卖合同(预告登记转现登记的,免提交;有贷款的,同时提交抵押合同和主债权合同)	核对原件,收取复印件,加盖公章
	5	契税缴纳凭证	收取契税缴纳凭证
	6	土地增值税完税或减免税证明(单位持有的住宅转让的;单位和个人非住宅转让的)	核对、收取土地增值税完税或减免税证明
	7	涉及划拨土地非住宅的,需提交补缴政府收益的证明	核对、收取补缴政府收益的证明

表 5-42(续)

服务内容	序号	收集材料	审查要求
依生效法律文书的不动产转移登记	1	不动产登记申请书	核对填报单位信息、土地(房屋)面积、用途等资料与申请人提供的单位信息及土地合同、批文、建设规划许可证等是否一致,加盖公章
	2	申请人身份证明文件	包括营业执照(或组织机构代码证)、法人代表身份证明书、法人代表及委托代理人身份证等,核对原件,收取复印件,加盖公章
	3	不动产权属证书	收取不动产权属证书原件
	4	生效法律文书	核对、收取生效法律文书
	5	契税缴纳凭证	收取契税缴纳凭证
	6	土地增值税完税或减免税证明(单位持有的住宅转让的;单位和个人非住宅转让的)	核对、收取土地增值税完税或减免税证明
	7	涉及划拨土地非住宅的,需提交补缴政府收益的证明	核对、收取补缴政府收益的证明
公有住房出售转移登记	1	不动产登记申请书	核对填报单位信息、土地(房屋)面积、用途等资料与申请人提供的单位信息及土地合同、批文、建设规划许可证等是否一致,加盖公章
	2	申请人身份证明文件	包括营业执照(或组织机构代码证)、法人代表身份证明书、法人代表及委托代理人身份证等,核对原件,收取复印件,加盖公章
	3	不动产权属证书	收取不动产权属证书原件
	4	购买公有住房审批表、出售公有住房价格评估表	核对申请人与审批表、评估表中信息是否一致
	5	出售公有住房合同、付款凭证	核对、收取出售公有住房合同、付款凭证
	6	购房人职级、职称及工龄证明(不享受的免提交)	核对申请人与证明中信息是否一致
已购公有住房上市转移登记	1	不动产登记申请书	核对填报单位信息、土地(房屋)面积、用途等资料与申请人提供的单位信息及土地合同、批文、建设规划许可证等是否一致,加盖公章
	2	申请人身份证明文件	包括营业执照(或组织机构代码证)、法人代表身份证明书、法人代表及委托代理人身份证等,核对原件,收取复印件,加盖公章
	3	不动产权属证书	收取不动产权属证书原件
	4	买卖合同	核对原件,收取复印件,加盖公章
	5	契税缴纳凭证	收取契税缴纳凭证

表 5-42(续)

服务内容	序号	收集材料	审查要求
解困房、安居房、经济适用房上市转移登记	1	不动产登记申请书	核对填报单位信息、土地(房屋)面积、用途等资料与申请人提供的单位信息及土地合同、批文、建设规划许可证等是否一致,加盖公章
	2	申请人身份证明文件	包括营业执照(或组织机构代码证)、法人代表身份证明书、法人代表及委托代理人身份证等,核对原件,收取复印件,加盖公章
	3	不动产权属证书	收取不动产权属证书原件
	4	补缴政府收益的证明	核对、收取补缴政府收益的证明
	5	买卖合同	核对原件,收取复印件,加盖公章
不动产赠予转移登记	1	不动产登记申请书	核对填报单位信息、土地(房屋)面积、用途等资料与申请人提供的单位信息及土地合同、批文、建设规划许可证等是否一致,加盖公章
	2	申请人身份证明文件	包括营业执照(或组织机构代码证)、法人代表身份证明书、法人代表及委托代理人身份证等,核对原件,收取复印件,加盖公章
	3	不动产权属证书	收取不动产权属证书原件
	4	赠予协议(遗赠的提交遗赠和接受遗赠的证明)	审核赠予协议(遗赠的提交遗赠和接受遗赠的证明)是否齐全、有效
	5	契税缴纳凭证	收取契税缴纳凭证
	6	土地增值税完税或减免税证明(单位持有的住宅转让的;单位和个人非住宅转让的)	核对、收取土地增值税完税或减免税证明
	7	涉及划拨土地非住宅的,需提交补缴政府收益的证明	核对、收取补缴政府收益的证明
	8	登记工作机构认为需要的其他证明材料	核对、收取登记工作机构认为需要的其他证明材料
不动产共有份额转移登记	1	不动产登记申请书	核对填报单位信息、土地(房屋)面积、用途等资料与申请人提供的单位信息及土地合同、批文、建设规划许可证等是否一致,加盖公章
	2	申请人身份证明文件	包括营业执照(或组织机构代码证)、法人代表身份证明书、法人代表及委托代理人身份证等,核对原件,收取复印件,加盖公章
	3	不动产权属证书	收取不动产权属证书原件
	4	份额转移协议	审核份额转移协议是否齐全、有效
	5	契税缴纳凭证	收取契税缴纳凭证
	6	土地增值税完税或减免税证明;(单位持有的住宅转让的;单位和个人非住宅转让的)(夫妻之间除外)	核对、收取土地增值税完税或减免税证明

表 5-42(续)

服务内容	序号	收集材料	审查要求
不动产继承转移登记	1	不动产登记申请书	核对填报单位信息、土地(房屋)面积、用途等资料与申请人提供的单位信息及土地合同、批文、建设规划许可证等是否一致,加盖公章
	2	申请人身份证明文件	包括营业执照(或组织机构代码证)、法人代表身份证明书、法人代表及委托代理人身份证等,核对原件,收取复印件,加盖公章
	3	不动产权属证书	收取不动产权属证书原件
	4	继承有关证明材料	审核继承有关证明材料是否齐全、有效
	5	登记工作机构认为需要的其他证明材料	核对、收取登记工作机构认为需要的其他证明材料
不动产互换转移登记	1	不动产登记申请书	核对填报单位信息、土地(房屋)面积、用途等信息与申请人提供的单位信息及土地合同、批文、建设规划许可证等是否一致,是否加盖公章
	2	申请人身份证明文件	包括营业执照(或组织机构代码证)、法人代表身份证明书、法人代表及委托代理人身份证等,核对原件,收取复印件,加盖公章
	3	不动产权属证书	收取不动产权属证书原件
	4	互换协议	核对、收取互换协议
	5	契税缴纳凭证	收取契税缴纳凭证
	6	土地增值税完税或减免税证明(单位持有的住宅转让的;单位和个人非住宅转让的)	核对、收取土地增值税完税或减免税证明
	7	涉及划拨土地非住宅的,需提交补缴政府收益的证明	核对、收取补缴政府收益的证明
不动产作价出资(入股)转移登记	1	不动产登记申请书	核对填报单位信息、土地(房屋)面积、用途等资料与申请人提供的单位信息及土地合同、批文、建设规划许可证等是否一致,加盖公章
	2	申请人身份证明文件	包括营业执照(或组织机构代码证)、法人代表身份证明书、法人代表及委托代理人身份证等,核对原件,收取复印件,加盖公章
	3	不动产权属证书	收取不动产权属证书原件
	4	作价出资(入股)协议	核对、收取作价出资(入股)协议
	5	契税缴纳凭证	收取契税缴纳凭证
	6	土地增值税完税或减免税证明(单位持有的住宅转让的;单位和个人非住宅转让的)	核对、收取土地增值税完税或减免税证明
	7	涉及划拨土地非住宅的,需提交补缴政府收益证明	核对、收取补缴政府收益的证明

表 5-42(续)

服务内容	序号	收集材料	审查要求
法人或其他组织合并、分立导致不动产转移登记	1	不动产登记申请书	核对填报单位信息、土地(房屋)面积、用途等资料与申请人提供的单位信息及土地合同、批文、建设规划许可证等是否一致,加盖公章
	2	申请人身份证明文件	包括营业执照(或组织机构代码证)、法人代表身份证明书、法人代表及委托代理人身份证等,核对原件,收取复印件,加盖公章
	3	不动产权属证书	收取不动产权属证书原件
	4	法人或其他组织合并、分立的材料和不动产权属转移的材料	核对、收取法人或其他组织合并、分立的材料和不动产权属转移的材料
	5	契税缴纳凭证	收取契税缴纳凭证
	6	土地增值税完税或减免税证明(单位持有的住宅转让的;单位和个人非住宅转让的)	核对、收取土地增值税完税或减免税证明
	7	涉及划拨土地非住宅的,需提交补缴政府收益的证明	核对、收取补缴政府收益的证明
预购商品房(经济适用房)预告登记转房屋转移登记	1	不动产登记申请书(有贷款的,同时提交抵押的不动产登记申请书)	核对填报单位信息、土地(房屋)面积、用途等资料与申请人提供的单位信息及土地合同、批文、建设规划许可证等是否一致,加盖公章
	2	申请人身份证明文件	包括营业执照(或组织机构代码证)、法人代表身份证明书、法人代表及委托代理人身份证等,核对原件,收取复印件,加盖公章
	3	房屋初始登记证	收取房屋初始登记证
	4	契税缴纳凭证	收取契税缴纳凭证
不动产转让预告登记转房屋转移登记	1	不动产登记申请书	核对填报单位信息、土地(房屋)面积、用途等资料与申请人提供的单位信息及土地合同、批文、建设规划许可证等是否一致,加盖公章
	2	申请人身份证明文件	包括营业执照(或组织机构代码证)、法人代表身份证明书、法人代表及委托代理人身份证等,核对原件,收取复印件,加盖公章
	3	不动产登记证明	收取不动产登记证明
	4	契税缴纳凭证	收取契税缴纳凭证
	5	土地增值税完税或减免税证明(单位持有的住宅转让的;单位和个人非住宅转让的)	核对、收取土地增值税完税或减免税证明
	6	涉及划拨土地非住宅的,需提交补缴政府收益的证明	核对、收取补缴政府收益的证明

表 5-42(续)

服务内容	序号	收集材料	审查要求
建设单位与业主之间车库(位)转移登记	1	不动产登记申请书(有贷款的,同时提交抵押的不动产登记申请书)	核对填报单位信息、土地(房屋)面积、用途等资料与申请人提供的单位信息及土地合同、批文、建设规划许可证等是否一致,加盖公章
	2	申请人身份证明文件	包括营业执照(或组织机构代码证)、法人代表身份证明书、法人代表及委托代理人身份证等,核对原件,收取复印件,加盖公章
	3	接受方属于本建筑区划内业主的证明或业主委员会出具接受方可以受让车库的证明	审核有关证明材料是否齐全、有效
	4	房屋初始登记证	收取房屋初始登记证
	5	转让合同[转让数量超过车库(位)配比的每户车库(位)数的,应提交业主委员会同意证明]	核对原件,收取复印件,加盖公章
	6	契税缴纳凭证	收取契税缴纳凭证
业主之间车库(位)转移登记	1	不动产登记申请书(有贷款的,同时提交抵押的不动产登记申请书)	核对填报单位信息、土地(房屋)面积、用途等资料与申请人提供的单位信息及土地合同、批文、建设规划许可证等是否一致,加盖公章
	2	申请人身份证明文件	包括营业执照(或组织机构代码证)、法人代表身份证明书、法人代表及委托代理人身份证等,核对原件,收取复印件,加盖公章
	3	接受方属于本建筑区划内业主的证明	审核有关证明材料是否齐全、有效
	4	不动产权属证书	收取不动产权属证书
	5	转让合同	核对原件,收取复印件,加盖公章
	6	契税缴纳凭证	收取契税缴纳凭证
其他转移登记	1	不动产登记申请书	核对填报单位信息、土地(房屋)面积、用途等资料与申请人提供的单位信息及土地合同、批文、建设规划许可证等是否一致,加盖公章
	2	申请人身份证明文件	包括营业执照(或组织机构代码证)、法人代表身份证明书、法人代表及委托代理人身份证等,核对原件,收取复印件,加盖公章
	3	不动产权属证书	收取不动产权属证书
	4	发生转移的材料	审核有关材料是否齐全、有效;收取发生转移的材料

(d) 国有建设用地使用权及房屋所有权注销登记服务办理应收集表 5-43 中规定的材料。

表 5-43 国有建设用地使用权及房屋所有权注销登记收件清单

服务内容	序号	收集材料	审查要求
不动产灭失注销登记	1	不动产登记申请书	核对填报单位信息、土地(房屋)面积、用途等资料与申请人提供的单位信息及土地合同、批文、建设规划许可证等是否一致,加盖公章
	2	申请人的身份证明	包括营业执照(或组织机构代码证)、法人代表身份证明书、法人代表及委托代理人身份证等,核对原件,收取复印件,加盖公章
	3	不动产权属证书	收取不动产权属证书原件或土地权属来源材料(若提供复印件,则需加盖单位公章)
不动产权利消灭注销登记	1	不动产登记申请书	核对填报单位信息、土地(房屋)面积、用途等资料与申请人提供的单位信息及土地合同、批文、建设规划许可证等是否一致,加盖公章
	2	申请人身份证明文件	包括营业执照(或组织机构代码证)、法人代表身份证明书、法人代表及委托代理人身份证等,核对原件,收取复印件,加盖公章
	3	人民政府生效决定书	核对原件,收取复印件,加盖公章
	4	不动产权属证书	收取不动产权属证书原件或土地权属来源材料(若提供复印件,则需加盖单位公章)
放弃不动产权利注销登记	1	不动产登记申请书	核对填报单位信息、土地(房屋)面积、用途等资料与申请人提供的单位信息及土地合同、批文、建设规划许可证等是否一致,加盖公章
	2	申请人的身份证明	包括营业执照(或组织机构代码证)、法人代表身份证明书、法人代表及委托代理人身份证等,核对原件,收取复印件,加盖公章
	3	不动产权属证书	收取不动产权属证书原件或土地权属来源材料(若提供复印件,则需加盖单位公章)
	4	权利人放弃权利的书面文件	收取经权利人签字放弃权利的书面文件

③ 服务时限

承诺期限为 5 个工作日。

(4) 宅基地使用权及房屋所有权登记

① 服务内容

宅基地使用权及房屋所有权登记服务内容包括:

(a) 宅基地使用权及房屋所有权首次登记;

(b) 宅基地使用权及房屋所有权变更登记;

(c) 宅基地使用权及房屋所有权转移登记;

(d) 宅基地使用权及房屋所有权注销登记。

② 收件清单

(a) 宅基地使用权及房屋所有权首次登记服务办理应收集表 5-44 中规定的材料。

表 5-44　宅基地使用权及房屋所有权首次登记收件清单

服务内容	序号	收集材料	审查要求
宅基地使用权首次登记	1	不动产登记申请书	核对填报单位信息、土地面积、用途等信息与申请人提供的单位信息及土地合同、批文是否一致,加盖公章
	2	申请人身份证明材料	申请主体为用地批准文件记载的宅基地使用权人;个人的提供有效身份证件、夫妻关系证明、户口簿、家庭成员等相关证件;单位的提供组织机构代码证、营业执照或统一社会信用代码证,法定代表人及代理人身份证明,公司章程等;委托办理的,需提供委托书。核对原件收复印件,提供人在复印件上签字或盖章
	3	有批准权的人民政府批准用地的文件等权属来源材料	收取原件。申请表、权属来源证明等材料记载的主体是否一致
	4	不动产权籍调查表、宗地图、宗地界址点坐标等有关不动产界址、面积等材料	权籍调查成果资料是否齐全、规范,内容是否符合要求;申请材料与不动产权籍调查表的内容是否一致或相关联,包括权利人、权利类型及其性质、权属来源、面积等;申请材料与不动产测量报告的内容是否一致或相关联,包括宗地图、界址坐标、面积等
	5	法律、行政法规以及《实施细则》规定的其他材料	是否已在不动产登记机构门户网站以及宅基地所在地进行公告
宅基地使用权及房屋所有权首次登记	1	不动产登记申请书	核对填报单位信息、土地面积、用途等信息与申请人提供的单位信息及土地合同、批文是否一致,加盖公章
	2	申请人身份证明	申请主体为用地批准文件记载的宅基地使用权人;个人的提供有效身份证件、夫妻关系证明、户口簿、家庭成员等相关证件;单位的提供组织机构代码证、营业执照或统一社会信用代码证,法定代表人及代理人身份证明,公司章程等;委托办理的,需提供委托书。核对原件收复印件,提供人在复印件上签字或盖章
	3	不动产权属证书或者土地权属来源材料	收取原件。宅基地使用权是否已登记:已登记的,审核不动产权属证书记载的权利主体与城乡规划证明等材料记载的权利主体是否一致;未登记的,按宅基地使用权首次登记的有关要求进行审核;宅基地使用权被查封的,宅基地使用权及房屋所有权首次登记申请人与查封被执行人一致的,不影响宅基地使用权及房屋所有权首次登记;不一致的,不予办理宅基地使用权及房屋所有权首次登记;申请登记事项与登记簿的记载是否冲突
	4	房屋符合规划或建设的相关材料	收取原件。房屋等建筑物、构筑物是否符合规划或建设的相关要求
	5	不动产权籍调查表、宗地图、房屋平面图以及宗地界址点坐标等有关不动产界址、面积等材料	权籍调查成果资料是否齐全、规范,内容是否符合要求;申请材料与不动产权籍调查表的内容是否一致,包括权利人、权利类型及其性质、权属来源、面积等;申请材料与不动产测量报告的内容是否一致,包括宗地图和分户房产图、界址坐标、面积等
	6	法律、行政法规以及《实施细则》规定的其他材料	是否已按规定进行实地查看;是否已按规定进行公告

(b) 宅基地使用权及房屋所有权变更登记服务办理应收集表 5-45 中规定的材料。

表 5-45 宅基地使用权及房屋所有权变更登记收件清单

序号	收集材料	审查要求
1	不动产登记申请书	核对填报申请人信息、不动产属性信息等与申请人提供的身份信息及证明材料是否一致，记录有关询问内容，核对签字或盖章
2	申请人身份证明文件	申请主体应当为不动产登记簿记载的权利人。权利人为个人的提供有效身份证件、夫妻关系证明、户口簿、家庭成员等相关证件；单位的提供组织机构代码证、营业执照或统一社会信用代码证，法定代表人及代理人身份证明，公司章程等；委托办理的，需提供委托书。核对原件收复印件，提供人在复印件上签字或盖章
3	不动产权属证书	收取原件。设有地役权的，应当一并办理地役权变更登记。申请登记事项与登记簿的记载是否冲突
4	宅基地使用权及房屋所有权变更的材料，包括： ① 权利人姓名或者名称、身份证明类型或者身份证明号码发生变化的，提交能够证实其身份变更的材料。 ② 宅基地或房屋的坐落、名称变更的，提交有权部门出具的证明文件。 ③ 宅基地或房屋面积、界址范围变更的，提交有批准权的人民政府或其主管部门的批准文件以及变更后的由登记机构或不动产产权产籍管理部门审核通过的不动产权籍调查表、不动产测量报告等不动产权籍调查成果	收取原件。变更证明文件是否齐全；变更事项需要批准的，已经有权机关批准；申请变更事项与变更登记证明文件记载的变更事实是否一致
5	法律、行政法规以及《实施细则》规定的其他材料	

(c) 宅基地使用权及房屋所有权转移登记服务办理应收集表 5-46 中规定的材料。

表 5-46 宅基地使用权及房屋所有权转移登记收件清单

序号	收集材料	审查要求
1	不动产登记申请书	核对填报申请人信息、不动产属性信息等与申请人提供的身份信息及证明材料是否一致，记录有关询问内容，核对签字或盖章
2	申请人身份证明文件	申请主体应当为不动产登记簿记载的权利人。个人的提供有效身份证件、夫妻关系证明、户口簿、家庭成员等相关证件；单位的提供组织机构代码证、营业执照或统一社会信用代码证，法定代表人及代理人身份证明，公司章程等；委托办理的，需提供委托书。核对原件收复印件，提供人在复印件上签字或盖章

表 5-46(续)

序号	收集材料	审查要求
3	不动产权属证书	收取原件。申请转移的宅基地使用权及房屋所有权有被查封的,不予办理转移登记。设有地役权的:① 属供役地的,应一并办理地役权变更登记,先办理房屋所有权转移登记,再办理地役权变更登记;合同另有约定的除外;② 属需役地的,应一并办理地役权转移登记,先办理房屋所有权转移登记,再办理地役权转移登记;合同另有约定的除外。申请登记事项与登记簿的记载是否冲突
4	宅基地使用权及房屋所有权转移的材料,包括: ① 互换的,提交互换协议书。同时,还应提交本农村集体经济组织同意转移以及受让方为本集体经济组织成员的证明文件。 ② 依法继承的,按照《不动产登记操作规范》1.8.6 的规定提交材料。 ③ 分家析产的协议或者材料。 ④ 集体经济组织内部互换房屋的,提交互换协议书。同时,还应提交互换双方为本集体经济组织成员的材料。 ⑤ 因人民法院或者仲裁委员会生效法律文书导致权属发生转移的,提交人民法院或者仲裁委员会生效法律文书	收取原件。转移证明文件是否齐全、有效;申请转移的宅基地使用权及房屋所有权与转移证明文件记载是否一致
5	法律、行政法规以及《实施细则》规定的其他材料	有异议登记的,受让方是否已签署知悉存在异议登记并自担风险的书面承诺;已拥有一处宅基地的本集体经济组织成员、非集体经济组织成员的农村或城镇居民,因继承取得宅基地使用权及房屋所有权的,在不动产权属证书附记栏记载该权利人为本农民集体原成员住宅的合法继承人

(d) 宅基地使用权及房屋所有权注销登记服务办理应收集表 5-47 中规定的材料。

表 5-47　宅基地使用权及房屋所有权注销登记收件清单

序号	收集材料	审查要求
1	不动产登记申请书	核对填报申请人信息、不动产属性信息等与申请人提供的身份信息及证明材料是否一致,记录有关询问内容,核对签字或盖章
2	申请人身份证明文件	申请主体应当为不动产登记簿记载的权利人;个人的提供有效身份证件、夫妻关系证明、户口簿、家庭成员等相关证件;单位的提供组织机构代码证、营业执照或统一社会信用代码证,法定代表人及代理人身份证明,公司章程等;委托办理的,需提供委托书。核对原件收复印件,提供人在复印件上签字或盖章

表 5-47(续)

序号	收集材料	审查要求
3	不动产权属证书	收取原件
4	宅基地使用权及房屋所有权消灭的材料，包括： ① 宅基地、房屋灭失的，提交其灭失的材料。 ② 权利人放弃宅基地使用权及房屋所有权的，提交权利人放弃权利的书面文件。被放弃的宅基地、房屋设有地役权的，需提交地役权人同意注销的书面材料。 ③ 依法没收、征收、收回宅基地使用权或者房屋所有权的，提交人民政府做出的生效决定书。 ④ 因人民法院或者仲裁委员会生效法律文书导致权利消灭的，提交人民法院或者仲裁委员会生效法律文书	收取原件。注销证明文件是否齐全、有效
5	法律、行政法规以及《实施细则》规定的其他材料	

③ 服务时限

承诺期限为 5 个工作日。

(5) 集体建设用地使用权及建筑物、构筑物所有权登记

① 服务内容

集体建设用地使用权及建筑物、构筑物所有权登记服务内容包括：

(a) 集体建设用地使用权及建筑物、构筑物所有权首次登记；

(b) 集体建设用地使用权及建筑物、构筑物所有权变更登记；

(c) 集体建设用地使用权及建筑物、构筑物所有权转移登记；

(d) 集体建设用地使用权及建筑物、构筑物所有权注销登记。

② 收件清单

(a) 集体建设用地使用权及建筑物、构筑物所有权首次登记服务办理应收集表 5-48 中规定的材料。

表 5-48 集体建设用地使用权及建筑物、构筑物所有权首次登记收件清单

服务内容	序号	收集材料	审查要求
集体建设用地使用权首次登记	1	不动产登记申请书	核对填报单位信息、土地面积、用途等信息与申请人提供的单位信息及土地合同、批文是否一致，加盖公章
	2	申请人身份证明文件	申请主体应当为权属来源证明材料记载的权利人；包括营业执照、组织机构代码证、法人代表身份证明书、法人代表及委托代理人身份证等，核对原件收复印件一份，加盖公章
	3	有批准权的人民政府批准用地的文件等权属来源材料	收取原件。申请表、权属来源证明等材料记载的主体是否一致

表 5-48(续)

服务内容	序号	收集材料	审查要求
集体建设用地使用权首次登记	4	不动产权籍调查表、宗地图、宗地界址点坐标等有关不动产界址、面积等材料	权籍调查成果资料是否齐全、规范,内容是否符合要求;申请材料与不动产权籍调查表的内容是否一致或相关联,包括权利人、权利类型及其性质、权属来源、面积等;申请材料与不动产测量报告的内容是否一致或相关联,包括宗地图、界址坐标、面积等
	5	法律、行政法规以及《实施细则》规定的其他材料	是否已按规定进行公告
集体建设用地使用权及建筑物、构筑物所有权首次登记	1	不动产登记申请书	核对填报单位信息、土地面积、用途等信息与申请人提供的单位信息及土地合同、批文是否一致,加盖公章
	2	申请人身份证明文件	申请主体应当为权属来源证明材料记载的权利人;包括营业执照、组织机构代码证、法人代表身份证明书、法人代表及委托代理人身份证等,核对原件收复印件一份,加盖公章
集体建设用地使用权及建筑物、构筑物所有权首次登记	3	不动产权属证书	收取原件。申请表、权属来源证明等材料记载的主体是否一致或关联;申请登记事项与登记簿的记载是否冲突;集体建设用地使用权是否已登记。已登记的,不动产登记簿记载的权利主体与建设工程符合规划的材料、建设工程竣工材料等记载的权利主体是否一致;未登记的,建设工程符合规划的材料、建设工程竣工材料等记载的主体是否与土地权属来源材料记载的主体一致;集体建设用地使用权被查封,申请人与被执行人一致的,不影响房屋所有权首次登记;不一致的,不予办理房屋所有权首次登记;设有地役权,与地役权内容不冲突的,不影响房屋所有权首次登记;有冲突的,应当经地役权人书面同意或注销地役权
	4	建设工程符合规划的材料	收取原件
	5	不动产权籍调查表、宗地图、房屋平面图以及宗地界址点坐标等有关不动产界址、面积等材料	权籍调查成果资料是否齐全、规范,内容是否符合要求;申请材料与不动产权籍调查表的内容是否一致,包括权利人、权利类型及其性质、权属来源、面积等;申请材料与不动产测量报告的内容是否一致,包括宗地图和分户房产图、界址坐标、面积等
	6	建设工程已竣工的材料	收取原件
	7	法律、行政法规以及《实施细则》规定的其他材料	是否已按规定进行实地查看;是否已按规定进行公告;申请集体建设用地上的建筑物区分所有权登记的,参照国有建设用地使用权及建筑物区分所有权的规定办理;权利人为按份共有,且共有人之间就集体建设用地使用权及房屋所有权处分有约定的,若申请人申请将约定事项记载于登记簿,登记机构应当将约定内容记载于登记簿

集体建设用地使用权及建筑物、构筑物所有权变更登记服务办理应收集表5-49中规定的材料。

表5-49 集体建设用地使用权及建筑物、构筑物所有权变更登记收件清单

序号	收集材料	审查要求
1	不动产登记申请书	核对填报申请人信息、不动产属性信息等与申请人提供的身份信息及证明材料是否一致，记录有关询问内容，核对签字或盖章
2	申请人身份证明文件	申请主体应当为不动产登记簿记载的权利人。因共有人的姓名、名称发生变化的，可以由姓名、名称发生变化的权利人申请；因土地或房屋自然状况变化的，可以由共有人一人或多人申请；夫妻共有财产变更的，应当由夫妻双方凭婚姻关系证明共同申请。个人的提供有效身份证件、夫妻关系证明、户口簿、家庭成员等相关证件；单位的提供组织机构代码证、营业执照或统一社会信用代码证，法定代表人及代理人身份证明，公司章程等；委托办理的，需提供委托书。核对原件收复印件，提供人在复印件上签字或盖章
3	不动产权属证书	收取原件。设有抵押权的，不影响集体建设用地使用权及房屋所有权变更登记；设有地役权的，不影响集体建设用地使用权及房屋所有权变更登记。与已设定地役权的内容有冲突的，应当经地役权人书面同意
4	集体建设用地使用权及建筑物、构筑物所有权变更的材料，包括： ① 权利人姓名或者名称、身份证明类型或者身份证明号码发生变化的，提交能够证实其身份变更的材料。 ② 土地或房屋坐落、名称变更的，提交有权部门出具的证明文件。 ③ 土地或建筑物、构筑物面积、界址范围变更的，提交有批准权的人民政府或其主管部门的批准文件以及变更后的不动产权籍调查表、宗地图、房屋平面图以及宗地界址点坐标等有关不动产界址、面积等材料。 ④ 土地或建筑物、构筑物用途变更的，提交有批准权的人民政府或者主管部门的批准文件	收取原件。变更证明文件是否齐全、有效；需经有权机关批准的变更事项，已经批准；申请变更事项与变更证明文件记载的变更事实是否一致；申请登记事项与登记簿的记载是否冲突

表 5-49(续)

序号	收集材料	审查要求
4	⑤ 同一权利人分割或者合并建筑物、构筑物的,提交有批准权限部门同意分割或者合并的批准文件以及分割或者合并后的不动产权籍调查表、宗地图、房屋平面图以及宗地界址点坐标等有关不动产界址、面积等材料	同上
5	法律、行政法规以及《实施细则》规定的其他材料	

集体建设用地使用权及建筑物、构筑物所有权转移登记服务办理应收集表 5-50 中规定的材料。

表 5-50　集体建设用地使用权及建筑物、构筑物所有权转移登记收件清单

序号	收集材料	审查要求
1	不动产登记申请书	核对填报申请人信息、不动产属性信息等与申请人提供的身份信息及证明材料是否一致,记录有关询问内容,核对签字或盖章
2	申请人身份证明文件	应当由转让方和受让方共同申请。因人民法院、仲裁委员会的生效法律文书或者人民政府生效行政决定书导致权属转移的,可由受让方单方申请。个人的提供有效身份证件、夫妻关系证明、户口簿、家庭成员等相关证件;单位的提供组织机构代码证、营业执照或统一社会信用代码证,法定代表人及代理人身份证明,公司章程等;委托办理的,需提供委托书。核对原件收复印件,提供人在复印件上签字或盖章
3	不动产权属证书	收取原件。集体建设用地使用权及房屋所有权被查封的,不予办理转移登记;设有地役权的:① 属供役地的,应一并办理地役权变更登记,先办理房屋所有权转移登记,再办理地役权变更登记;合同另有约定的除外;② 属需役地的,应一并办理地役权转移登记,先办理房屋所有权转移登记,再办理地役权转移登记;合同另有约定的除外。有异议登记的,受让方是否已签署知悉存在异议登记并自担风险的书面承诺
4	集体建设用地使用权及建筑物、构筑物所有权转移的材料,包括: ① 作价出资(入股)的,提交作价出资(入股)协议。 ② 因企业合并、分立、兼并、破产等情形导致权属发生转移的,提交企业合并、分立、兼并、破产的材料,集体建设用地使用权及建筑物、构筑物所有权权属转移材料,有权部门的批准文件。 ③ 因人民法院、仲裁委员会的生效法律文书导致权属转移的,提交人民法院、仲裁委员会的生效法律文书	收取原件。转移证明文件是否齐全、有效;依法应当经过批准的,应当已经由有权批准机关批准;申请转移的集体建设用地使用权及房屋所有权与转移证明文件记载是否一致;申请登记事项与登记簿的记载是否冲突

表 5-50(续)

序号	收集材料	审查要求
5	依法需要缴纳税费的，应当提交税费缴纳凭证	收取原件
6	本集体经济组织 2/3 以上成员或者 2/3 以上村民代表同意的材料	收取原件
7	法律、行政法规以及《实施细则》规定的其他材料	

集体建设用地使用权及建筑物、构筑物所有权注销登记服务办理应收集表 5-51 中规定的材料。

表 5-51　集体建设用地使用权及建筑物、构筑物所有权注销登记收件清单

序号	收集材料	审查要求
1	不动产登记申请书	核对填报申请人信息、不动产属性信息等与申请人提供的身份信息及证明材料是否一致，记录有关询问内容，核对签字或盖章
2	申请人身份证明文件	申请主体应当是不动产登记簿记载的权利人。个人的提供有效身份证件、夫妻关系证明、户口簿、家庭成员等相关证件；单位的提供组织机构代码证、营业执照或统一社会信用代码证，法定代表人及代理人身份证明，公司章程等；委托办理的，需提供委托书。核对原件收取复印件，提供人在复印件上签字或盖章
3	不动产权属证书	收取原件。申请注销的集体建设用地或房屋设有抵押权或地役权的，应先注销抵押权或地役权，再注销集体建设用地使用权及房屋所有权；无法收回不动产权属证书的，是否已按规定公告作废
4	集体建设用地使用权及建筑物、构筑物所有权消灭的材料，包括： ① 土地或建筑物、构筑物灭失的，提交灭失的材料。 ② 权利人放弃集体建设用地使用权及建筑物、构筑物所有权的，提交权利人放弃权利的书面文件。设有抵押权、地役权或被查封的，需提交抵押权人、地役权人或查封机关同意注销的书面材料。 ③ 依法没收、征收、收回集体建设用地使用权及建筑物、构筑物所有权的，提交人民政府的生效决定书。 ④ 因人民法院或者仲裁委员会生效法律文书等导致集体建设用地使用权及建筑物、构筑物所有权消灭的，提交人民法院或者仲裁委员会生效法律文书等材料	收取原件。注销证明文件是否齐全、有效。① 材料：土地或房屋灭失的，是否已按规定进行实地查看；② 材料：因放弃集体建设用地使用权及房屋所有权申请注销登记的，应当未被查封或未设有地役权、抵押权等权利；或经查封机关、地役权人、抵押权人书面同意
5	法律、行政法规以及《实施细则》规定的其他材料	

③ 服务时限

承诺期限为 5 个工作日。

(6) 海域使用权及建筑物、构筑物所有权登记

① 服务内容

海域使用权及建筑物、构筑物所有权登记服务内容包括：

(a) 海域使用权及建筑物、构筑物所有权首次登记；

(b) 海域使用权及建筑物、构筑物所有权变更登记；

(c) 海域使用权及建筑物、构筑物所有权转移登记；

(d) 海域使用权及建筑物、构筑物所有权注销登记。

② 收件清单

(a) 海域使用权及建筑物、构筑物所有权首次登记服务办理应收集表 5-52 中规定的材料。

表 5-52　海域使用权及建筑物、构筑物所有权首次登记收件清单

服务内容	序号	收集材料	审查要求
海域使用权首次登记	1	不动产登记申请书	核对填报单位信息、土地面积、用途等资料与申请人提供的单位信息及土地合同、批文是否一致，加盖公章
	2	申请人身份证明材料	申请主体应当为海域使用权权属证明记载的海域使用权人。个人的提供有效身份证件、夫妻关系证明、户口簿、家庭成员等相关证件；单位的提供组织机构代码证、营业执照或统一社会信用代码证，法定代表人及代理人身份证明，公司章程等；委托办理的，需提供委托书。核对原件，收取复印件，提供人在复印件上签字或盖章
	3	项目用海批准文件或者海域使用权出让合同	收取原件。申请表、权属来源证明等材料记载的主体是否一致或相关联；申请登记事项与登记簿的记载是否冲突
	4	由登记机构或不动产产权产籍管理部门审核通过的不动产权籍调查表、不动产测量报告等不动产权籍调查结果	权籍调查结果资料是否齐全、规范，内容是否符合要求；申请材料与不动产权籍调查表的内容是否一致或相关联，包括权利人、权利类型及其性质、权属来源、面积等；申请材料与不动产测量报告的内容是否一致或相关联，包括宗海图、界址坐标、面积等；其他需要资料是否齐全、规范；权籍调查表记载的权利人、权利类型及其性质等是否准确；宗海图、界址坐标、面积等是否符合要求
	5	海域使用金缴纳或者减免凭证	收取原件。海域使用金是否已缴清
	6	法律、行政法规以及《实施细则》规定的其他材料	是否已按规定进行公告

表 5-52(续)

服务内容	序号	收集材料	审查要求
海域使用权及建筑物、构筑物所有权首次登记	1	不动产登记申请书	核对填报单位信息、土地面积、用途等资料与申请人提供的单位信息及土地合同、批文是否一致,加盖公章
	2	申请人身份证明材料	申请主体应当为海域使用权权属证明记载的海域使用权人。个人的提供有效身份证件、夫妻关系证明、户口簿、家庭成员等相关证件;单位的提供组织机构代码证、营业执照或统一社会信用代码证,法定代表人及代理人身份证明,公司章程等;委托办理的,需提供委托书。核对原件,收取复印件,提供人在复印件上签字或盖章
	3	不动产权属证书或不动产权属来源材料	收取原件。域使用权是否已登记。已登记的,不动产登记簿记载的权利主体与建筑物、构筑物符合规划材料和建筑物、构筑物竣工材料等记载的权利主体是否一致;未登记的,建筑物、构筑物符合规划和建筑物、构筑物竣工材料等记载的主体是否与不动产权属来源材料记载的主体一致。海域使用权被查封的,申请人与查封被执行人一致的,不影响建筑物、构筑物所有权首次登记;不一致的,不予办理建筑物、构筑物所有权首次登记。海域设有地役权时,与地役权内容不相冲突的,不影响海域使用权及海上建筑物、构筑物所有权首次登记;与地役权内容有冲突的,应当经地役权权利人书面同意或注销地役权
	4	由登记机构或不动产产权产籍管理部门审核通过的不动产权籍调查表、不动产测量报告等不动产权籍调查结果	权籍调查结果资料是否齐全、规范,内容是否符合要求;申请材料与不动产权籍调查表的内容是否一致或相关联,包括权利人、权利类型及其性质、权属来源、面积等;申请材料与不动产测量报告的内容是否一致或相关联,包括宗海图和海上建筑物、构筑物分户图、界址坐标、面积等;其他需要资料是否齐全、规范;权籍调查表记载的权利人、权利类型及其性质等是否准确;宗海图、界址坐标、面积等是否符合要求
	5	建设工程规划许可证明文件	收取原件
	6	建筑物、构筑物竣工验收证明文件	收取原件
	7	海域使用金缴纳或者减免凭证	收取原件
	8	法律、行政法规以及《实施细则》规定的其他材料	是否已按规定进行实地查看;权利人为按份共有,且共有人之间就海域使用权及海上建筑物、构筑物所有权处分有约定的,申请人申请将约定事项记载于登记簿的,登记机构应当在登记簿附记栏予以记载

(b) 海域使用权及建筑物、构筑物所有权变更登记服务办理应收集表 5-53 中规定的材料。

表 5-53 海域使用权及建筑物、构筑物所有权变更登记收件清单

序号	收集材料	审查要求
1	不动产登记申请书	核对填报申请人信息、不动产属性信息等与申请人提供的身份信息及证明材料是否一致，记录有关询问内容，核对签字或盖章
2	申请人身份证明材料	申请主体应当为不动产登记簿记载的权利人，因共有人的姓名、名称发生变化的，可以由发生变化的权利人申请；海域使用面积、用途等自然状况发生变化的，可以由共有人一人或多人申请。个人的提供有效身份证件、夫妻关系证明、户口簿、家庭成员等相关证件；单位的提供组织机构代码证、营业执照或统一社会信用代码证，法定代表人及代理人身份证明，公司章程等；委托办理的，需提供委托书。核对原件，收取复印件，提供人在复印件上签字或盖章
3	不动产权属证书	收取原件。申请变更登记的海域使用权及海上建筑物、构筑物所有权是否已经登记。设有抵押权的，不影响海域使用权及海上建筑物、构筑物所有权变更登记。设有地役权的，不影响海域使用权及海上建筑物、构筑物所有权变更登记。与已设定地役权的内容有冲突的，应当经地役权权利人书面同意
4	海域使用权以及建筑物、构筑物所有权变更的材料，包括： ① 权利人姓名或者名称、身份证明类型或者身份证明号码发生变化的，提交能够证实其身份变更的材料。 ② 海域或海上建筑物、构筑物的坐落、名称发生变化的，提交有权部门出具的证明文件。 ③ 海域或建筑物、构筑物面积、界址范围发生变化的，提交有批准权的人民政府或者主管部门的批准文件、海域使用权出让合同补充协议以及变更后的宗海图（宗海位置图、界址图）以及界址点坐标等结果。依法需要补交海域使用金的，还应当提交相关的缴纳凭证。 ④ 海域或建筑物、构筑物用途发生变化的，提交有批准权的人民政府或其主管部门的批准文件、海域使用权出让合同补充协议。依法需要补交海域使用金的，还应当提交相关的缴纳凭证	收取原件。变更证明文件是否齐全、有效；变更事项需要批准的，已经由有权机关批准；申请变更事项与变更登记证明文件记载的变更事实是否一致；依法应当缴纳海域使用金的，已缴清相应价款。 ① 要求：海域使用权及海上建筑物、构筑物所有权被查封的，不影响权利人名称、身份证明证号码等发生变化而进行的变更登记的办理，登记机构在办理变更登记后应将变更的有关情况函告查封机关。 ② 要求：海域使用权及海上建筑物、构筑物所有权被查封的，不影响海域坐落、名称等发生变化而进行的变更登记的办理，登记机构在办理变更登记后应将变更的有关情况函告查封机关

表 5-53(续)

序号	收集材料	审查要求
4	⑤ 海域使用期限发生变化或续期的，提交有批准权的人民政府或其主管部门的批准文件或者海域使用权出让合同补充协议。依法需要补交海域使用金的，还应当提交相关的缴纳凭证。 ⑥ 同一权利人分割或者合并海域或海上建筑物、构筑物的，提交有批准权的人民政府或其主管部门的批准文件以及分割或合并后的由登记机构或不动产产权产籍管理部门审核通过的不动产权籍调查表、不动产测量报告等不动产权籍调查结果。 ⑦ 夫妻共有财产或其他不导致权属发生转移的共有性质变更的，应提交共有性质变更协议书或生效法律文书。夫妻共有财产共有性质变更的，还应提交婚姻关系证明。 ⑧ 共有性质变更的，应提交共有性质变更协议书或生效法律文书	收取原件。变更证明文件是否齐全、有效；变更事项需要批准的，已经由有权机关批准；申请变更事项与变更登记证明文件记载的变更事实是否一致；依法应当缴纳海域使用金的，已缴清相应价款。 ① 要求：海域使用权及海上建筑物、构筑物所有权被查封的，不影响权利人名称、身份证明证号码等发生变化而进行的变更登记的办理，登记机构在办理变更登记后应将变更的有关情况函告查封机关。 ② 要求：海域使用权及海上建筑物、构筑物所有权被查封的，不影响海域坐落、名称等发生变化而进行的变更登记的办理，登记机构在办理变更登记后应将变更的有关情况函告查封机关
5	法律、行政法规以及《实施细则》规定的其他材料	

(c) 海域使用权及建筑物、构筑物所有权转移登记服务办理应收集表 5-54 中规定的材料。

表 5-54 海域使用权及建筑物、构筑物所有权转移登记收件清单

序号	收集材料	审查要求
1	不动产登记申请书	核对填报申请人信息、不动产属性信息等与申请人提供的身份信息及证明材料是否一致，记录有关询问内容，核对签字或盖章
2	申请人身份证明材料	海域使用权以及建筑物、构筑物所有权转移登记应当由双方共同申请。属本规范第 12.3.1 条第 3、4 项情形的，可由单方申请。个人的提供有效身份证件、夫妻关系证明、户口簿、家庭成员等相关证件；单位的提供组织机构代码证、营业执照或统一社会信用代码证，法定代表人及代理人身份证明，公司章程等；委托办理的，需提供委托书。核对原件，收取复印件，提供人在复印件上签字或盖章
3	不动产权属证书	收取原件。海域使用权以及建筑物、构筑物所有权被查封的，不予办理转移登记；有异议登记的，受让方是否已签署知悉存在异议登记并自担风险的书面承诺

表 5-54(续)

序号	收集材料	审查要求
4	海域使用权以及建筑物、构筑物所有权转移的材料，包括： ① 法人或其他组织合并、分立或者与他人合资、合作经营，导致权属发生转移的，提交法人或其他组织合并、分立的材料以及不动产权属转移的材料。 ② 作价出资(入股)的，提交作价出资(入股)协议。 ③ 买卖的，提交买卖合同；赠予的，提交赠予合同。 ④ 因继承、受遗赠取得的，按照相关规定提交材料。 ⑤ 因人民法院、仲裁委员会的生效法律文书等导致权属发生变化的，提交人民法院、仲裁委员会的生效法律文书等材料。 ⑥ 转让批准取得的海域使用权，提交原批准用海的海洋行政主管部门批准转让的文件	收取原件。海域使用权以及建筑物、构筑物所有权转移的登记原因文件是否齐全、有效；申请转移的海域使用权以及建筑物、构筑物所有权与登记原因文件记载是否一致；依法应当缴纳海域使用金、纳税的，是否已缴纳海域使用金和有关税费；申请登记事项与不动产登记簿的记载是否冲突
5	依法需要补交海域使用金、缴纳税费的，应当提交缴纳海域使用金缴款凭证、税费缴纳凭证	收取原件
6	法律、行政法规以及《实施细则》规定的其他材料	

(d) 海域使用权及建筑物、构筑物所有权注销登记服务办理应收集表 5-55 中规定的材料。

表 5-55　海域使用权及建筑物、构筑物所有权注销登记收件清单

序号	收集材料	审查要求
1	不动产登记申请书	核对填报申请人信息、不动产属性信息等与申请人提供的身份信息及证明材料是否一致，记录有关询问内容，核对签字或盖章
2	申请人身份证明材料	申请主体应当为不动产登记簿记载的权利人。个人的提供有效身份证件、夫妻关系证明、户口簿、家庭成员等相关证件；单位的提供组织机构代码证、营业执照或统一社会信用代码证，法定代表人及代理人身份证明，公司章程等；委托办理的，需提供委托书。核对原件，收取复印件，提供人在复印件上签字或盖章
3	不动产权属证书	收取原件。申请注销的海域使用权以及建筑物、构筑物所有权是否已经登记；海域使用权以及建筑物、构筑物所有权已设立抵押权、地役权或者已经办理预告登记、查封登记的，权利人放弃权利申请注销登记的，是否提供抵押权人、地役权人、预告登记权利人、查封机关书面同意材料

表 5-55(续)

序号	收集材料	审查要求
4	海域使用权以及建筑物、构筑物所有权消灭的材料,包括: ① 不动产灭失的,提交证实灭失的材料。 ② 权利人放弃海域使用权以及建筑物、构筑物所有权的,提交权利人放弃权利的书面文件。设立抵押权、地役权或者已经办理预告登记、查封登记的,需提交抵押权人、地役权人、预告登记权利人、查封机关同意注销的书面材料。 ③ 因人民法院或者仲裁委员会生效法律文书等导致海域使用权以及建筑物、构筑物所有权消灭的,提交人民法院或者仲裁委员会生效法律文书等材料	收取原件。海域使用权以及建筑物、构筑物所有权的注销材料是否齐全、有效。不动产灭失的,是否已实地查看
5	法律、行政法规以及《实施细则》规定的其他材料	

③ 服务时限

承诺期限为 5 个工作日。

(7) 地役权登记

① 服务内容

地役权登记服务内容包括:

(a) 地役权首次登记;

(b) 地役权变更登记;

(c) 地役权转移登记;

(d) 地役权注销登记。

② 收件清单

(a) 地役权首次登记服务办理应收集表 5-56 中规定的材料。

表 5-56 地役权首次登记收件清单

序号	收集材料	审查要求
1	不动产登记申请书	核对填报单位信息、土地面积、用途等资料与申请人提供的单位信息及土地合同、批文是否一致,加盖公章
2	申请人身份证明材料	包括营业执照(或组织机构代码证)、法人代表身份证明书、法人代表及委托代理人身份证等,核对原件,收取复印件,加盖公章
3	土地使用证	收取原件
4	地役权合同	收取原件,若提供复印件需要加盖单位公章

(b) 地役权变更登记服务办理应收集表 5-57 中规定的材料。

表 5-57　地役权变更登记收件清单

序号	收集材料	审查要求
1	不动产登记申请书	核对填报申请人信息、不动产属性信息等与申请人提供的身份信息及证明材料是否一致，记录有关询问内容，核对签字或盖章
2	申请人身份证明材料	地役权变更登记的申请主体应当为需役地权利人和供役地权利人。因共有人的姓名、名称发生变化的，可以由姓名、名称发生变化的权利人申请；因不动产自然状况变化申请变更登记的，可以由共有人一人或多人申请。个人的提供有效身份证件、夫妻关系证明、户口簿、家庭成员等相关证件；单位的提供组织机构代码证、营业执照或统一社会信用代码证，法定代表人及代理人身份证明，公司章程等；委托办理的，需提供委托书。核对原件，收取复印件，提供人在复印件上签字或盖章
3	不动产权属证书	收取原件。申请变更登记的地役权是否已经登记；设有抵押权的，不影响地役权变更登记
4	地役权变更的材料，包括： ① 权利人姓名或者名称、身份证明类型或者身份证明号码发生变化的，提交能够证实其身份变更的材料。 ② 需役地或者供役地的面积发生变化的，提交有批准权的人民政府或其主管部门的批准文件以及变更后的权籍调查表、宗地图和宗地界址坐标等不动产权籍调查结果。 ③ 共有性质变更的，提交共有性质变更协议。 ④ 地役权内容发生变化的，提交地役权内容变更的协议	收取原件。地役权的变更材料是否齐全、有效；申请变更事项与变更登记文件记载的变更事实是否一致。需役地或供役地被查封，而进行的变更登记的办理，登记机构在办理变更登记后应将变更的有关情况书面告知查封机关
5	法律、行政法规以及《实施细则》规定的其他材料	

(c) 地役权转移登记服务办理应收集表 5-58 中规定的材料。

表 5-58　地役权转移登记收件清单

序号	收集材料	审查要求
1	不动产登记申请书	核对填报申请人信息、不动产属性信息等与申请人提供的身份信息及证明材料是否一致，记录有关询问内容，核对签字或盖章
2	申请人身份证明材料	地役权转移登记应当由双方共同申请。个人的提供有效身份证件、夫妻关系证明、户口簿、家庭成员等相关证件；单位的提供组织机构代码证、营业执照或统一社会信用代码证，法定代表人及代理人身份证明，公司章程等；委托办理的，需提供委托书。核对原件，收取复印件，提供人在复印件上签字或盖章

表 5-58(续)

序号	收集材料	审查要求
3	不动产权属证书	收取原件。申请转移登记的地役权是否已经登记;需役地申请转移登记,登记簿记载了地役权不随同土地承包经营权、建设用地使用权等一并转让的约定的,登记机构办理不动产转移登记时,同时办理地役权注销登记
4	地役权转移合同	收取原件。地役权转移的登记原因文件是否齐全、有效;地役权是否为单独转让,单独申请地役权转移登记的,不予办理
5	法律、行政法规以及《实施细则》规定的其他材料	

(d) 地役权注销登记服务办理应收集表 5-59 中规定的材料。

表 5-59 地役权注销登记收件清单

序号	收集材料	审查要求
1	土地登记申请书	加盖单位公章
2	申请人身份证明材料	包括营业执照、组织机构代码证、法人代表身份证明书、法人代表及委托代理人身份证等,核对原件,收取复印件,加盖公章
3	地役权注销证明材料	加盖单位公章

③ 服务时限

承诺期限为5个工作日。

(8) 抵押权登记

① 服务内容

抵押权登记服务内容包括:

(a) 抵押权首次登记;

(b) 抵押权变更登记;

(c) 抵押权转移登记;

(d) 抵押权注销登记。

② 收件清单

(a) 抵押权首次登记服务办理应收集表 5-60 中规定的材料。

表 5-60 抵押权首次登记收件清单

服务内容	序号	收集材料	审查要求
出让用地抵押首次登记	1	土地登记申请书	抵押双方盖章
	2	申请人身份证明材料	包括营业执照、组织机构代码证、法人代表身份证明书、法人代表及委托代理人身份证等,核对原件,收取复印件,加盖单位公章
	3	土地使用证	收取原件
	4	房产证及房屋他项权利证书	收取复印件,加盖单位公章
	5	主债权债务合同、抵押合同及地价确认书	原件核对抵押物清单,若收取复印件需要加盖单位公章

表 5-60(续)

服务内容	序号	收集材料	审查要求
划拨用地抵押首次登记	1	土地登记申请书	抵押双方盖章
	2	申请人身份证明材料	包括营业执照、组织机构代码证、法人代表身份证明书、法人代表及委托代理人身份证等，核对原件，收取复印件，加盖单位公章
	3	土地使用证	收原件
	4	本集体经济组织 2/3 以上成员同意集体土地使用权抵押的证明（集体土地抵押）	收取原件
	5	主债权债务合同、抵押合同及地价确认书	原件核对抵押物清单，若收取复印件需要加盖单位公章
	6	房产证及房屋他项权利证书	收取复印件，加盖单位公章
储备土地抵押首次登记	1	土地登记申请书	抵押双方盖章
	2	申请人身份证明材料	包括营业执照、组织机构代码证、法人代表身份证明书、法人代表及委托代理人身份证等，核对原件，收取复印件，加盖单位公章
	3	土地使用证	收取原件
	4	主债权债务合同、抵押合同及地价确认书	原件核对抵押物清单，若收取复印件需要加盖单位公章

（b）抵押权变更登记服务办理应收集表 5-61 中规定的材料。

表 5-61　抵押权变更登记收件清单

序号	收集材料	审查要求
1	土地登记申请书	抵押双方盖章
2	申请人身份证明材料	包括营业执照、组织机构代码证、法人代表身份证明书、法人代表及委托代理人身份证等，核对原件，收取复印件，加盖单位公章
3	变更抵押相关证明材料	收取原件
4	土地使用证、他项权利证明书	收取原件

（c）抵押权转移登记服务办理应收集表 5-62 中规定的材料。

表 5-62　抵押权转移登记收件清单

序号	收集材料	审查要求
1	不动产登记申请书	核对填报申请人信息、不动产属性信息等与申请人提供的身份信息及证明材料是否一致，记录有关询问内容，核对签字或盖章

表 5-62(续)

序号	收集材料	审查要求
2	申请人身份证明材料	应当由不动产登记簿记载的抵押权人和债权受让人共同申请。个人的提供有效身份证件、夫妻关系证明、户口簿、家庭成员等相关证件;单位的提供组织机构代码证、营业执照或统一社会信用代码证,法定代表人及代理人身份证明,公司章程等;委托办理的,需提供委托书。核对原件,收取复印件,提供人在复印件上签字或盖章
3	不动产权证书和不动产登记证明	收取原件。申请转移登记的抵押权是否已经登记
4	抵押权转移的材料,包括: ① 申请一般抵押权转移登记的,还应当提交被担保主债权的转让协议。 ② 申请最高额抵押权转移登记的,还应当提交部分债权转移的材料、当事人约定最高额抵押权随同部分债权的转让而转移的材料。 ③ 债权人已经通知债务人的材料	收取原件。申请转移登记的材料是否齐全、有效;申请转移的抵押权与抵押权转移登记申请材料的记载是否一致
5	法律、行政法规以及《实施细则》规定的其他材料	

(d) 抵押权注销登记服务办理应收集表 5-63 中规定的材料。

表 5-63 抵押权注销登记收件清单

序号	收集材料	审查要求
1	土地登记申请书	抵押双方盖章
2	申请人身份证明	包括营业执照、组织机构代码证、法人代表身份证明书、法人代表及委托代理人身份证等,核对原件,收取复印件,加盖单位公章
3	注销相关证明材料	加盖银行公章
4	土地使用证、他项权利证明书	收取原件

③ 服务时限

承诺期限为 5 个工作日。

(9) 预告登记

① 服务内容

预告登记服务内容包括:

(a) 预告登记;

(b) 注销预告登记。

② 收件清单

(a) 预告登记服务办理应收集表 5-64 中规定的材料。

表 5-64　预告登记收件清单

序号	收集材料	审查要求
1	土地登记申请书	加盖单位公章
2	申请人身份证明材料	包括营业执照、组织机构代码证、法人代表身份证明书、法人代表及委托代理人身份证等，核对原件收复印件各一份，加盖公章
3	预告登记证明材料	收原件一份

（b）注销预告登记服务办理应收集表 5-65 中规定的材料。

表 5-65　注销预告登记收件清单

序号	收集材料	审查要求
1	土地登记申请书	加盖单位公章
2	申请人身份证明材料	包括营业执照、组织机构代码证、法人代表身份证明书、法人代表及委托代理人身份证等，核对原件，收取复印件，加盖公章
3	预告注销证明材料	收原件一份

③ 服务时限

承诺期限为 5 个工作日。

（10）更正登记

① 服务内容

更正登记服务内容包括：

（a）依申请更正登记；

（b）依职权更正登记。

② 收件清单

更正登记服务办理应收集表 5-66 中规定的材料。

表 5-66　更正登记收件清单

序号	收集材料	审查要求
1	土地登记申请书	加盖单位公章
2	申请人身份证明材料	包括营业执照、组织机构代码证、法人代表身份证明书、法人代表及委托代理人身份证等，核对原件，收取复印件，加盖公章
3	原土地使用证	收取原件
4	证明登记错误的相关材料	加盖单位公章
5	土地权利人书面同意更正的证明文件	加盖单位公章

③ 服务时限

承诺期限为 5 个工作日。

（11）异议登记

① 服务内容

异议登记服务内容包括：

(a) 异议登记；

(b) 注销异议登记。

② 收件清单

(a) 异议登记服务办理应收集表 5-67 中规定的材料。

表 5-67　异议登记收件清单

序号	收集材料	审查要求
1	土地登记申请书	加盖单位公章
2	申请人身份证明材料	包括营业执照、组织机构代码证、法人代表身份证明书、法人代表及委托代理人身份证等，核对原件，收取复印件，加盖公章
3	异议事项证明材料	加盖单位公章

(b) 注销异议登记服务办理应收集表 5-68 中规定的材料。

表 5-68　注销异议登记收件清单

序号	收集材料	审查要求
1	土地登记申请书	加盖单位公章
2	申请人身份证明材料	包括营业执照、组织机构代码证、法人代表身份证明书、法人代表及委托代理人身份证等，核对原件，收取复印件，加盖公章
3	异议注销证明材料	加盖单位公章

③ 服务时限

承诺期限为 5 个工作日。

(12) 查封登记

① 服务内容

查封登记服务内容包括：

(a) 查封登记；

(b) 注销查封登记。

② 收件清单

查封登记服务办理应收集表 5-69 中规定的材料。

表 5-69　查封登记收件清单

序号	收集材料	审查要求
1	法院或公安机关的协助执行通知书	收取原件
2	生效的法律文书	收取原件
3	法院执行员身份证明材料	核对原件，收取复印件(与原件一致)

注销查封登记服务办理应收集表5-70中规定的材料。

表5-70　注销查封登记收件清单

序号	收集材料	审查要求
1	法院的协助执行通知书	收取原件
2	法院执行员身份证明材料	核对原件,收取复印件(与原件一致)

③ 服务时限

承诺期限为5个工作日。

5.3.3.3　其他

(1) 设施农用地备案

① 服务内容

为申请设施农用地的单位办理设施农用地备案。

② 收件清单

设施农用地备案服务办理应收集表5-71中规定的材料。

表5-71　设施农用地备案收件清单

序号	收件清单	审查要求
1	备案表	签字、盖章是否齐全有效
2	设施建设方案	方案材料是否齐全
3	用地协议	是经营者与镇政府(街道办事处)、农村集体经济组织签订的三方用地协议
4	农业园区规划	
5	设施农用地矢量数据	包括设施农用地矢量数据(shapefile格式)、现状图、规划图、勘测定界图、项目选址现场照片(正面、后面、侧面3张照片)
6	复垦还耕承诺书	包括设施农用地复垦还耕承诺书和复垦保证金缴费凭证或证据
7	基本农田占用补划方案	涉及占用基本农田的,应提供经论证后的占用补划基本农田方案和论证意见,并提交占用、补划基本农田地块矢量数据

③ 服务时限

承诺期限为15个工作日。

5.3.4　制度建设

制度是国土资源"四全"服务模式创新的重要保障。国土资源"四全"服务模式的运行,必须出台一系列与之匹配的服务制度、工作制度、人才培养制度等给予保障。

(1) 健全服务制度

为强力推进国土资源"四全"服务模式的全面应用,进一步健全窗口便民服务制度,统一、强化国土资源系统,特制定《服务承诺制》《首问负责制》《AB岗工作制》《限时办结制度》等制度(详见附录),明确工作职责和要求,并由监督监察办公室全程监督考核。强化首问负责制度规定:对于办事群众,要求窗口人员第一时间积极响应,做到"有问必答、有疑必释、有事必办、有困必帮”。全面落实否定报备制度，对不符合受理条件的事项必须经窗口负责审核通过方能不予受理，并在信息系统中登记备案。结合责任追究制、服务承诺制，实行公开办事程序，通过考核激励，促进工作人员工作效能和服务质量的提高。

（2）制定应急机制

为确保国土资源“四全”服务模式运行顺畅，防范因管理、技术等因素可能引发的紧急故障，需制定相关应急处置办法。立足管理层面和技术层面，按照“横向到边、纵向到底”的原则，健全市局、分局两级联动应急处置网络，建立联络员制度，确保工作顺畅。建立健全窗口管理现场应急机制和系统运行技术应急机制，明确分工和职责，对全市服务窗口各类突发情况，以及软件故障、网络故障、数据错误或丢失、硬件故障等各种突发情况下的应急处置办法和处置流程进行规范，以有效保障国土资源“四全”服务模式顺利运行。

第6章　国土建设新技术研究与探索

6.1　基于地理空间数据的视频监控和数据融合技术研究

在市场经济发展的新常态下，我国城镇化速度加快，我国资源和环境承载力接近上限，资源与环境间的矛盾日益凸显。国土资源的严格保护和国土资源供给侧的结构性改革显得愈发重要。保障社会和经济发展的重点将转向资源的科学调控和高效利用。由于资源需求上升、资源供给刚性制约，国土资源管理面临着“保障发展”和“保护资源”的两难局面和双重压力。

从国土资源监管的现状来看，目前基于图件，借助巡查车和掌上电脑等设备的人工实地动态巡查仍是国土资源监管的主要手段。尽管这种方式较传统的基于图件的监管在信息化水平上已经有了极大的提升，但仍然存在工作人员少、单人巡查工作量大、应用数据现势性不强、管辖范围大、业务涵盖面广和工作被动等问题。单纯依靠人工难以实现不间断、高强度、全过程的监控。在严峻的国土资源监管形势下，现有监管模式的短板在实际工作中逐渐凸显。

6.1.1　研究意义

面对国土资源监管的专业性、复杂性、综合性和重要性，需要加强新的高科技手段在国土资源监管工作中的应用。通过引入视频监控不断创新国土资源监管方式，有效缩减距离与时间的限制，以求对土地违法行为早发现、早研判、早预警、早处置，提前防控。这有助于提高国土资源监管效能，让工作人员把握监管的主动权，并通过国土资源监管方式的转变倒逼土地集约利用和产业结构的优化调整。

6.1.2　总体设计

为了弥补现有国土资源监管模式的不足，建设国土资源“慧眼守土”视频监管平台，融合视频监控采集、动态数据分析、实时实景监控，实时反映监控区域内建设用地审批、规划管控、执法监察等业务的动态信息，对基本农田保护区、违法用地易发区等重点区域土地利用情况展开 7×24 h 不间断精准监控。

6.1.2.1　设计思路

国土资源“慧眼守土”视频监管平台利用安装在基站铁塔的高清监控摄像头，把视频图像传输至国土资源管理部门，将监控平台探头底层数据开发共享和空间化，嵌入到国土资源“一张图”系统中，实现国土资源的实时在线监测监管。

以视频监控为主要载体，通过监控探头的坐标、高度、角度实现项目地块精准化视频监控；通过具体项目的预置位，实现项目全过程的视频拍照取证监控；与国土审批、监管、执法监察等业务深度结合，充分挖掘视频监控在国土行业的应用潜力。

6.1.2.2　总体架构

国土资源“慧眼守土”视频监管平台以铁塔基站为基础，通过专线实现视频信号到国土资源政务内网的接入，通过网闸、防火墙等安全设备后再接入核心交换机。整个系统由前端监控网点、中心后台和用户终端三部分组成。

6.1.2.3　交互方式

为了实现视频监控平台与国土资源“一张图”系统的融合，在技术上需要完成“以地找视频”和“以视频找地”两种交互模式。

（1）从地理位置查询视频影像

通过国土资源“一张图”系统浏览相应的地块信息。需要查看某个地块的实时视频信息时，点击地块即可接入其视频监控画面，并且摄像头自动调整对焦相应地块。

（2）从视频影像获取地理位置信息

通过视频监控发现疑似违法行为时能够根据选择的监控探头及时在国土资源“一张图”系统的底图中快速找到对应的地块，并查看其相关属性信息。

6.1.3　关键技术

开发过程中，面临视频监控平台与国土资源“一张图”系统的融合、地块定位、摄像头同步等一系列技术难题。以下选择几个关键技术进行阐述。

6.1.3.1　平台搭建

“慧眼守土”视频监管平台采用基于平台构建的应用开发模式，以万维网为通信平台，基于 GIS 图形平台，利用第三方视频插件，快速搭建系统。

前端视频监控模块采用第三方独立建设、设备托管模式。基于前端一体化、传输网络化和处理数字化的原则，将服务器设备、存储设备安装在通信运营商的专用机房，由第三方负责设备的日常运行和后期维护。各监控节点将视频信号传送至托管机房，实现数据的统一存储及处理。

整个平台分为三层，即底层插件、中间层和表现层。底层只需第三方视频监控平台提供相应的封装视频插件；中间层应用自主研发的客户端插件，有效屏蔽浏览器间的差异性，突破对象类别扩充组件（object linking and embedding control extensin）对于浏览器的限制，通过使用外部协议请求方式运行视频插件；表现层进行各种视频预览、设置预置位、获取角度等操作。

6.1.3.2　监控点上图

（1）监控点元数据

视频监控点是视频监控系统中的最小单位，所有的视频相关操作都是基于此进行的。摄像头自身的空间和属性信息是实现各项计算、分析和操作的基础。不同平台视频监控点的属性信息不尽相同，但其最基本的空间和属性信息包括以下几项：设备 ID、设备 IP、设备端口、设备编号、*XY* 坐标、可视半径和高度等。

（2）坐标计算

视频数据能够与国土资源“一张图”系统结合进行综合应用的基础在于建立监控点位与

地图之间的关联关系。其最直接的方法就是在地图上精确定位监控点的位置，并将摄像头的可视区域在电子地图上投影出来，建立映射关系。

地理编码提供了种将地名地址与空间位置联系起来的方式，是监控点检索定位的基础。监控点的元数据中包含了其地理坐标。以国土资源“一张图”系统中的底图为基础，根据地图投影公式建立模型，计算监控点在地图上坐标即可确定监控点在地图上的位置。

6.1.3.3　地块定位

为了实现地块定位，需要建立前端监控点的空间模型。建立 O-XYZ 的空间直角坐标系。其中，P 为监控探头所在的位置，P'为监控探头在 OXY 平面上的投影，A 为监控探头位于初始位置时镜头光轴与 OXY 平面的交点，A'为需要监控点定位对焦的点，监控半径为1。为了方便计算可以将坐标系的原点移动至 P 处，以 P 为原点建立空间辅助坐标系 P-xyz。假设监控探头 P 的高度为 H，正北方向的方位角为 0。初始位置探头的俯仰角为 a，调整后的探头俯仰角为 a'，两者之差即为需要在垂直方向上调整的角度；初始位置探头的方位角为 β，调整后的探头方位角为 β'，两者之差即为需要在水平方向上调整的角度。

通过数字云台带动摄像机在水平面和垂直面的双向转动，同时其内部的智能控制模块可采集自身当前角度信息和转发视频服务器对摄像机命令，实现对摄像机焦距、光圈、景深的调节控制，自动对焦至相应地块。视频服务器可将摄像机所拍摄的监控画面和数字云台当前的角度信息实时地通过无线通信网络传输至用户终端。

6.1.3.4　可视域分析

缓冲区分析是GIS空间分析的重要功能之一。缓冲区是指某一地理目标或工程规划项目的服务或影响的覆盖范围。根据具体的要求可以对点、线、面对象建立不同形状和半径的缓冲区。目前的GIS产品中，针对点对象的缓冲区分析多是以点要素为中心、以其周围半径为缓冲距离的圆形区域进行分析。然而摄像头由于技术的参数限制和盲区的存在，其可视域并不是一个圆形区域，而是一个扇形范围。

摄像头在地图上的定位为其可视域的计算提供了基础。在摄像头的可视域分析中，将摄像头抽象为一个点状实体 O。需要确定它的邻域。其邻域大小由邻域半径 R、起始角 a 和圆心角 θ 决定。则邻域内的所有点 $P(x,y)$满足：

$$d(O,P) \leqslant R, a \leqslant \theta \leqslant a + \theta$$

其中，d 是缓冲区中所有点到圆心 O 的距离。因此，以摄像头点位为圆心，以缓冲区的宽度为半径，以方位角为起点，按顺时针方向旋转形成扇形，将此扇形围成的区域作为一个监控点的可视域。

当数字云台带动摄像头发生转动时，相应的方位角会发生变化。根据新的参数重新计算扇形范围即可实现可视域与摄像头的同步。

6.1.3.5　数字云台控制

数字云台安装在前端监控点的基站铁塔上，其上方固定摄像机。数字云台旋转时带动摄像机一起转动，保证了数字云台回传角度与摄像机所摄图像的一致性。使用串行通信数字云台，使用户终端发出的命令通过传输协议控制数字云台完成水平及俯仰转动，带动摄像头监控范围的变化。

每个前端监控点均有独立坐标。在国土资源“一张图”系统中进行位置标定后，配合数字云台，实现更大范围的动态扫描。在正常监管状态下，系该统处于自动扫描模式，在用户终端可以查看监控区域内实况，并进行全程录像；当监测到异常状况时，在用户终端可以接收特定坐标的前端数字云台回传的角度数据，利用控制信号操纵数字云台上的摄像头跟踪监管对象。

数字云台的控制基于第三方的 PTZ 系列云台控制码来实现。数字云台可以完成根据用户命令的转动、预置位的运行、镜头控制（如光圈、缩放、聚焦等）等操作。部分控制代码如表 6-1 所示。

表 6-1　部分控制代码

控制代码名称	参数 1	参数 2	描述
PTZ_STOP	STEP_MODE 点动模式	步长(1～10)	云台停止
	SERIES_MODE 连续模式	速度(1～10)	
PTZ_UP	STEP_MODE 点动模式	步长(1～10)	云台向上
	SERIES_MODE 连续模式	速度(1～10)	
PTZ_DOWN	STEP_MODE 点动模式	步长(1～10)	云台向下
	SERIES_MODE 连续模式	速度(1～10)	
PTZ_LEFT	STEP_MODE 点动模式	步长(1～10)	云台向左
	SERIES_MODE 连续模式	速度(1～10)	
PTZ_RIGHT	STEP_MODE 点动模式	步长(1～10)	云台向右
	SERIES_MODE 连续模式	速度(1～10)	

6.1.4　应用成效

国土资源"慧眼守土"视频监管平台为创新电子政务业务审批和国土资源执法监察工作模式提供了崭新的一种思路，是提高国土资源管理和利用水平、切实推进集约用地的有力措施之一。

（1）土地违法行为监测监管

在新形势下，土地违法案件类型多样，且多带有随机性、隐蔽性，难以通过人工全面巡查的方式及时发现、制止这些土地违法案件。通过布设视频监控网点，以定时拍照、智能发现等技术手段能够及时发现疑似土地违法行为，达到预警预报的功能，极大节省人力成本。

（2）国土资源动态巡查监管

国土资源动态巡查通常分为例行巡查和不定期巡查。但是其都难以做到不间断巡查和精准巡查，因此其监管效果不理想。将视频监控引入巡查工作可以及时调度疑似土地违法行为就近的巡查人员，通过任务下派的方式实现精准巡查。

（3）国土资源全过程跟踪监管

在建设用地"批前、批中、批后"全过程管理中，需要及时了解、查看现场实际情况。通过与视频监控的调度统一，能够提高工作人员审批效率，且有效避免审批手续造假、违法违规用地和项目违规施工等现象。

（4）辅助业务审批办理

通过调度相应地块的视频监控画面，实现国土资源业务的远程实地化审批，可以方便地对地块及其周边环境进行核实,提高管理人员的工作效率,降低行政成本。

"慧眼守土"视频监管平台推动执法监察工作从对"既成事实"的事后监管不断向具有"预见性"的事前监管转变,帮助构建"天上看、网上管、地上查、视频探"的立体动态监管体系,真正解决国土资源监管工作中"发现难、制止难、查处难"的问题。

6.2 国土资源"四全"服务模式创新研究

依据原江苏省国土资源厅发布的《关于加快推广国土资源"四全"服务模式的通知》,借鉴推广"四全"服务模式具有重要性和紧迫性。目前,江苏省各区(县)自然资源和规划局积极响应上级部门要求,在江苏省自然资源厅积极推动国土资源大数据应用发展工作、江苏省测绘地理信息局扎实开展向智慧城市时空信息云平台转型升级试点和探索时空大数据长效机制强化监督管理的大背景下,高起点推进全业务流程管理一体化平台的设计和建设工作,打破各项业务管理之间的壁垒,实现全方位覆盖、全流程贯通、全成果共享;打破服务区域范围的限制,提升国土部门便民服务水平;实现对国土资源利用全程监管,全面规范管理水平。

6.2.1 研究意义

"四全"服务模式是以国土资源"一张图"数据库工程为基础,以全流程优化审批、全区域便民服务、全业务网上办理、全节点效能监察为目标体系的国土资源行政审批服务模式。"四全"服务模式的创新应用,有利于进一步促进国土资源管理职能转变、深化行政审批制度改革;有利于深入践行党的群众路线、建设规范高效的服务型政府;有利于进一步转变工作作风、提高行政效能;有利于强化源头反腐、规范权力运行。从改革创新的大背景看,行政审批制度改革是国土资源系统改革创新的重要突破口。"四全"服务模式又是国土资源行政审批制度改革的破题之举。

6.2.2 总体架构

在数据信息化标准体系和"四全"服务模式先行的前提下,系统优先考虑以云计算技术为支撑,提供系统运行所需软硬件和网络环境。数据层采用基础数据库、专题数据库和管理数据库等分类管理,通过功能服务和数据服务实现国土大数据和时空数据的共享和互通;并建设及时更新、定期更新、联动更新和应急更新相结合的更新维护机制。"四全"服务模式平台总体架构如图 6-1 所示。

6.2.3 关键技术

(1) 统一认证

实现跨部门的、跨业务系统的综合应用。用户只需要登录一次,就能快捷访问相关的业务应用、组织内容与信息,并获得个性化的服务,使合适的人能够在恰当的时间获得恰当的服务。

(2) 统一工作流引擎技术

涉及大量的政务应用系统建设,包括地政系统、业务审批等系统。这些系统涉及大量的业务审批流程,必须在技术上统一工作流引擎,实现统一的国土资源综合管理服务"大平

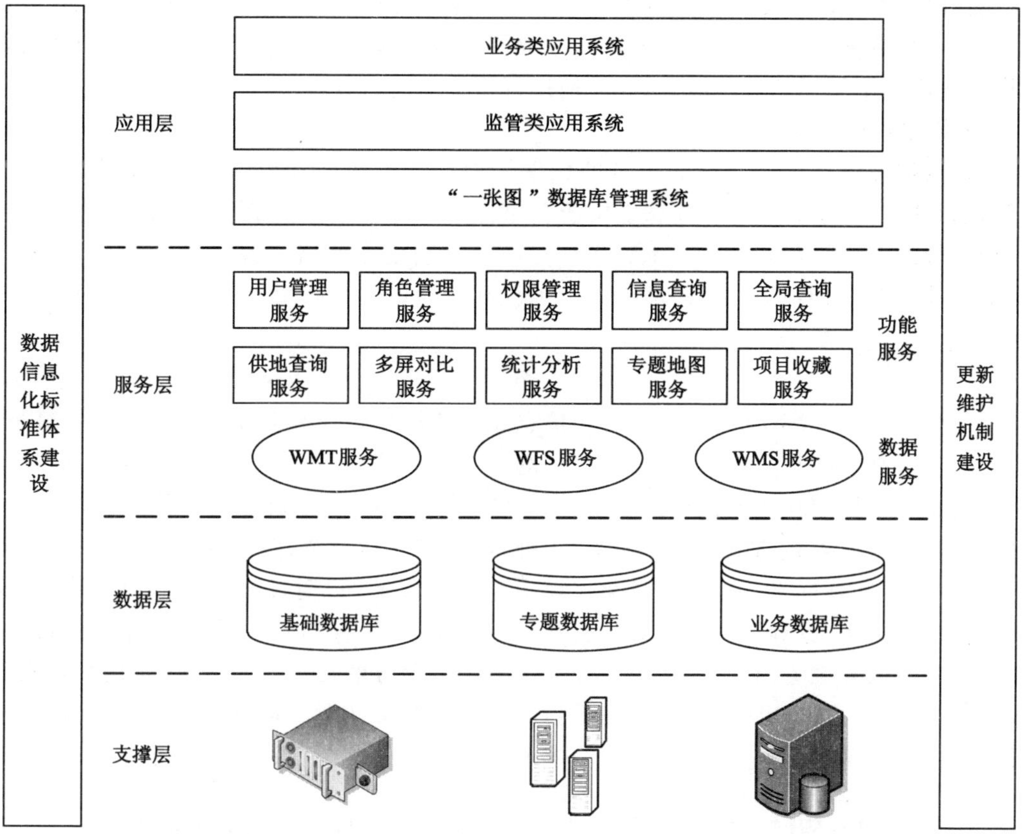

图 6-1　“四全”服务模式平台总体架构

台”。因此在整个系统建设中，采用业务流程管理等标准和技术，开发国土资源政务审批定制端，实现对国土资源数据源的统一配置；对国土资源业务组件分类管理、定义；对相关表单定制、业务流定制、GIS 操作等以及对国土资源全业务、全生命周期的业务流程进行改造和治理。

（3）图文一体化技术

对于图文一体的业务系统来说，实现图文的统一存储、关联、管理，实现图文互查和图文数据的互流与互操作是这种系统的主要特点。根据业务需要，关联国土资源“一张图”图形展示和空间分析模块，实现业务模块与图形关联的一体化互查功能。

（4）面向服务架构技术

该平台基于面向服务架构技术来搭建总体框架，把各业务流和底层工作分解成为基于标准的服务。国土资源全业务管理一体化平台的建设在不同层面上采用面向服务架构技术，通过轻量级的企业服务总线进行系统应用服务的集成。在存储层面上采用“数据中心”的管理思路，在异构 GIS 集成层面上采用服务 GIS 技术，在传输层面上采用数据和信息服务进行交互，在应用层面上进行“业务流程整合”，在系统集成的各个层面无不深入体现面向服务架构技术的思想。

（5）基于地图服务的地图联动更新技术

地理信息数据注重时效性。各类国土专题数据和基础地形数据将以地图服务的形式对外服务。一旦数据库来源改变了,通过服务的刷新技术应用,服务对象(包含国土专网、政务网)即可使用到更新了的数据服务,极大地提升服务的时效性。

(6) 数据资源目录体系

综合数据库管理的是全局的海量的数据。为方便对数据资源(包括服务资源)进行组织、管理和共享,需要制定比较完备的资源目录体系。目录服务技术和元数据技术为此提供了一种可行的方法。目录服务技术和元数据技术特别是在网络资源查找、用户访问控制与认证信息的查询、新型网络服务、网络安全等领域得到了广泛应用。

6.2.4 实施效果

深化"互联网+政务服务",充分运用信息化手段解决企业和群众反映强烈的办事难、办事慢、办事繁的问题,是党中央、国务院作出的重大决策部署。围绕破解江苏省国土资源政务服务信息化建设中存在的服务标准不一、系统分散孤立、数据缺乏共享等问题,设计和研制基于"四全"服务模式的电子政务系统,为统筹建设统一、规范、多级联动的"互联网+国土资源政务服务"体系探索了一条信息化建设道路。实践证明,通过权力清单动态管理,规范了省市县三级国土资源政务服务标准,实现了权力相同、流程相同、裁量基准相同的目标;通过统一互联网政务服务门户,推进了政务大厅与网上服务的线上线下融合,实现了互联网统一申请、统一受理、集中办理、统一反馈的目标,实现了"多让数据网上走,少让群众路上跑",有效提升了国土资源政务服务水平。

6.3 基于地理信息系统-遥感技术-全球定位系统的综合监管体系研究

土地问题一直以来都是我国现代化进程中的全局性、战略性的重大问题。长期以来,我国都面临着世界上最为尖锐、最为突出、最为严峻的土地形势。各地区和有关部门也做了大量工作,出台了一系列政策措施,取得了积极成效。但当前土地使用和管理存在的问题仍然十分突出,特别是非法用地、未批先用、以租代征等土地违法违规现象相当严重。这些不仅影响当前经济平稳较快发展,也危及民族生存和国家长远利益。因此,对基于地理信息系统-遥感技术-全球定位系统的综合监管体系的研究,对于完善各县市(区)自然资源和规划局的国土资源管理制度和加强土地批后监管力度,减少土地违法违规行为,挽回国有资产流失具有十分重要的意义。

6.3.1 研究意义

随着科学技术的发展,国土信息技术的发展和应用为传统国土资源管理工作提供了新的思路和方法,并已经成为国土资源管理部门日常业务管理的重要工具。现代科学技术不但改变了传统的技术方法和管理模式,而且使国土资源管理工作的内涵发生了深刻变化。

大量研究表明,利用现代科学技术,保证国土资源信息的真实性已经不成问题。其中,以地理信息系统-遥感技术-全球定位系统为代表的现代空间信息技术已经成为国土资源管理领域的重要技术平台。因此,在建设用地项目实施过程,充分运用航空航天遥感技术、

GIS 技术和数字化、网络化技术等，可以实现建设用地项目的事前审批、事中跟踪、事后管理的全过程、全流程实时监测。结合地理信息系统-遥感技术-全球定位系统实现对建设用地项目的动态监测，不但能及时准确获取土地利用现状信息，而且根据多个时相的影像叠加处理，能从宏观和微观两个方面观察建设用地的实施进展情况。这些信息无疑为国土资源管理部门的决策者做出快速、果断的决策提供了最直接、最客观的依据。因此，开展利用现代手段及时加强批后监管的研究，对实现国土资源信息化的规范管理、科学决策、依法行政和政务公开的战略目标，落实主管部门"天上看、网上管、地上查、视频探"的工作要求，具有十分重要的现实意义。

6.3.2 研究目标

通过建设综合监管平台，实现规范管理、科学决策、依法行政和政务公开。借助于现代科学技术，在该平台上实现建设用地项目的批后监管，是落实上级主管部门"天上看、网上管、地上查、视频探"的工作要求、切实做好国土资源管理工作的必然选择。通过实施政务管理信息化建设，加强对国土资源的保护，是实现社会主义新农村的有力保障。通过开展利用现代技术加强批后监管问题的研究，实现对国土资源的实时动态监测，及时掌握建设用地与耕地的面积、数量、占补、结构调整等用地情况，实时查处违法违规用地，为集约、节约使用国土资源、保护耕地和有效监管土地市场提供技术手段。

6.3.3 现代技术在批后监管中的应用框架设计

地籍部门开展的土地利用现状调查和城镇地籍调查建立的只是当前土地利现状和土地登记信息，无法真正实现建设用地项目审批、施工、建成的全程跟踪监测，易造成土地闲置浪费，扰乱土地市场的正常秩序等情况。因此，国土资源管理部门需要建立批后监管理机制。在现有各类台账资料的基础上，实现所有土地批后信息的数字化、空间化，将批后土地以图件的形式及时存入系统管理起来。结合实时更新获取卫航片的土地信息资料，共同保证批后国土资源管理在空间上、时间上的准确性和科学性，实现对批后的土地进行全程跟踪监管。

6.3.3.1 在批后监管应用的总体技术框架

近年来，地理信息系统-遥感技术-全球定位系统在土地监测方面的应用取得很大进展，积累了很多经验验，为土地批后监管工作提供了强大的技术支持。

结合土地利用数据获取、更新、管理、共享交换、应用服务的地理信息系统-遥感技术-全球定位系统。其总体技术框架如图 6-2 所示。

在总体技术框架中，利用遥感数据作为主要信息源，GPS 数据提供了土地利用日常变更信息，通过集地理信息系统-遥感技术-全球定位系统于一体，形成从数据采集、数据更新、数据管理、数据交换到数据应用服务的一整套技术流程，以实现国土资源政务有效运行为目的的土地利用管理信息系统。依托土地利用管理信息系统，结合土地利用现状、土地利用总体规划数据的本底信息，借助 GIS 的快速查询、对比分析等功能模块，对建设用地项目从审批、实施、建成的全过程进踪监管，真正实现对建设用地项目的批后监管。

(1) 利用 RS 技术完成定期的数据采集

RS 监测的内容主要包括：卫星遥感图斑所涉及地块的使用是否经过批准，用地审批是

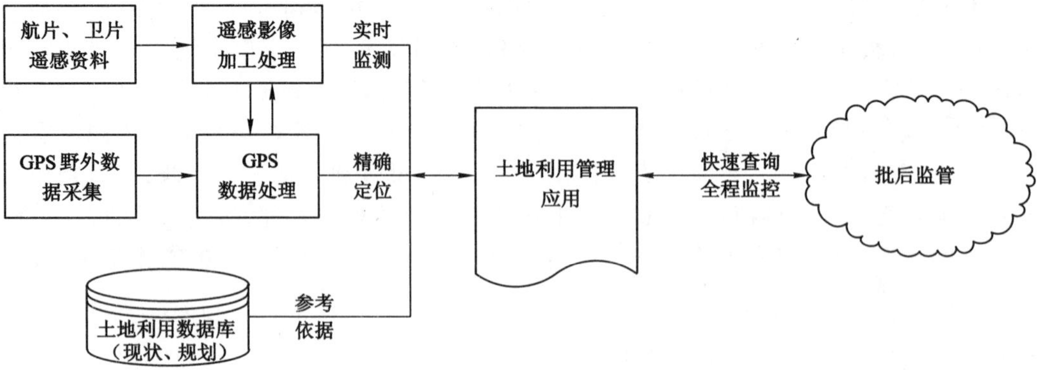

图 6-2　总体技术框架

否合法，用地是否符合土地利用总体规划和土地利用年度计划；经过批准使用的地块是否存在骗取批准、超占土地、擅自改变用途等问题；对卫星遥感图斑检测到的土地违法问题通过动态巡查是否予以发现；土地违法行为是否依法得到及时处理等。

遥感采集数据的作业流程一般为：航空/航天摄影，影像扫描，选控制点，空三加密，DEM 数据，微分纠正，自动生成等高线或采集注记高程点，数字镶嵌，接边检查，DOM 数据与矢量数据，叠加、检查、刻盘、成果上交。得到遥感技术的正射影像图后，通过土地利用现状矢量数据与航片/卫片套合，内业相片解译，计算机分类土地覆盖，人机交互式分类土地和外业调查等步骤后，便可得到土地利用现状的数据。和从前的土地利用现状数据相比便可初步确定土地变更图斑，线状地物及零星地物所处的地理位置。为了精确测定变更地物的范围空间坐标和面积，达到对土地利用的动态监测，需要利用 GPS 及其差分技术来完成变更地物位置的界定，便能够快速准确地获取必要的地块(图斑)变更的信息。

(2) 利用 GPS 完成土地的勘测定界

GPS 具有观测快捷方便、定位精度高、覆盖面积广、能够实时全天候作业等特点。尤其是实时动态测量的 RTK 测量型 GPS 接收机的出现，在布设城市控制网、勘测定界、地形图测绘、施工放样等方面得到广泛应用。在批后监管中，利用 GPS-RTK 技术对非法违规用地和新增城市建设用地进行勘测定界，完成建立在统一坐标系统下的数据采集，为宗地数据库提供精确的数据。

(3) 利用 GIS 进行数据管理和空间分析

利用遥感和 GPS 获取地物信息、坐标和属性等后，便可对图斑进行更新，然而，如此海量的土地信息既不利于查询更新也不利于管理。因此，建立存储海量数据并具有对图像和数据进行查询、编辑、管理、空间分析等功能的数据库系统就是下一步要面临的问题。GIS 就是能够解决这些问题的计算机支持系统。

GIS 是国土资源管理信息系统的核心。它可以对空间数据按地理坐标或空间位置进行各种处理，对数据的有效管理、研究各种空间实体及相互关系。随着新一代 GIS 的出现，可以直接处理由商业数据库软件托管的空间数据。通过关系数据库引擎可直接读取数据库中的空间数据和属性数据，并实现了多源数据的集成。GIS 具有反映地理空间关系和综合统计各种空间和属性信息能力的特性，可以进行空间分析、多要素综合分析和动态预测能力，产生高层次、高质量的地学派生信息，为地理自然资源和环境的开发、建设、管理、规划及决策提供了先进技术手段。因此，利用 GIS 对各种数据进行匹配、叠加、综合分析，为决策城市的土地规划和利用提供科学依据，也为批后监管提供技术支待和基础平台。

6.3.3.2　与电子政务的结合，实现“以图管地”

通过集成网络、地理信息系统和管理信息系统技术，开发土地利用管理应用系统，在现有土地利用数据库和其他相关国土资源数据支持下，以国土资源交换体系为技术支持，国土资源政务平台为依托，实现土地管理业务主流程对多源、多类型和海量国土资源空间数据一体化管理；实现数据的远程调用、查询、综合分析与增值处理成果的生成；实现土地管理的自动化、网络化、电子化和现代化。

(1) 国土资源政务管理信息构建的关键技术

国土资源政务管理信息系统的关键技术包括：地理信息系统、空间数据存储和管理技术、中间件技术、数据交换与共享技术、数据挖掘技术、数据仓库技术和工作流技术等。

① 地理信息系统：国土资源领域的数据具有很强的空间关联性。基于地理信息系统技术的空间信息技术为其政务数据综合可视化提供了基础平台。通过国土资源数据中心的建设，实现对矢量、栅格、文本等不同类型数据的集中管理与统一处理，以实现不同业务数据的整合配准、叠置显示与集成。用于空间定位的基础地理实体与各类政务数据通过一致的编码体系建立关联。

② J2EE：J2EE 是 SUN 公司推出的一套面向企业级的分布式体系，J2EE 架构采用组件的思想来设计、开发、装配及部署企业应用程序，标准化组件的定义为其提供了完整的服务，简化了分布式企业开发方法。其主要技术包括 EJB、Servlet JSP、JDBC、RMI/RMII-IOP、JMS、JTA/JTS、JavaMail/JAF、JCA 等。

③ XML：XML 是可扩展标记语言的简称，是 W3C 设计的一组规范，经 SGML 优化后的子集。基于 XML 标准的文档为文本格式，便于操作、存储、传送和交换各种类型数据。XML 数据的传输以 Internet 为基础，传输费用便宜；其本身可以担任 Middle Ware 的功能、数据可以直接在用户端计算机上使用、可以充分发挥信息整合功能、信息透明化、具有系统兼容性和数据整合性功能。由于 XML 这种结构性、自我描述性、内容与形式的分离性、可扩展性等特点，目前在电子政务中得到广泛的应用。

④ . Net：. Net Framework 是微软公司. Net 平台的最重要部分。它包括面向组件的中间层基础结构(COM+)，Common Language Runtime(CLR)环境，一个准时编译器，一组使用. Net 组件模型打包的操作系统库。ADO. NET 是为基于消息的 Web 应用程序而设计的，同时还能为其他应用程序结构提供较好的功能。通过支持对数据的松散耦合访问，ADO. NET 减少了与数据库的活动连接书面，从而实现了最大程度的数据共享。

⑤ 工作流技术：工作流是描述业务处理活动过程的模型。一个工作流一般包括若干定义完善的活动及它们之间的连接关系。具体包括流程的渠道和终止条件、活动的详细描述、活动的调度规则和次序、参与用户的执行权限和要求、相关应用程序和数据等。工作流技术不仅管理工作流全过程的所有信息和操作，还主动推进工作流程的实现，从而提高工作流的处理效率。

(2) 电子政务平台接口与地理信息系统组件接口

通过组件式地理信息系统开发技术应用将应用系统的其他模块和 GIS 模块无缝集成，

实现图形和属性数据的交互式查询、多角度的统计和分析。充分利用电子政务平台权限管理优势，通过图形权限接口的设计实现平台对图形和属性的权限统一管理，实现图文权限紧密结合。

采用电子政务平台的思想，建立土地利用管理信息系统，即国土资源政务管理信息系统。通过组件式地理信息系统开发，基于ArcGIS等多图形平台统一接口的设计和开发，实现系统的多图平台的挂接，可以满足系统基于不同图形平台定制开发的需要，提高系统的实用性。

(3) 构建国土资源电子政务平台

电子政务与地图应用紧密结合是国土资源信息化的重要特点。国土资源管理信息系统就是建立在电子数据库基础上的一个客户端应用系统。电子地图库除了建立大量国土资源基础地图信息及其相关属性外，还拥有与国土资源管理密切相关的各种审批地图及相关的审批过程和结果信息，这些数据与国土资源管理审批密切相关，为审批过程提供可视化的翔实的数据支持。

利用电子政务平台开发和运行应用系统是当前信息技术发展的主流趋势。充分利用平台工具化、模块化、流程控制、组件开发技术、可视化技术、三层应用体系结构等先进技术应用的优势，不仅能够完成国土资源政务管理信息系统的建设，而且可以提高系统适应政务管理模式变化和不同应用之间的集成能力。国土资源电子政务系统建设构成了世界各国电子政府发展的重要组成部分。它是保障土地与矿产监测、监管，加强国土资源公共服务，提高国土资源开发利用，实现国土资源管理科学化、现代化，加强国土资源支持宏观调控能力的重要基础。

国家国土资源政务管理信息系统由国家、省(自治区、直辖市)、地(市)和县(区)四级系统组成，通过国土资源信息网实现各级系统间连接，每一级系统均在数据中心支撑下运行。数据中心由数据库、数据库管理系统和相应的网络系统组成，为本级各类政务管信息系统的运行提供数据支持和软硬件环境支持，并通过国土资源信息，实现信息的远程交换与共享，如图6-3所示。

6.3.4 批后监管在政务管理信息系统中的实现

电子政务与地图应用紧密结合是国土资源信息化的重要特点。一方面可以通过业务管理过程实现信息(特别是各种专业地理信息，如建设项目地图信息)在工作过程中的实时更新；另一方面，地图应用只有与电子政务紧密结合，在工作过程中随时提供必需的地图信息，才能真正体现地理信息为政务管理和业务管理工作服务。

6.3.4.1 国土资源电子政务系统简介

目前，自然资源和规划局已经建设并运行了国土资源管电子政务基础平台。其架构体系包括电子政务构建平台、电子政务运行平台和电子政务办公平台。其核心思想是利用电子政务构建平台定制和维护各项业务应用，同时自动建立电子政务平台支撑数据库；通过电子政务运行平台对电子政务平台支撑数据库的解释和调用，形成电子政务办公平台中的各业务应用系统。

6.3.4.2 实现建设用地项目报批的电子化、空间化

在国土资源政务管理信息平台上，建设用地审批管理子模块实现了建设用地项目审批

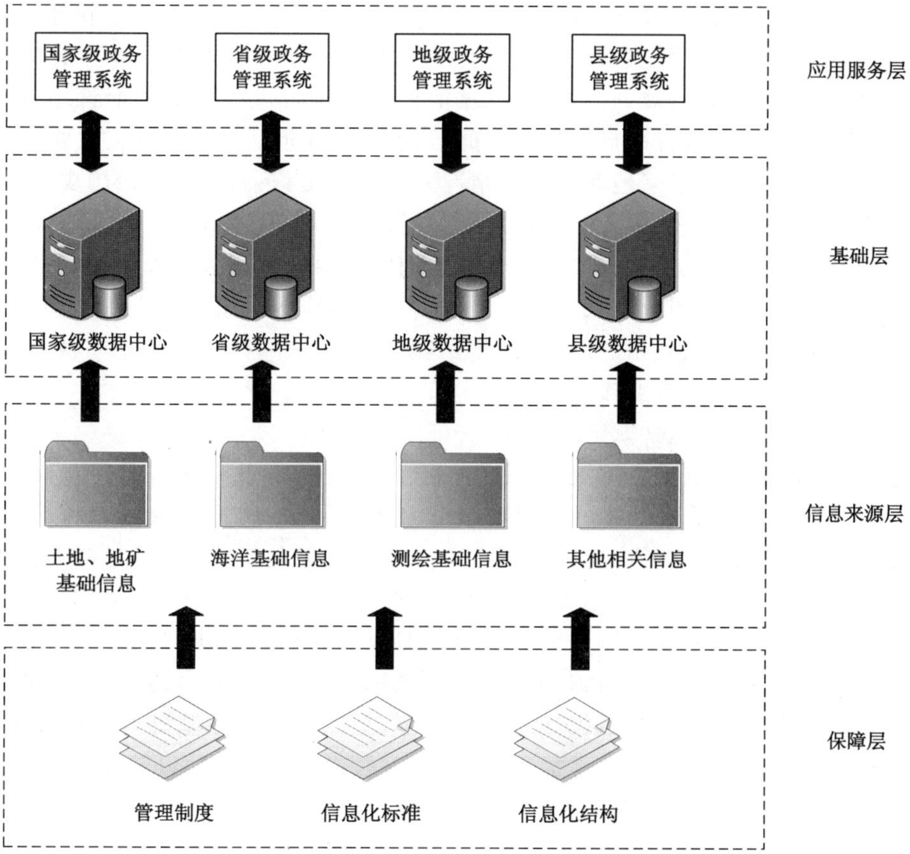

图 6-3　国土资源政务管理信息系统组成结构

从窗口收件、主办处审查、发送会审单、会审处审查、局长审批等流程环节的电子化、网络化。根据土地利用规划数据、土地利用现状数据、土地利用遥感监测数据、基本农田数据和其他矿产资源数据对建设项目用地进行农用地转用审查、补充耕地审查、征用土地审查、供地方案审查、违法用地审查、政策法规审查、信访情况审查等工作。通过会审进行审批，对审批状况进行督办管理和实时监控，实现了从网上接收建设用地申请、下达建设用地批复、及时获得建设用地项目备案信息和土地供应备案信息、实时对外发布项目审批有关信息。

从业务办公自动化的实现效果来看，政府各个部门的领导和业务人员在查询基础地图的同时，还可以查询本项目和周边其他项目的审批情况（包括项目建设单位、用地范围及面积、建筑面积、审批文号、批准时间等大量审批结果信息）。

一方面，系统提供了从项目审批平台方便调用电子地图的途径，在用户进行项目审批操作的同时，可以随时查阅地图信息，并快速定位到相关的项目位置，查询各种地图的信息及周边的环境信息；另一方面，为了让用户在使用电子地图系统过程中，可以随时查阅项目审批的详细信息，通过最简单的操作方式，可以随时调用包括案卷办理过程、案卷办理结果等相关的表格、要件。系统通过一体化的应用系统环境，可以实现各级领导、业务人员等用户的相关需求，帮助用户以最快速度调阅案卷相关的地形图、道路红线图、规划图、宗地图和案卷的表格、案卷的办理过程等信息。系统为这些日常操作，提供了简单有效的调度方法。用户可以随时、任意切换图形、表格、管理等操作,实现图、文、表等方面的方便快速互查。

系统通过历史数据管理,实现了宗地(包括其他需要进行历史数据管理的房屋产权产籍、土地利用现状、土地利用规划等,可以根据需要配置是否进行历史数据管理)历史回溯,并可以通过时间轴的定义,查询显示任意时间段地籍图的全面信息。系统主要提供的功能包括:宗地历史回溯(包括单宗地和多宗地情况);整图历史查询;多个时期历史同时查询,可以按照指定颜色显示不同历史状态下宗地的界址线(即将不同历史状态下的宗地重叠显示)。系统将电子地图数据及其相关的属性数据同时保存在空间数据库中,服务器通过存取空间数据库的信息提供地图数据共享服务。这为日常操作提供了简单有效的调度方法。用户可以任意切换使用地图、表格、文档等工具,实现图、文、表一体化的信息互联管理。

6.3.4.3 建设用地批后监管建设

(1)用地项目报批基础业务建设

用地管理要加强,不仅要在审批土地的前端严格把关,更重要的是要注重批后监管,将历次转征用土地和建设用地供地的结果有效管理起来,建立转征地数据库和供地数据库。转征地数据库和供地数据库的内容要在现有文字表格台账的基础上,同时在政务管理信息系统上将历次转征用和供地的范围界线以图形的形式全部记录下来。项目名称、批文信息、土地使用者、原有土地所有者等则作为与图形相对应的属性加以建库保存。在政务管理信息系统中,将转征地数据和供地数据均按照统一坐标系统、软件平台、数据平台的要求与土地利用现状、土地利用总体规划数据实现统一共享、显示。在用地基础业务建设基础上,转征地将以土地利用现状、地利用总体规划数据为依据,建设用地供地以转征地数据为依据。

(2)集成的建设用地动态变化识别的基本思想

为了避免传统遥感分类方法中"以像元单元为识别单位、以地物反射光谱为主要判类依据"的缺点,本着充分利用已有多种现代技术集成信息的考虑,系统独立地提出了一种"以图斑为识别单元、地理信息和地物反射光谱为主要判类依据"的变化地块识别方法。这种方法避免了传统遥感分类方法缺点,同时实现了GIS、RS和GPS的更高层次上的集成。集成的变化地块识别方法的基本思想是:在现实的遥感影像与滞后的矢量数据配准叠置的情况下,充分利用矢量的地块边界,提取出地块边界内遥感影像灰度统计的特征信息,并对各种标准地类建立其特征信息库。对于任一待测地块用同样的方法提取特征信息,并与各标准地类做比较;若不属于任一标准地类,则认为其为变化地块(可能为混合地类);否则,比较其判别地类与原图斑地类是否一致,若一致,则未发生变更,若不一致,则发生变更。

6.3.5 实施成效

自系统上线以来,受到各自然资源和规划局的青睐。通过系统的使用,极大方便各自然资源和规划局对出让合同的查询,及时掌握出让项目的基本信息,获取宗地现状的遥感影像解析。该系统成为工作人员日常巡查、监管等方面工作的有力帮手。同时,通过该系统规范了出让项目监管的归档工作,强化了各分局对批后监管工作的开展和执行,进一步推动了出让土地批后监管工作科学化、信息化的建设,加强了出让土地批后监管工作科学化的管理模式,使批后监管工作的实施提升到一个新的阶段。

6.4 视频监控运动目标提取新方法研究

当前,我国正处于全面建成小康社会决胜阶段,国情、省情继续发生深刻变化,经济发展进入新常态,国土开发利用与保护面临重大机遇和严峻挑战。因此,必须顺应国际大势,立足基本国情,把握时代要求,科学研判发展形势。全面、准确、及时地掌握国土资源的数量、质量、分布及其变化趋势,进行合理开发和利用,直接关系到国民经济的可持续发展。

6.4.1 研究意义

智慧国土视频监控系统是综合运用计算机技术、图像处理技术、模式识别技术、网络监控技术、网络流媒体技术,通过视频监控设备对耕地、矿区等国土资源违法违规易发多发区域及地质灾害频发区域进行实时监控,并对视频监控结果进行自动识别、判断、处置的一种辅助管理工具。运动目标提取是智能视频监控中的关键步骤。识别出的运动目标既可以作为后续目标跟踪的初始位置,也可以作为敏感监控区域。运动目标提取是智慧国土视频监控技术研究中一个非常重要和基础的部分。

在传统的运动目标提取算法中,各类背景减除技术是比较成功的方法。这些方法基于各类统计模型对视频帧进行建模,通过计算当前视频帧与背景模型的不同,提取出运动目标。但是这些方法局限在只能对固定相机进行背景建模与运动目标提取。为了克服对于相机运动的限制,基于运动相机的运动目标提取技术得到了广泛的研究。

最典型的运动相机中的运动目标提取算法主要是基于对背景模型进行拓展。在这些方法中,通过使用多种图像配准技术,将若干视频帧拼接建立起全景背景模型,然后将当前视频帧匹配到全景模型的相应位置,从而将问题转化成了固定相机运动目标提取问题。然而这种方法存在背景建模困难,图像拼接存在误差,需要大量计算时间与空间,实时性差等问题。

本研究提出了一种新的并且鲁棒的运动目标提取算法来解决传统方法中存在的问题。该算法能在不建立全景背景模型的基础上,鲁棒地在运动相机中检测出运动目标。并且该算法支持实时在线检测。通过与一系列的图像预处理方法配合使用,该算法能够大大提高检测效率。

6.4.2 算法流程

本技术较为关键的部分是求出背景模型和当前视频帧之间未能匹配上的特征点的密度估计。该算法假设在背景模型和当前视频帧之间未能匹配上的特征点属于需要检测的运动目标。整个算法的流程如图6-4所示。

传统的运动相机目标检测方法在建立背景模型时需要对相关参数进行假设,这导致很多准确性方面的问题。而建立参数相关的背景模型并不是运动目标检测所必需的。本算法在PTZ相机所需要重点监控的若干位置选取一系列的经过配准的图像作为初始背景模型,从而可以缩短建立背景模型的学习时间,提高算法的运算效率。

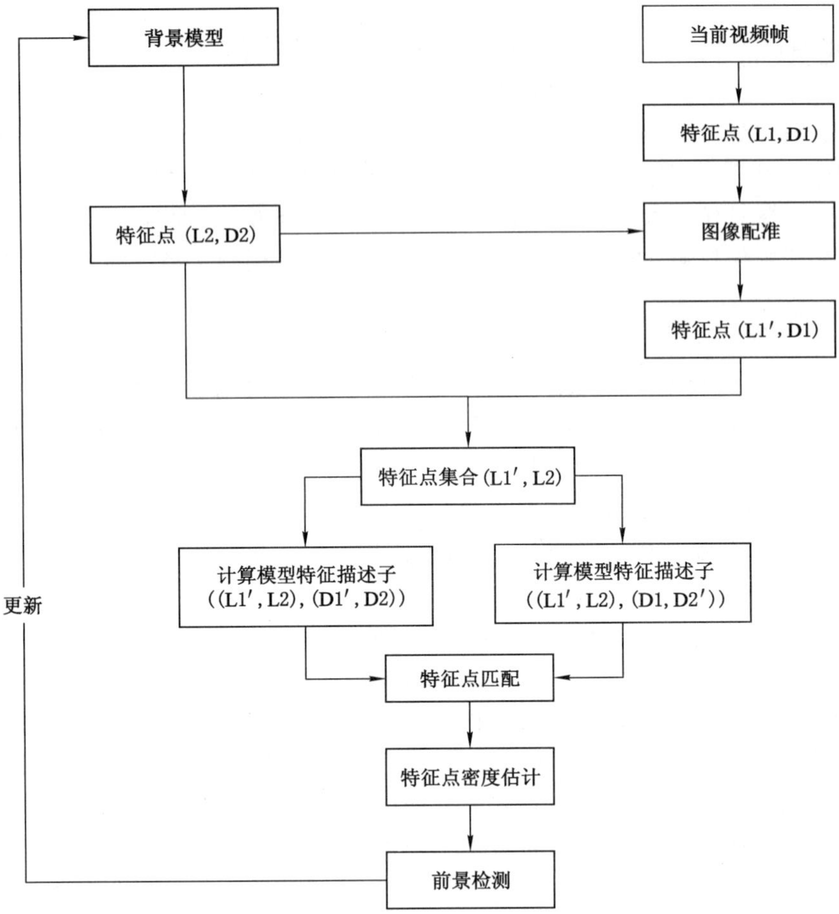

L1,L2—特征点的坐标;L1′,L1—经过配准后的特征点坐标;D1,D2—两张图像特征点的描述子。

图 6-4　算法流程

6.4.3　关键步骤

6.4.3.1　图像配准

第一步需要在背景模型与当前视频帧中提取出关键点。采用哈里斯角点作为图像关键点,并且设置较低的阈值使得哈里斯角点能够尽量遍布整个图像。算法采用 Speed-up robust features 算子(简称 SURF 算子)作为关键点的局部特征描述子。SURF 算子是一种基于尺度空间的,对图像缩放、旋转、甚至仿射变换保持不变性的图像局部特征描述算子。由于难以较为精确地求出 PTZ 相机的相机姿态,所以通过使用拥有较高角点量的稳定哈里斯角点建立背景模型到当前视频帧的对应举证来对图像进行配准。这一步骤并不会增加太多的计算量,因为在接下来的阶段中,该算法将继续使用这些角点进行背景减除。

6.4.3.2　关键点匹配

进行完图像配准之后,需要对特征点进行匹配来进行接下来的背景减除。在这一阶段,算法并不是简单地将背景模型特征点和当前视频帧特征点进行匹配。对于每一帧图像,该算法会对背景模型与当前视频帧特征点的合集进行运算。

由于在背景模型中存在一些缺乏特征点的区域，如果仅仅使用背景模型特征点对当前视频帧的相同位置进行匹配，那么这些区域中的运动物体将难以被检测出来。由于同样的问题，仅仅使用当前视频帧特征点对背景模型特征点进行匹配也是不恰当的。使用当前视频帧和背景模型特征点的合集来进行匹配，能够大大提高匹配的准确率，避免大量的漏检和错检。通过使用较小的搜索窗口，在较为固定的背景中，可以只选择一个待匹配的特征点。如果背景有较多的运动，那么可以通过使用较大的搜索窗口来对背景的运动进行平衡并且降低错检率。

6.4.3.3　关键点密度估计

完成了特征点匹配之后，没有匹配成功的特征点将被视为前景的一部分。该算法使用非参数估计的方法对视频帧的每一个像素点建立未匹配成功的特征点概率密度估计，从而对视频帧像素点进行分析。该算法通过使用核密度估计的方法来得到概率密度估计函数。

假设$(p_1,\cdots,p_N)$为 N 个未匹配的特征点，对于像素 x 点，该像素点的概率密度估计函数如式(6-1)所示：

$$d_h(x)=\frac{1}{Nh}\sum_{i=1}^{i=N}K\left(\frac{\|x-p_i\|img}{h}\right) \tag{6-1}$$

式中，K 是用作估计像素点概率密度的核函数，参数 h 用来平滑像素点 x 邻域对它的作用。

该算法选择高斯核函数作为估计用的核函数，如式(6-2)所示：

$$K(x)=\frac{1}{\sqrt{2\pi}}e^{-\frac{1}{2}x^2} \tag{6-2}$$

相比 d_h，可以发现 Nd_h 与图像中实际检测出的特征点数量无关。因此在使用参数中更倾向于使用 Nd_h 作为分类时使用的参数。选择一个阈值 s，当 $Nd_h>s$ 时，这个像素点被归类为前景否则，将其归为背景；实验中，一般选择 $s=0.08$，$h=11$。

6.4.3.4　背景模型更新

由于背景处于不断变化当中，所以该算法需要考虑背景模型的更新问题。其核心问题在于如何用当前视频帧中被分类为背景的像素点来替换背景模型中同样位置的点。该算法采用如式(6-3)和式(6-4)所示的规则对背景进行更新。

如果 $Nd_h>s$，

$$bg_n(x)=bg_{n-1}(x) \tag{6-3}$$

否则

$$bg_n(x)=\alpha\times bg_{n-1}(x)+(1-\alpha)img,\alpha=\frac{Nd_h}{s} \tag{6-4}$$

从式(6-4)可以看出，该算法采用的更新规则可以归纳为两方面：对于当前视频帧中被检测为前景的点，不对背景中相同位置的点进行更新；对于当前视频帧中未被检测为前景的点，采用较低的学习率对背景进行更新。这样可以保证背景更新的平滑，并且减少由于光照突然变化而产生过多的特征点。

6.4.4　研究结果

为验证以上算法的有效性，选取了若干 PTZ 摄像机拍摄的视频进行了验证。每个视频帧序列包含不同的运动目标数量、光照情况和摄像机高度。视频帧分辨率为 320×420。为了展示该算法的有效性，将结果与一些传统的移动相机运动目标检测算法进行了比较。其验证结果如图 6-5 和图 6-6 所示。由此可得出，该算法能明显减少图像配准错误，并且对于光照的突然变化、摄像头的突然移动都有较好的鲁棒性（第二行为是通过传统的基于 GMM 的全景背景模型建模得到的检测效果，第三行为是通过采用新算法得到的检测效果）。

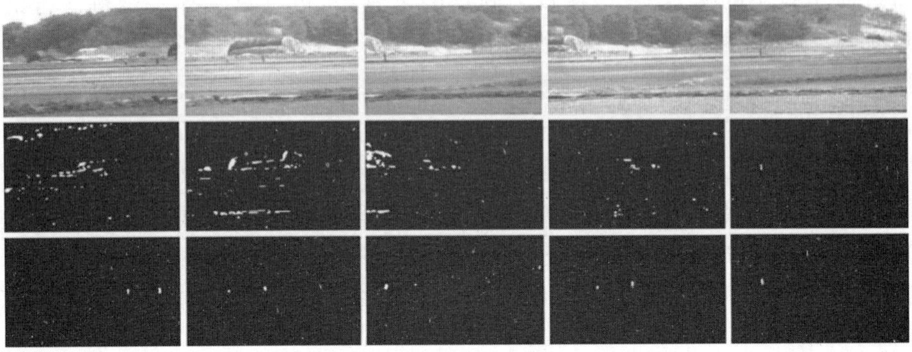

图 6-5　结果验证一

图 6-6　结果验证二

本节就如何在 PTZ 相机监控视频中快速检测出运动目标这一难题提出了一种新颖的方法。该方法解决了传统的需要建立全景模型的方法所产生的诸如初始化缓慢、计算量庞大、图像配准不精确等多种问题。在未来可以将该方法更深入地应用到可疑物体跟踪、监控、预警等“智慧国土”所关心的领域中去，能够有效地提高国土监控的智能化程度。

第7章 附 录

附录1 办事流程及时限

一、办事依据

包括《中华人民共和国土地管理法》《中华人民共和国城市房地产管理法》《中华人民共和国城乡规划法》《中华人民共和国土地管理法实施条例》《江苏省土地管理条例》《江苏省建设项目用地预审管理实施办法》《土地登记办法》《建设项目用地预审管理办法》等。

二、办事流程

业务办理窗口报件→领取收件单→等待领证通知→收费→发证。

三、办理时限

单件共用宗(含房改房、普通商品房、经济适用房)土地登记×××个工作日办结;单件共用宗抵押登记、抵押注销登记×××个工作日办结;单件独立宗抵押登记、抵押注销登记×××个工作日办结;其他共用宗登记×××个工作日办结,其他独立宗登记按照《土地登记办法》规定执行。

临时用地审批当场收件后×××个工作日办结,划拨国有土地使用权许可审核事项当场收件后×××个工作日办结(不含公告收回、公示时间),协议出让(租赁、作价出资或入股)国有土地使用权许可审核事项当场收件后×××个工作日办结(不含公告、公示时间),集体建设用地使用供地审核事项当场收件后×××个工作日办结,建设项目用地预审事项当场收件后×××个工作日办结,农用地转用(含土地征收)审核事项当场收件后(含单独选址)×××个工作日办结,建设项目压覆矿产资初审×××个工作日办结。

四、受理时间

周一至周五:上午9:00至11:30,下午1:30至4:30(因地而异)。

附录2 服务承诺制

一、服务承诺制是根据国土资源管理工作职能要求,对行政服务的内容、办事程序、办理时限等相关具体事项,向社会和公众作出公开承诺。接受社会监督,承担违诺责任的制度。

二、服务承诺必须遵循依法、诚信、公开、高效、便民的原则,以提高公共服务水平、效率和公众满意度为目标。

三、服务承诺的主要内容:

(1) 服务项目和服务标准;

（2）办理程序和办理时限；

（3）收费依据和收费标准；

（4）投诉方式；

（5）保障措施及其他承诺。

四、工作人员要根据服务承诺的内容，严格规范服务行为，确保服务承诺制的落实。

五、有下列情形之一的，视为违反服务承诺制：

（1）不制订服务承诺的；

（2）服务承诺不向社会公布的；

（3）服务承诺不兑现的；

（4）违背服务承诺的其他情形。

当事人在办事过程中，如有认为有未按承诺服务的可向市自然资源和规划局监察室投诉，投诉电话：××××××××；也可将相关意见投放进服务大厅（窗口）的意见箱。

附录3　AB岗工作制度

一、AB岗工作制度是指在工作日内，A岗责任人因事不在岗，B岗责任人应顶岗的工作制度。

二、实行AB岗工作制度的目的是确保限时办结制、服务承诺制等制度的有效落实，更高地提高工作效率和办事效率。

三、每个岗位都要确定AB岗，避免出现无人顶岗现象。

四、B岗责任人在顶岗期间应认真做好A岗的工作，并对执行的A岗工作结果担负相应的责任。

五、A岗责任人因事不在岗，必须提前一天做好工作的移交，因特殊原因来不及移交的，B岗责任人要主动顶岗。

六、因推诿、扯皮等造成工作失误的，按有关规定追究在岗责任人的责任。

附录4　首问负责制

一、首问负责制是指当事人向国土资源行政主管部门的工作人员请求解决问题时，由首次接待的工作人员按相关规定负责处理的责任制度。工作人员应坚持全心全意为人民服务的宗旨，遵守职业道德和工作纪律，认真履行工作职责，热情接待，耐心解答，认真处理当事人请求解决的问题。

二、当事人请求解决问题事项，由首问负责部门做初步审查，根据不同情况做如下处理：属于本部门办理的，在规定时间内迅速安排人员办理；符合行政部门办理事项但不属于本部门办理的，告知到应予办理的单位；对不符合办理条件或不属于本局处理的，应当向当事人作出解释，确有必要的，应转送有关部门处理。

三、首问负责部门及首问负责人不负责造成不良后果的，视情况给予通报批评，取消当年评优资格；情节严重的，给予纪律处分或组织处理。

附录5　限时办结制度

一、限时办结制度是指国土资源行政主管部门在向公民、法人或其他组织提供审批、审核或其他服务事项时，必须依照法律、法规、规章和政策的规定，在承诺的时限内办结或者予以答复的制度。

二、法律、法规、规章和政策对办理的事项有明确时限规定的，所承诺的办结时限应当少于或等于规定的时限；没有明确时限规定的，应按照便民利民原则，合理确定承诺办理时限。

三、应当按照本规定，将审批和服务事项承诺办理时限分解细化，编制流程图，明确办理事项、办理机构、责任岗位、办理流程和办理时限，并在办公场所和政府门户网站向社会公布。

四、应当最大限度地减少办事环节、缩短办事时限，凡能即时办结的要即时办结。对特别紧急的事项，应急事急办、随到随办。

五、因特殊情况不能按时限办结或予以答复的，应当依照有关规定，以书面或短信等形式告知原因，并同时告知延期时限。

六、办理的事项需要经过上级机关或其他部门批准的，上级或其他单位批准所需时间不计算在承诺办结的时限内，但必须承诺本单位办理和报出时限。

七、有下列情形之一的，视为违反限时办结制行为：

(1) 超过承诺办结时限未能办结的；

(2) 超过承诺办结时限后提出延期申请的；

(3) 承诺办结时限内，未将办理结果交付办事人的；

(4) 未按规定给办事人答复的。

八、工作人员违反限时办结制的，办事人可向市自然资源和规划局监察室进行投诉，投诉电话：××××××××××。监察室接到投诉后必须认真进行调查，调查处理结果应当在接到投诉之日起15日内书面答复办事人。当事人也可以将相关意见投放进服务大厅(窗口)的意见箱。

九、各单位(部门)主要负责人对本单位(部门)实施限时办结制工作负总责。承办工作人员负直接责任，监察室负责对贯彻落实限时办结制情况进行监督检查。

附录6　"慧眼守土"视频监管系统管理制度

第一章　总则

第一条　为加强全市国土资源综合动态智能监管，规范"慧眼守土"视频监管系统(以下简称"视频监管系统")的使用和管理，特制定本制度。

第二条　市自然资源和规划局信息中心(以下简称信息中心)负责本管理制度的监督执行。

第二章　人员管理

第三条　信息中心牵头负责视频监管系统的开发、运行、维护、安全及相关协调工作，按职能分配好局各科（室）、各分局（所）业务人员的操作权限；负责系统的应用培训工作，确保操作人员熟练掌握系统应用技能，保证系统平台安全稳定运行。

第四条　局执法监察大队负责各分局（所）视频监管系统的运用情况的考核工作，须安排专人对系统监管图像进行抽查，定期公布考核情况（具体考核办法由局执法监察大队另行制定）。

第五条　各分局（所）须落实专人（以下简称“系统操作员”）负责本辖区内视频监管系统的操作与使用，并报信息中心备案。

第六条　局其他科（室）因业务需要，须向信息中心申请系统操作权限，安排专人（以下简称“系统操作员”）负责系统的操作与使用，并报信息中心备案。

第七条　系统操作员应具备较强的政治素质和业务能力，具有高度的工作责任心，应认真学习土地执法动态巡查的相关规定，熟练掌握系统的各项操作技能，严格按照规程进行操作，同时做好系统操作记录，不得私自使用系统的无关功能。

第八条　任何人员不得擅自改变视频监管系统的安全运行参数与环境，确保图像画面质量清晰，不得擅自删除、更改、破坏图像资料的原始信息记录。

第九条　系统操作员一经确定，原则上不允许随意更换，因工作调动或其他原因确需更换系统操作员的，应做好工作交接手续，并报信息中心备案。

第三章　系统操作

第十条　视频监管系统通过 Ukey 登录。局信息中心向每个分局（所）各配备一枚 Ukey，由分局（所）长指定一名系统操作员保管 Ukey，并具体负责视频监管工作。

各科（室）因业务需要，可向信息中心申请 Ukey，经局领导同意后，由信息中心向相关科（室）配备一枚 Ukey，科室负责人指定一名系统操作员保管 Ukey，并具体负责视频监管工作。

系统操作员原则上不得将 Ukey 带离办公室，确因工作需要，须经各科（室）、各分局（所）负责人同意后，方可带离，并保证 Ukey 不离身，更不得将 Ukey 转交他人。

第十一条　局相关科（室）、各分局（所）应安排固定电脑安装视频监管系统客户端。

第十二条　视频监管系统操作办法具体详见《“慧眼守土”视频监管系统用户手册》。

第十三条　系统操作员须每日密切关注视频监管信息，做好操作记录，一旦发现施工现场、施工痕迹（堆土、建筑材料堆放等）、施工机械（塔吊、挖机等）、施工车辆以及其他可疑线索，应立即进行定时、定位，及时留好影像资料，做好记录，并第一时间通知本单位巡查责任人前往实地调查核实具体情况。

第十四条　系统操作员应不断提高对各类土地违法情况的判断能力，遇违法可疑情况或发现重大违法案件时，要积极采取措施，做好记录，不得延误。

第十五条　系统使用过程中遇到下列情况之一的，须及时报信息中心：

（一）监控图像发生异常；

（二）监控图像无法显示；

（三）用户登录不上；

（四）其他异常情况。

第十六条　系统操作员须密切关注视频监控设备运行情况，在设备出现故障后，应第一时间拨打移动“10086－8”集团服务平台报修。移动公司承诺提供 7×24 h 技术服务，将在接到报修电话后 5 min 内响应。维修期间，各分局（所）应积极配合移动维修人员工作，以保证视频监管系统尽快修复运行。

第十七条　视频监管是日常动态巡查工作的协助和补充，受制于天气等客观因素，可能会存在辨识不清、监管盲区等问题，因此，视频监管捕捉的情况只能作为违法行为的线索，违法行为的认定必须以实地核查为准，现场处置、对上报告等工作依然须按照日常土地执法动态巡查制度严格执行。

第四章　保密规定

第十八条　局相关科（室）、各分局（所）负责人对本辖区视频监管系统保密工作负总责，是保密工作的第一责任人，须签订保密协议书，并告知科（室）、分局（所）内所有工作人员应承担的保密义务。因所在科（室）、分局（所）工作人员不遵守保密规定或侵犯他人隐私而造成严重不良后果的，科（室）负责人、分局（所）长承担相应责任。

第十九条　系统操作员须严守保密制度，签订保密协议书，不准私自带无关人员查看视频监管系统内各类图像信息资料。

第二十条　不得擅自复制或向市自然资源和规划局以外的其他单位和个人提供、传播图像信息资料；不得将监管系统用于个人目的的查询使用。

第二十一条　非系统操作员禁止登录该系统，严禁利用系统查看各类图像信息资料。如确有必要，须在系统操作员的陪同下，共同查看图像信息资料，并严格按照程序进行登记。

第二十二条　公安、安监等行政执法机关因行政和执法工作需要可以无偿调取、复制或查看监管系统图像信息资料，但必须向局信息中心提出申请，经信息中心书面同意后，签订《保密协议书》，做好图像信息资料使用登记管理。调取、复制的图像信息资料，统一由信息中心提供。

第二十三条　对其他单位或个人，原则上不予提供图像信息资料，如确有必要，须向局信息中心提出申请，经信息中心书面同意后，签订《保密协议书》，做好图像信息资料使用登记管理。调取、复制的图像信息资料，统一由信息中心提供。

第二十四条　局纪检部门将定期开展视频监管系统的专项监督检查工作，相关工作人员要配合检查，不得拒绝或阻挠。

第五章　责任追究

第二十五条　对毁坏视频监管系统、设施或设置障碍影响视频监管系统正常运行的，将对相关肇事者给予处分。

第二十六条　具有下列行为之一的，局纪检部门责令改正，逾期不改正的，对相关肇事者给予处分，造成严重不良后果的，依法追究法律责任；同时，给予肇事者所在科室、分局（所）负责人相应处分。

（一）不按制度使用视频监管系统的；

（二）擅自删改、破坏视频资料原始数据记录的；

（三）不遵守保密规定，擅自复制、提供、传播图像信息资料的；

（四）不配合公安机关依法查询、调用的；

（五）私自允许他人查看图像信息资料的。

第六章　附则

第二十七条　本制度由信息中心负责解释。

第二十八条　局各科室、各国土分局（所）可根据各单位的具体情况，制订视频监管系统查询实施细则，报局信息中心备案。

第二十九条　本制度自发布之日起施行。

后　记

江苏省“智慧国土”项目建设涉及南京市江宁区、苏州市太仓市和张家港市、无锡市宜兴市、盐城市射阳县、徐州市丰县等。江苏省测绘工程院技术人员自始至终参与江苏省“智慧国土”项目建设。因此，在国土资源信息化建设方面，江苏省测绘工程院技术人员积累了大量经验。这些技术人员继承和发扬了江苏省测绘工程院“特别能吃苦、特别能忍耐、特别能奉献、特别能战斗”的测绘精神，为该项目建设奉献了自己的辛勤劳动，做出了巨大的贡献。作者对江苏省“智慧国土”项目建设的实践经验进行了总结，特写了《“智慧国土”建设研究与实践》一书。本书凝结了许多“智慧国土”项目建设探索者、设计者的汗水和智慧。在此，向他们致以崇高的敬意！

江苏省“智慧国土”项目建设得以顺利实施，离不开江苏省各地区人民政府领导的关心和支持，离不开各地区自然资源和规划局管理人员的支持和配合。他们结合自身实际业务需求，充分利用地理信息公共资源，建设了一批高质量的地理信息业务应用系统，为本书的编写提供了宝贵的基础资料。在此，向长期以来始终关注江苏省“智慧国土”项目建设的领导、专家、合作伙伴表示衷心的感谢！

作　者

2019年11月于南京